国家社科基金重大招标项目"雄安新区创新生态系统构建机制

# 高速铁路发展
# 影响城市创新机制研究
## ——以京津冀城市群为例

Research on the Mechanism of Urban Innovation
Influenced by the Development of High-speed Railway
—A Case Study of Beijing-Tianjin-Hebei

李涛　张贵◎著

经济管理出版社
ECONOMY & MANAGEMENT PUBLISHING HOUSE

图书在版编目（CIP）数据

高速铁路发展影响城市创新机制研究：以京津冀城市群为例/李涛，张贵著. —北京：经济管理
出版社，2022.9
ISBN 978-7-5096-8386-6

Ⅰ.①高… Ⅱ.①李… ②张… Ⅲ.①高速铁路—影响—城市发展—研究—华北地区
Ⅳ.①F299.272

中国版本图书馆 CIP 数据核字（2022）第 061759 号


组稿编辑：申桂萍
责任编辑：梁植睿
责任印制：黄章平
责任校对：陈晓霞

出版发行：经济管理出版社
　　　　　（北京市海淀区北蜂窝 8 号中雅大厦 A 座 11 层　100038）
网　　址：www. E-mp. com. cn
电　　话：（010）51915602
印　　刷：北京晨旭印刷厂
经　　销：新华书店
开　　本：710mm×1000mm/16
印　　张：17.75
字　　数：299 千字
版　　次：2022 年 9 月第 1 版　2022 年 9 月第 1 次印刷
书　　号：ISBN 978-7-5096-8386-6
定　　价：78.00 元

# 前　言

　　高铁开通极大地提升了城市间开放程度，使城市间大规模、频繁的知识交互成为可能，进而对城市创新产生重要影响。随着高铁网络的不断完善，其带来的城市间知识流动方向与强度的变化进一步深刻影响着城市知识空间结构，加速知识网络化扩散。因此，研究高速铁路对城市创新影响具有重要理论和现实意义。本书在结合第一章和第二章相关理论的基础上，运用多学科综合分析法，研究高速铁路对城市创新的影响。第三章和第四章是在分析高铁与创新的空间分布基础上，深入探讨了高铁对城市创新的影响机理。第五章至第七章分别是高速铁路影响城市创新的空间效应、网络效应和系统动力学仿真分析。第八章以京津冀为例，研究高速铁路引致的研发要素流动对城市创新的影响。第九章主要包括研究结论与对策建议，是对全书的概括。

　　在对相关理论和研究现状详细阐述的基础上，本书首先对我国高速铁路和城市创新在空间上的分布情况进行分析。在分析我国高速铁路发展现状的基础上，对其竞争优势进行总结，并从全国、区域、城市群和城市四个层面分析其空间分布。结果发现，长三角等典型城市群区域联系网络已经形成，而广大中西部城市主要呈线性联系。与高速铁路空间分布类似，我国城市创新整体也呈现"东强西弱"态势；从区域层面看，虽然我国创新产出整体集中在东部，但区域间的两极分化趋势减弱；从城市群层面看，创新产出核心区由珠三角向长三角转移，东北城市群创新产出占比整体下降趋势明显，西南成渝城市群增长明显；从城市层面看，我国城市创新产出主要集中在大城市，中小城市占比较低。

　　其次，本书提出了高速铁路影响城市创新的机理。在提出可达性概念和梳理相关计算方法之后，从通勤时间、广义出行成本、择业就业和市场潜力四个方面对城市可达性进行讨论。从空间效应来看，高速铁路的开通促进了城市间的人口流动，加速了知识在城市间的流动，扩大市场规模，推动城市分工和创新产生；城市间时空距离的压缩也有利于组织的相互学习，知识异质性更高，加速知识创新。从网络效应来看，高速铁路网络规模的提高有利于知识在更大范围内进行传播，处于网络中心位置的城市与其他城市的通达性更好，城市内创新组织获取和利用创新要素的可能性越高；联系强度较高，说明城市主体间联系紧密、接触密切、交往形式多样化，主体之间彼此熟悉，有利于建立信任关系，进而促进创新活动的展开。

结合机理分析，本书第五章对高速铁路影响城市创新空间效应进行实证检验。从静态空间效应估计结果来看，高铁开通后，城市创新及其影响因素的空间相关性更强，即邻近城市创新水平的提升对本地区有显著的促进作用，且这种空间效应是异质的。从动态空间效应估计结果来看，在短期内，高铁开通会产生极化效应，时空压缩有利于创新要素进一步向少数中心城市集中，对非中心城市和地理位置不佳城市产生不利影响；但从长期来看，随着城市间交流的日益频繁和自身实力的提升，高速铁路开通对中小城市带来的负向效应大幅减弱，反而因知识溢出提升了本地投入对创新活动的贡献，为缩小城市创新差距、促进协同创新提供了可能。

本书第六章对高速铁路影响城市创新网络效应进行实证检验。运用社会网络分析法，对基于高速铁路连接的城市联系网络属性进行分析，并对其与城市创新的相关性进行了检验。结果表明，城市联系网络资本均与城市创新能力呈显著相关性，且中心性高于"结构洞"；东部城市从高铁网络中获益最大，中部城市主要发挥桥梁作用，而西部城市则因联系匮乏导致网络资本未对城市创新产生显著影响；对中小城市而言，高铁开通提高了城市对外联系程度，使城市内创新主体接触异质性创新要素的可能性增加，但也有利于创新要素向大城市集中，处于网络"桥梁"位置的小城市受"虹吸"效应影响最明显，对城市创新产生负向影响。然而，从"结构洞"指标来看，中小城市有效规模越大，越有利于促进城市创新；特别是对于处于网络中节点的小城市，网络位置对城市创新的正向促进作用大于可达性对其产生的"虹吸"效应。这在一定程度上印证了网络节点城市更有利于利用创新资源，进而提高城市创新。

为弥补实证检验在研究周期上的不足和对影响路径进行深入解析，本书

第七章对高速铁路影响城市创新过程进行离散仿真模拟。根据复杂系统理论建立系统动力学模型，在确定系统变量及函数表达式的基础上，分别对高速铁路核心技术、R&D 人员流动量、R&D 资本流动量、城市区位条件、要素集聚程度、知识创造、经济发展和城市创新在不同情境下进行模拟，结果表明，高速铁路的发展有利于 R&D 人员和 R&D 资本的流动，有利于城市创新能力提升；进一步地，在 R&D 投入变化率一定的情况下，高速铁路发展速度的变化并不会引起城市创新的较大改变；而在高速铁路发展速度一定的情况下，研发人员的增加会引起城市创新有较大提升，且这种提升高于高速铁路变化带来的影响，但增加财政科学支出和 FDI 并未对城市创新产生较大影响。

随着京津冀协同发展上升为国家战略，城市群如何提升创新能力以更好促进协同发展是当前京津冀面临的重要问题。特别是高速铁路的建设，极大增强了京津冀城市群的联系。基于此，本书第八章主要做了两方面研究工作：一方面，以专利申请授权量为京津冀城市群创新产出指标，计算 2005~2016 年 Moran's I 指数，通过建立 GWR 模型，分析京津冀城市群创新活动空间相关性及影响因素异质性；另一方面，利用面板空间杜宾模型对高速铁路开通研发要素流动对城市创新的影响进行研究，深入分析时空压缩后的研发要素流动对城市群创新活动的影响，为各城市充分利用高速交通促进城市创新发展，进而提升京津冀城市群创新提供更加科学的对策建议。

综上所述，本书的主要创新之处在于：首先，结合城市创新过程复杂性和高铁发展特征，从空间和网络视角下解释高铁对城市创新的影响机理，体现高速铁路对城市空间结构和网络结构的影响；其次，分别运用贝叶斯 MCMC 估计法和 SNA 对高速铁路影响城市创新的动态空间效应和网络效应进行分析，并对城市进行分类，深入探讨因不同地理位置和规模而产生的差异，这在一定程度上丰富了新经济地理理论和社会网络理论的应用；再次，通过构建高速铁路影响城市创新的离散仿真模型，模拟不同情境下高铁对城市创新的影响，有助于深入解释高铁影响城市创新过程；最后，以京津冀城市群为典型案例，深入探讨了高速铁路开通引致的研发要素流动变化对城市群创新的影响，进而为各城市以高铁通车为契机，增强城市间联系强度，促进知识溢出，进而提升京津冀城市群整体创新水平提供对策建议。

高速铁路影响城市创新的过程具有复杂性，随着高速铁路的不断完善，对城市和城市群的影响将更加深远，特别是基于高速铁路的城市群交通圈对地区科技创新的影响。因此，无论是从理论还是实证检验角度，还需要进一步研究。目前，只能依据笔者自身的学术积累进行机制分析、实证检验和模拟仿真，由于理论水平和时间有限，难免存在不足之处，诚恳地希望得到读者的批评指正！

# 目 录

# 第一章
# 绪论

## 第一节　研究背景

　　创新是一个国家或地区经济社会发展的核心驱动力，而城市则是决定着国家在全球产业分工中地位的新型空间单元。然而，创新活动在空间上呈现非均衡分布，且创新溢出具有显著地理局限性。交通基础设施是影响城市经济发展的重要因素，基础设施的不断完善，特别是交通网络的优化，极大促进了知识、资本、人才等创新要素的城市间流动，知识溢出的地理边界逐渐被扩大，进而对邻近地区创新活动产生重要影响。作为 21 世纪最具革命性和创新性的大规模快速交通运输方式，高速铁路的开通大幅提高城市间可达性程度，具有明显"时空压缩"效应，有利于创新要素的快速流动和频繁交互，使原有市场规模扩大，可以在更大范围内对创新要素进行重新配置，创新及其影响因素空间效应对城市创新① 活动产生重要影响。同时，随着我国"四纵四横"高铁骨架建成和远期"八纵八横"高铁线路进一步完善，高速铁路网络正极大改变着现有城市空间结构，城市创新空间格局正由传统的等级化向网络化演变。城市创新不再是传统意义上的空间节点，高速铁路网络化发展使城市处于不断扩张的流空间和复杂网络之中的节

---

① 本书所研究的城市范围是"四纵四横"高速铁路网中的 175 个主要城市，城市创新侧重其科技创新能力。

点，网络中心性较高的城市拥有更多的创新要素频繁交互，有利于提高创新要素配置效率，进而对城市创新产生更重要的影响。然而，我国城市在规模、地理位置等方面存在较大差异，大城市经济资源较为集中，高速铁路的开通，一方面可以提高大城市与中小城市的联系，有利于创新空间溢出；另一方面也有利于创新要素进一步向大城市集中，可能对中小城市产生"虹吸"效应。由于创新存在明显的空间效应，邻近城市创新能力提高对本地区创新活动也会产生重要影响，处于东部地区的城市创新空间效应与中西部可能存在不同，高速铁路开通带来的时空压缩对城市创新影响可能因地理位置不同而存在一定差异。

在全球经济一体化和知识经济不断深化的新形势下，城市竞争力越来越成为一个国家参与国际产业分工的新型地理空间，其核心在于创新能力。从城市发展历程来看，提高城市创新能力的途径有两种：一是依靠城市自身的创新要素投入和知识积累；二是通过创新空间溢出效应，提升城市创新能力。交通基础设施建设有利于提高城市间开放程度，特别是高铁开通带来的时空压缩，使城市间可达性得到极大提升，大范围、快速和高频率的知识交互成为可能，进而对城市创新活动产生重要影响。

虽然各个国家的发展阶段和经济条件不尽相同，高速铁路发展带来的影响有所差别，但不可否认的是，高速铁路建设对城市发展的影响不容忽视。日本的东京—大阪东海道新干线是世界上第一条高速铁路，全长552.6千米，于1964年10月正式建成通车。这条新干线途经名古屋、横滨、京都、福冈等城市，服务人口约占日本全国总人口的60%。日本东海道新干线的通车运营为沿线城市带来了巨大的社会、经济和环境效益，促进了以东京、名古屋、大阪等都市圈为主组成的日本太平洋沿岸大城市带在20世纪60年代后期的发展。法国是第一个开始大规模修建高速铁路的欧洲国家。1976年10月，法国高速铁路巴黎—里昂段正式开工修建，七年后全线运营通车。随后，德国、意大利、西班牙、比利时、英国等欧洲发达国家相继拉开了修建高速铁路的序幕，欧洲高速铁路网随之形成。随着高速铁路建设的兴起和区域路网的不断完善，学界开始对高速铁路发展与不同尺度的区域经济变化事实展开理论归纳和实证分析，如 Guirao 和 Campa[1]、

---

[1] Guirao B., Campa J. L.. The Effects of Tourism on HSR: Spanish Empirical Evidence Derived from a Multi-criteria Corridor Selection Methodology [J]. Journal of Transport Geography，2015（47）：37-46.

Kim 和 Sultana 等学者从不同角度研究了高速铁路开通带来的可达性变化对城市经济发展影响，认为基于高铁连接的城市联系"廊道"加速经济要素向高速铁路沿线集聚，可能造成城市间的空间不均衡。[①] 然而，也有学者研究表明，完善的交通网络有利于城市均衡发展。[②] 国内学者汪德根认为，高速铁路开通使都市圈同心圆状变为带状，对可达性产生显著影响[③]，田超认为高铁开通有利于劳动力和资本在站点集聚，加速城市工业化和城镇化[④]；进一步地，邓涛涛等认为高速铁路有利于沿线城市服务业的集聚[⑤]，而以服务业为主的第三产业发展有利于城市推进产业结构调整，加速城镇化进程[⑥]，加速城市间的融合程度，城市经济越发达，高速铁路对城市的促进作用越强[⑦]。可见，基于不同的研究目的和研究对象，学界关于高速铁路与城市发展之间的研究结论也存在不同，亚洲学者侧重从高速铁路开通带来的城市可达性分析，研究高铁发展与城市空间均衡性问题[⑧]；欧洲学者则主要从网络视角出发，讨论高铁网络对欧洲城市一体化的作用[⑨]。然而，现有研究多是运用计量模型对相关数据进行拟合，缺乏对数据真实生成过程的理解和分析，贝叶斯马尔可夫链蒙特卡洛（Markov Chain Monte Carlo，MCMC）模拟方法的提出，使推断未发生的事件成为可能，而贝叶斯估计的优点在于其具有更小的方差或平方误差。[⑩]

　　信息技术和交通基础设施的不断完善，加速城市间人流、信息流、资本流等经济要素流动，使传统的单中心、等级化开始逐渐向多中心、网络化城市空间结

① Kim H., Sultana S.. The Impacts of High-speed Rail Extensions on Accessibility and Spatial Equity Changes in South Korea from 2004 to 2018 [J]. Journal of Transport Geography, 2015 (45): 48-61.

② Vickerman R.. Can High-speed Rail Have a Transformative Effect on the Economy? [J]. Transport Policy, 2018 (62): 31-37.

③ 汪德根. 武广高铁对沿线都市圈可达性影响及旅游空间优化 [J]. 城市发展研究, 2014, 21 (9): 110-117.

④ 田超. 交通导向发展模式下城际铁路促进城镇化研究——以武汉城市圈为例 [J]. 城市发展研究, 2014, 21 (5): 20-25.

⑤ 邓涛涛, 王丹丹, 程少勇. 高速铁路对城市服务业集聚的影响 [J]. 财经研究, 2017, 43 (7): 119-132.

⑥ 刘勇政, 李岩. 中国的高速铁路建设与城市经济增长 [J]. 金融研究, 2017 (11): 18-33.

⑦ Chen C. L., Vickerman R.. Can Transport Infrastructure Change Regions' Economic Fortunes? Some Evidence from Europe and China [J]. Regional Studies, 2017, 51 (1): 144-160.

⑧ Kim K. S.. High-speed Rail Developments and Spatial Restructuring: A Case Study of the Capital Region in South Korea [J]. Cities, 2000, 17 (4): 251-262.

⑨ Vickerman R.. High-speed Rail in Europe: Experience and Issues for Future Development [J]. Annals of Regional Science, 1997, 31 (1): 21-38.

⑩ 方丽婷. 空间滞后模型的贝叶斯估计 [J]. 统计研究, 2014, 31 (5): 102-106.

构转变。特别是随着经济全球化和知识经济的不断深入，等级视角下研究城市创新及其影响因素的解释力有限，创新活动网络化逐渐引起学界关注。[①] Castells（1996）认为空间逐渐分化成为两种不同的形式，即流动空间（Space of Flows）与地方空间（Space of Places）。技术进步引发了新空间形式的转变，经济活动从根本上变得非地方化，传统意义上的经济活动空间正逐渐被重塑，深刻影响着城市空间结构的演变。网络体系和流视角下的城市创新，一方面，通过城市在网络中所处的地位产生影响，高速铁路网络中心城市有更强的可达性，与其他城市的联系更密切；另一方面，由于基础设施的不断完善导致各种流的规模不断扩大，最终使"流空间"对城市经济社会发展的作用越来越大。随着高速铁路网络的不断优化，其对城市创新的影响，已经从原来的时空压缩视角下的"场所空间"转变为由人才、资本等各种创新要素流动所构成的"流的空间"，节点城市间的距离也已经不再是传统意义上的地理距离。

基于高铁连接的联系网络将城市连接，有利于城市间创新组织开展创新合作，加速创新要素在城市间的流动。此时，城市不是一般意义上的城市，而是基于高速铁路连接的联系网络中的节点城市，城市节点属性影响其创新要素流动量，进而对城市创新产生影响。城市联系网络对城市创新影响的复杂性主要体现在两方面：一方面，城市创新本身就是一个复杂性系统；另一方面，基于高铁连接的城市联系网络是复杂网络，节点的网络拓扑结构特征具有多样性。特别是，越来越多的地区围绕城市内核心城市，依托高速铁路打造"半小时城市圈""一小时城市圈"等，在使城市创新地理边界不断扩张的同时，也使城市创新正在由一种形式转变为一个过程，一个基于高速铁路网络的城市创新流动过程。城市创新研究视角由地理空间向复杂网络转变，并进一步以"流空间"为理论基础对城市创新展开分析。

随着研究视角的转变和相关方法的发展，有学者基于系统动力学方法对相关问题进行仿真，如产业结构演化仿真研究[②]、区域绿色发展多情境仿真[③]、节能减

① 周灿，曾刚，宓泽锋等.区域创新网络模式研究——以长三角城市群为例［J］.地理科学进展，2017，36（7）：795–805.

② 范德成，李昊，刘赟.基于系统动力学的我国产业结构演化动力系统仿真研究［J］.运筹与管理，2017，26（4）：177–184.

③ 杨顺顺.基于系统动力学的区域绿色发展多情景仿真及实证研究［J］.系统工程，2017，35（7）：76–84.

排政策优化仿真①等。城市创新本身就是复杂的系统过程，高速铁路通过空间效应和网络效应使其更为复杂。因此，从系统角度分析时空压缩对城市发展的影响，通过不同的情景模拟，深入研究系统内要素之间的联系及运行机理，并进行仿真预测是进一步解释其相互关系的有益补充。高速铁路对城市创新的影响主要是基于人口流动引致的城市间知识、信息、资本等创新要素流动，而创新要素流动的原因主要有两个方面：一方面，城市属性本身存在差异，城市内部创新组织在微观层面有转移到更好创新环境的城市需求，创新要素在少数城市集聚形成的空间分布呈现非均衡，进而导致创新活跃度存在差异，由于路径依赖的存在使创新进一步向少数城市集中，因而高速铁路开通会进一步强化创新要素向城市集聚，促进城市创新水平提升；另一方面，创新要素在城市间的流动是因其效率在城市间的差异，创新要素更倾向于流入创新成功率更高的城市，而中小城市在某些方面的创新可能弱于大城市，因而高速铁路增加城市间人们出行机会，人员加速流动使知识在城市间转移或溢出，中心城市对外围城市创新空间溢出效应增加，进而提升外围城市创新水平。

此外，与发达国家相比，我国是在人均 GDP 和城镇化水平较低的背景下投资建设高速铁路的国家，虽然有一定数量的大城市甚至是特大城市，但一般城市创新要素十分有限，高速铁路的开通，一方面，有利于促进大城市向中小城市进行创新空间溢出；另一方面，可能会加速创新要素向大城市集聚，进一步扩大城市间创新差距，因而，高速铁路对城市创新的影响将显著有别于发达国家。基于此，研究高铁引起的时空压缩对城市创新及其影响因素的效应大小，对利用交通设施便利条件缩小城市间创新差距、促进城市协调发展和优化高速铁路网络建设具有十分重要的意义。

① 周雄勇，许志端，郗永勤. 中国节能减排系统动力学模型及政策优化仿真[J]. 系统工程理论与实践，2018，38（6）：1422-1444.

# 第二节　研究目的和研究意义

## 一、研究目的

诚然，交通基础设施促进经济增长已经得到学术界广泛认同并被证明，但两者之间的关系并非简单线性的。此外，国家之间在经济发展、产业结构、社会文化、政策环境等存在不同也会造成交通设施促进经济增长所起的作用存在差异。与西方发达国家不同，铁路对我国城市发展至关重要，特别是高速铁路的开通，极大增强了城市间可达性程度，正史无前例地改变着人们的出行方式。特别地，在高铁线路较为密集的城市群，便捷的出行方式，使人们工作与生活分处多城市成为可能。人是知识载体，也是创新活动的主要投入，城市间大规模、快速和频繁的人口流动加速知识、资本、信息、技术等创新要素在城市间的流动，进而对城市创新产生重要影响。

作为我国重大战略性基础设施，高速铁路对城市发展的影响显而易见，各城市融入我国高速铁路网的积极性较高。然而，城市创新本身是一个复杂系统，R&D 人员投入、R&D 资本投入、政府政策、财政支出、创新氛围、创新文化等因素均对城市创新有重要影响，高速铁路发展对城市创新的直接作用主要体现在有高铁产业的城市，而这些城市是少数，其对城市创新的影响主要是通过时空压缩带来的知识溢出产生的。因此，在分析高铁影响城市创新研究中，引入知识溢出理论，剖析高速铁路对城市创新作用机理与影响路径，并采用恰当的模型对其空间效应与网络效应进行估计；根据复杂系统理论，进一步构建基于系统动力学的离散仿真模型，对高速铁路影响城市创新过程进行模拟和仿真，有助于深入理解高速铁路对城市创新的影响过程，有利于各城市充分利用高速铁路带来的良好交通环境促进城市创新，以期为提升城市竞争力提供有力的理论支撑与现实指导。本书主要回答以下几个问题：

一是高速铁路影响城市创新的机理是什么？

二是高速铁路与城市创新空间分布情况如何？高速铁路通车城市与城市创新

产出高值城市在空间上是否大致重合？

三是高速铁路所带来的时空压缩对城市创新空间效应的影响程度有多大？不同地理位置和规模的城市空间效应有何差异？城市间创新更多表现是"极化效应"还是"溢出效应"？

四是基于高铁连接的城市联系层级与城市规模等级是否存在差异？网络属性与城市创新是否存在相关性？网络属性对城市创新的影响程度有多大？对不同地理位置和规模的城市而言，高铁带来的网络效应是否存在差异？

五是研发要素流动对京津冀城市群有何影响？其空间效应如何？

结合以上本书需要回答的主要问题，本书研究目的主要包括以下几个方面：

一是分析我国高速铁路与城市创新空间分布情况，并分别对两者的演化特征进行总结，为机理分析和实证研究奠定基础。

二是多角度定性分析高速铁路对城市可达性的影响，并基于知识溢出理论分析高速铁路对知识溢出的影响；在此基础上，从空间和网络两种视角对具体影响路径进行解析，深入分析影响机理。

三是将研究周期分为两个时段：2001~2008 年和 2009~2016 年，对比分析高速铁路开通前后，因交通方式的不同而导致对城市创新影响的空间效应不同，并运用 MCMC 对高铁影响城市创新空间动态效应进行估计，分析城市位置和规模不同产生的效应差异。

四是对基于高速铁路连接的城市联系进行公式化表达，运用社会网络理论研究高速铁路网络对城市创新影响，并根据城市地理位置与城市规模分类建模，进一步分析基于高铁连接的城市联系网络对科技创新影响的网络效应。

五是建立系统动力学模型模拟仿真高速铁路对城市创新的影响，并对不同情境条件进行模拟，详细讨论不同情境下高速铁路对城市创新的影响，并对未来进行预测。

六是以京津冀城市群为例，分析高铁开通引致的研发要素流动对城市创新产生的影响，深入讨论影响因素及其空间效应，为提升京津冀城市群科技创新提出对策和建议。

## 二、研究意义

高速铁路对城市创新活动的影响是通过高铁线路和动车组列车将各站点城

市连接起来而产生的，一方面，高速铁路开通，使沿线城市间的通勤时间大幅减少，降低广义出行成本，有利于创新空间溢出，进而对城市创新产生影响；另一方面，随着高铁线路的不断密集，基于高速铁路连接的城市联系网络形成，加速城市体系由等级化向网络化转变，形成以人口、信息、资本等创新要素流动所构成的流动空间，有利于城市创新网络形成，进一步对城市创新产生影响。

### (一) 理论意义

从理论意义而言，本书在深入分析高速铁路对城市创新影响机制的基础上，从空间和网络视角下分别建立模型，实证研究高速铁路对城市创新的效应；进一步地，基于复杂科学理论，从系统角度探讨高速铁路影响城市创新的合理性，并建立系统动力学模型模拟仿真高速铁路影响城市创新的系统演变规律，有利于推动交通基础设施与城市经济的相关理论发展。

首先，通过多角度分析高速铁路对城市可达性的影响，有助于剖析高速铁路对城市创新的影响机理，对知识溢出效应空间解释的应用范畴进行拓展，扩大新经济地理理论的应用边界，并进一步完善知识溢出理论。

其次，基于知识溢出理论，通过构建多种空间权重矩阵和空间计量模型，实证分析高速铁路开通带来的时空压缩对城市创新产生的影响，并根据城市地理位置与规模的不同，分类考察其动态效应，有助于深化对高速铁路影响城市创新空间效应机制的认识。

最后，基于网络视角，将网络中心性和"结构洞"纳入高速铁路对城市间创新影响中，分析基于高速铁路连接的城市联系网络对创新的影响，将社会网络理论应用到城市创新研究中；进一步地，将城市按照地理位置与规模大小分别进行分析，在一定程度上丰富和扩展了社会网络理论的适用范围。

### (二) 实践价值

从实践价值而言，研究高速铁路对城市创新的影响有利于城市创新发展战略制定，充分发挥高速铁路带来的区位条件改善优势，促进创新要素在更大范围内进行配置，提升资源利用率。通过分析高速铁路开通带来的空间效应与网络效应，并对具体影响过程进行系统分析，可以为我国高速铁路发展规划提供理论依据，促进高速铁路线路和站点的合理化布局，对促进城市经济发展具有重大的现实意义。

首先，使各城市充分利用自身所处的高铁网络节点位置，合理配置创新要素，充分发挥高速铁路对城市创新的促进作用。

其次，通过分析高速铁路对城市创新的影响过程，建立基于系统动力学的离散仿真模型，通过对不同情景的模拟，进一步分析并预测高速铁路对城市创新产生的影响。

最后，为国家铁路局等相关部门制定铁路规划提供参考，通过交通，特别是高速交通设施完善，进而为更好地促进京津冀协同发展提供依据。

综上，在中国高速铁路快速发展的宏观背景下，高速铁路对城市发展的影响会进一步扩大。因此，研究高速铁路对城市创新影响机理及其效应有助于为各城市充分利用高铁这一基础设施优势促进创新提供参考，也能为高铁未来建设布局提供建议，以期更好地促进城市发展，加快我国创新型城市建设。

## 第三节 主要内容和主要创新点

### 一、主要内容

本书以高速铁路开通带来的时空压缩和人口流动为研究切入点，研究高铁对城市创新产生的影响，主要研究内容包括以下六个方面：

一是作为新型交通运输方式，高速铁路的开通极大地增强了城市间的可达性程度，降低了广义出行成本，通过改变知识溢出强度与方向对城市创新产生重要影响。因此，在第一章介绍研究背景、研究方法、主要创新点等内容的基础上，第二章对理论基础与文献综述进行了详细论述，主要对创新理论、知识溢出理论、新经济地理理论、网络理论、流空间理论等跨学科多种理论进行回顾，并对国内外相关文献进行系统梳理，重点从交通基础设施对可达性的影响、创新及其空间相关性、知识溢出与创新、城市创新网络与知识溢出、高速铁路与城市发展等方面展开详细论述，最后对已有研究进行评述，并提出本书研究方向。

二是结合 ArcGIS 软件，将我国高速铁路空间分布与城市创新情况可视化，分析其演化规律与集聚特征，为进一步探究高速铁路对城市创新产生的空间效应提供现实支持，也为我国城市创新体系和创新分工相关研究提供依据。在第三章的事实描述基础上，第四章主要是分析高速铁路开通对城市间可达性产生的影响，首先，介绍多种可达性指数的度量方法，从城市间通勤时间、广义出行成本、择业就业和市场潜力四个方面分析高速铁路对城市可达性的影响。其次，运用知识溢出理论分析高速铁路对城市创新的影响。最后，对高速铁路发展对城市创新的影响路径进行解析，可概括为空间效应和网络效应，前者是广义出行成本的降低带来的人口流动、市场规模产业集聚、组织学习、城市空间等方面的变化；后者则是城市拥有的网络资本对城市创新的影响。

三是在深入分析高速铁路对城市创新影响路径的基础上，第五章将对第一种效应，即空间效应，进行实证分析。将时间距离纳入分析框架，构建多种空间权重矩阵，建立空间计量模型，估计高速铁路对城市创新及其影响因素的空间效应，并运用偏微分方程对总效应进行分解，分析高速铁路发展对城市创新的影响。此外，考虑到高速铁路对城市创新影响的复杂性和动态性，弥补静态空间面板模型的不足。第五章还构建了动态空间面板模型，并基于贝叶斯马尔可夫链方法（贝叶斯MCMC）对模型进行估计，对高铁影响城市创新的短期效应（直接和间接）和长期效应（直接和间接）进行估计，并对城市进行分类，深入探讨高速铁路开通对城市创新产生的空间效应。

四是在第五章研究空间效应的基础上，本书对第二种效应，即网络效应，进行实证研究。伴随知识经济发展，"地方空间"正在逐渐向"流动空间"转变，创新空间格局出现了由等级化向网络化转变的趋势。因此，本书第六章在高速铁路网络的基本特征的基础上，对高速铁路网络相关指标进行测度，并对相关属性结果进行分析。进一步地，将网络属性指标与城市创新进行回归分析；同样，也按照城市规模和所处地理位置进行分类研究，测度高速铁路发展对城市创新的网络效应。

五是鉴于高速铁路发展与城市创新之间动态性、非线性和复杂性特征，在总结并分析高速铁路对城市创新两种效应（空间效应和网络效应）的基础上，本书第七章运用复杂系统科学思想，结合高速铁路对城市创新产生的主要影响方式与影响途径，对高速铁路影响城市创新过程进行仿真描述，对比高速铁路建成前后城市创新所受影响的动态变化规律，并对未来进行预测分析。

六是在实证分析和模拟仿真的基础上，以京津冀城市群为案例，分析高速铁路开通引致的研发要素流动对城市科技创新产生的影响，特别是 R&D 人员流动，并探讨其空间效应，为京津冀城市群利用高速交通促进城市创新提供科学的对策建议。

## 二、主要创新点

本书通过构建空间杜宾模型和固定效应模型，分别估计高速铁路创新空间效应和网络效应；进一步地，对高速铁路影响城市创新过程进行梳理，绘制因果关系图和系统流图，通过仿真模型，模拟高速铁路对城市创新的影响，并对未来进行预测。本书创新之处主要包括以下五个方面：

一是从空间和网络视角下解释高速铁路对城市创新的影响。基于城市创新过程复杂性和高速铁路发展自身特征，本书从空间和网络视角下分析高速铁路对城市创新的影响机理，认为高速铁路的开通，一方面压缩了城市间的时空距离，便于人们面对面交流，促进隐性知识传播，通过空间溢出效应影响城市创新；另一方面，基于高铁连接的城市联系网络加速城市体系由等级化向网络化转变，进一步加速了知识网络化溢出，有利于创新网络形成，进而影响城市创新。多种分析方法的综合运用，有助于高速铁路影响城市创新过程的解释。

二是为克服不同空间权重矩阵对事实反应的偏差和静态效应的不足，进一步运用贝叶斯马尔可夫链估计法对高速铁路影响城市创新的动态空间效应进行估计，并对城市进行分类估计，深入探讨因不同地理位置和规模而产生的差异，这在一定程度上补充了知识溢出理论和新经济地理理论。

三是基于高铁客运流数据，综合运用 GIS 空间可视化、社会网络分析等多种方法，探讨城市联系网络资本属性，并对其与城市创新的相关性进行分析。在此基础上，构建固定效应模型从整体、不同地理位置和城市规模三个层面分别对网络资本与城市创新之间的关系进行估计，深入分析网络资本对城市创新的影响，为高铁时代理解中国城市间相互作用和城市与区域发展提供一定参考与借鉴，丰富了社会网络理论。

四是基于复杂系统理论，建立高速铁路影响城市创新的离散仿真模型，设置单因素和组合政策，分别模拟不同情境下高速铁路对包含创新活动在内的城市经济产生的影响。模拟仿真相关研究使高速铁路发展的相关政策可量化，有助于进一步解释高铁影响城市创新过程，扩大了系统动力学的应用范围。

五是以京津冀城市群为典型案例，分析高速铁路开通引致的研发要素流动对城市创新的影响。通过构建不同的空间权重矩阵和空间计量模型，研究不同因素对城市创新的影响及其异质性，讨论空间溢出效应，为京津冀通过高速铁路提升区域协同创新能力提供对策建议。

# 第四节 研究方法和技术路线

## 一、研究方法

一是跨学科综合分析法。从系统科学视角梳理创新理论、知识溢出理论、网络理论、流空间理论等多学科理论方面研究成果，深入了解高速铁路与城市创新的研究和发展现状，并在前人研究的基础上进行归纳总结。

二是计量分析法。计量分析方法可以将理论与现实数据相结合，通过构建相应模型，验证研究的可靠性，从而使研究结论更为科学严谨。本书采用空间计量经济学模型，从静态和动态两方面考察高速铁路对城市创新影响的空间效应。此外，还对高速铁路网络资本与城市创新之间的相关性进行了回归分析，并构建固定效应模型，以期科学评价高速铁路网络对城市创新产生的影响。

三是比较分析法。通过将客观事物加以比较，认识事物的本质和规律并做出正确的评价。运用比较分析法，将研究对象的相同点和不同点进行比较和分析，可以加深对研究对象的理解。在此方法的影响下，本书将基于高速铁路的时间距离和其他距离分别建立空间计量模型和固定效应模型进行回归分析，并将全国城市样本分地区和城市规模进行回归，比较地理位置与城市规模之间的效应差别，深入分析高速铁路对城市产生的创新作用。

四是系统模拟与仿真法。高速铁路影响城市创新的模拟仿真研究，运用系统动力学仿真方法，对不同参数进行设定，探讨不同情景下的高速铁路对城市创新的影响，以期对未来高速铁路影响下的城市创新进行科学预测与评估。

五是案例分析法。以京津冀城市群为典型案例，通过构建多种空间权重矩阵和计量模型，对研发要素流动影响城市科技创新进行深入解析，对比多种空间权重矩阵的差异性，以期为提升京津冀城市群科技创新能力提供更加科学的对策建议。

## 二、技术路线

本书在总结和梳理国内外相关理论和文献的基础上，从空间角度将我国城市高速铁路发展与创新产出可视化，并从多个层面对两者在空间上的分布特征进行概括总结。在运用可达性理论和知识溢出理论的基础上，结合城市创新过程复杂性和高速铁路发展自身特征，从空间和网络两个视角对高速铁路影响城市创新具体路径进行解析。在空间效应方面，将时间距离纳入分析框架，从静态和动态两个角度考察高铁对城市创新产生的影响，并对城市进行分类，提高研究结论的科学性；在网络效应方面，运用社会网络理论分析基于高铁连接的城市联系网络特征，探讨网络属性与城市创新之间的相关性。进而，基于复杂系统理论，建立高铁影响城市创新的离散仿真模型，详细梳理系统各变量之间的关系，通过不同的情景模拟，进一步理清高铁影响城市创新过程，并对相关模拟结果进行解释。最后，以京津冀城市群为例，分析高速铁路带来的研发要素流动变化对城市科技创新产生的影响，并分析各影响因素空间效应，充分利用高铁带来的时空压缩，提升京津冀城市群科技创新能力，为建设世界级城市群提供强大动力。本书技术路线如图 1-1 所示。

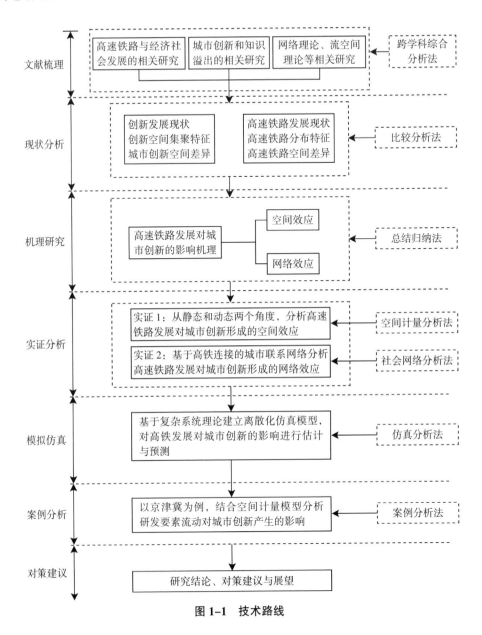

图 1-1　技术路线

# 第二章
# 理论基础与国内外相关研究

    作为影响城市发展的重要交通基础设施，我国高速铁路由最初的"线"逐渐发展成为现在的"网"，其对城市经济的影响会进一步扩大。高速铁路对城市创新的影响过程具有复杂性、动态性、非线性等特征，从微观角度而言，高速铁路开通带来的时空压缩改变了人们的出行方式，有利于城市内部创新组织交流、互动，进而对城市创新产生影响；从宏观角度而言，高速铁路开通使城市间、区域间联系更为紧密，创新要素可以在更大范围内进行配置，进而影响城市创新。因此，研究高速铁路对城市创新的影响首先要对创新理论、知识溢出理论、新经济地理理论、网络理论与流空间理论等相关理论进行充分回顾，在此基础上对相关文献进行总结，明确高速铁路在影响城市创新中所起的作用，进而提出本书的研究方向。

## 第一节　理论基础

### 一、创新理论

    依据创新范式的演变，管理学和经济学对创新理论的研究大致经历了三个阶段：线性创新、系统创新和生态系统创新。1911 年，熊彼特在其著作《经济发展理论》中首度提出"创新"概念，并在其随后出版的著作与文献中进一步对创新理论进行了补充与完善。学者 Arrow 首次使用规范的实证模型，证明了在竞争激烈的市场中，创新激励比所谓的替代（或利润）效应更能说明有竞争力[1]，这一发现也得到了后续学者的严格证明[2]。Schmutzler 最近提出了一种统一的方法，并确定竞争影响投资的几个渠道，证明了与创新不同，市场竞争对均衡价格和商品边际成本所产生的影响是含糊不清的。[3]线性创新强调 R&D 投入或企业组织内部管理创新，相关研究主要可以分为两个方面：一方面是微观的企业创新型，主要探讨企业市场行为对自身创新的影响，包括企业间合并[4]、市场投资[5] 等，通过对比不同的企业行为分析其对创新产生的影响[6]；另一方面是宏观的创新研究，主要集中在城市[7]、区域[8]，甚至是国家[9]，从技术转移、知识溢出等方面开展研究。

创新系统的概念最早始于国家层面，Freeman 首次明确提出了国家创新系统的概念[10]；柳卸林较早地提出，国家创新体系是包含科研部门、企业、政府等的复杂系统，并强调了制度创新和组织创新对技术创新的重要性[11]。创新系统理论的核心强调系统内部各要素间相互合作，共同推动整个系统演化，开放式创新是其重要特点。随着创新系统概念、内涵、构成要素等定性研究不断丰富，学者开

① Arrow K. J.. Economic Welfare and the Allocation of Resources for Invention ［A］// Arrow K. J. （ed.）. The Rate and Direction of Inventive Activity ［C］. Princeton：Princeton University Press，1962：609–626.

② Gilbert R.. Looking for Mr. Schumpeter: Where are We in the Competition–Innovation Debate? ［A］//In Adam B. J., Lerner J., Stern S. （eds.）. Innovation Policy and the Economy ［C］. Massachusetts：The MIT Press，2006：159–215.

③ Schmutzler A.. Competition and Investment–A Unified Approach ［J］. International Journal of Industrial Organization，2013，31（5）：477–487.

④ Haucap J., Rasch A., Stiebale J.. How Mergers Affect Innovation: Theory and Evidence ［J］. International al Journal of Industrial Organization，2019（63）：283–325.

⑤ Bourreau M., Jullien B., Lefouili Y.. Mergers and Demand? Enhancing Innovation ［Z］. Toulouse School of Economics Working Papers，2018：907–918.

⑥ Denicolò V., Polo M.. Duplicative Research，Mergers and Innovation ［J］. Economics Letters，2018 （166）：56–59.

⑦ Li D. D., Wei Y. D., Wang T.. Spatial and Temporal Evolution of Urban Innovation Network in China ［J］. Habitat International，2015（49）：484–496.

⑧ 潘雄锋，张静，米谷等. 中国区际技术转移的空间格局演变及内部差异研究 ［J］. 科学学研究，2017，35（2）：240–246.

⑨ Munari F., Rasmussen E., Toschi L., et al.. Determinants of the University Technology Transfer Policy-mix: A Cross–national Analysis of Gap–funding Instruments ［J］. The Journal of Technology Transfer，2016，41 （6）：1377–1405.

⑩ Freeman C.. Japan: A New National System of Innovation? ［A］//Dosi G., et al. （eds.）. Technical Change and Economic Theory ［C］. London：Pinter Publishers Ltd.，1988.

⑪ 柳卸林. 国家创新体系的引入及对中国的意义 ［J］. 中国科技论坛，1998（2）：26–28.

始从不同角度选择随机前沿生产函数①、DEA②等方法对区域创新系统进行评价。随着研究的不断深入，学者对产业创新系统研究进一步深化，如董豪等以通信产业为例，研究产业创新系统的协同情况③；刘晓云和赵伟峰则以制造业为例，对其协同创新系统进行研究，并提出从系统动力机制、资源供给机制、合作信任机制和激励保障机制构建运行机制④；进一步地，樊步青和王莉静将生态环境纳入分析框架，从主体层面、资源层面和环境层面三个维度分析我国制造业低碳创新系统运行机制，并揭示其危机形成机理⑤。

2004 年，美国总统科技顾问委员会提交的一份研究报告《维护国家的创新生态系统、信息技术制造和竞争力》中正式提出了"创新生态系统"的概念，指出国家的技术和创新领导地位并不依赖于端到端的机械过程，而动态的、有活力的"创新生态系统"是关键。Adner 则是第一个明确提出企业创新生态系统的学者⑥；创新生态系统的本质是将创新活动用生物学进行解释，创新过程被认为是由不同创新物种（如创新型组织、企业、高校、科研机构等）相互联结形成群落，在共生竞合关系中动态发展，并推动系统整体演化过程。物质流包括人员流动、资本流动等；能量流包括知识资本、金融资本、产业资本等；信息流包括市场信息、政府政策、产品动态等。创新生态系统包括多样性共生、自组织演化和开放式协同，一些在本领域领先的企业甚至尝试将用户也纳入其生态创新系统，有助于其推进创新活动。⑦国内学者黄鲁成首次以生态学视角对区域技术创新系统进行研究，并将自然生态系统和区域技术创新系统要素进行对比分析。⑧创新生态系统内部按照发挥功能的不同，可分为研究群落、开发群落和应用群落：研究

①　周洪文，宋丽萍. 区域创新系统能力动态变迁的测度与评价［J］. 管理学报，2015，12（9）：1343-1350.

②　陈志宗. 基于超效率-背景依赖 DEA 的区域创新系统评价［J］. 科研管理，2016，37（S1）：362-370.

③　董豪，曾剑秋，沈孟如. 产业创新复合系统构建与协同度分析——以信息通信产业为例［J］. 科学学研究，2016，34（8）：1152-1160.

④　刘晓云，赵伟峰. 我国制造业协同创新系统的运行机制研究［J］. 中国软科学，2015（12）：144-153.

⑤　樊步青，王莉静. 我国制造业低碳创新系统及其危机诱因与形成机理分析［J］. 中国软科学，2016（12）：51-60.

⑥　Adner R.. Match Your Innovation Strategy to Your Innovation Ecosystem［J］. Harvard Business Review，2006，84（4）：98-107.

⑦　Hienerth C., Lettl C., Keinz P.. Synergies Among Producer Firms, Lead Users, and User Communities: The Case of the LEGO Producer-user Ecosystem［J］. Journal of Product Innovation Management，2014，31（4）：848-866.

⑧　黄鲁成. 区域技术创新系统研究：生态学的思考［J］. 科学学研究，2003，21（2）：215-219.

群落是原始创新的源头，也是系统良好运行的奠基石；开发群落则是将研究成果转化为产品或服务，不断将其推广；应用群落则是对创新成果的应用，创新在更大范围内得到使用。张贵等从生态位角度分析京津冀创新创业生态系统演化，并指出发挥各自比较优势，夯实"研究、开发、应用"三大群落定位才能更好促进区域发展。[1] 随着研究的不断深入，区域创新生态系统的研究对象不断细化，有学者运用相关方法和模型对科技园区[2]、高新区[3]等更小范围的创新生态系统进行评价。在企业创新生态系统方面，丁玲和吴金希以宇通客车和北汽为研究案例，揭示了核心企业与商业生态系统互利共生与捕食共生作用机理[4]；而胡京波等分析创新悖论对核心企业创新生态系统产生的影响，并构建了创新悖论管理机制[5]。

基于对创新理论相关研究的梳理和总结，本书认为城市创新是城市内部创新主体依靠各种创新要素内生地驱动城市不断发展的能力和过程。城市不断发展是城市创新能力提升的直接体现，其深层次原因是不同创新相关参与者的相互协作，而并非单一个人或组织完成的。因此，城市创新是一个过程，具有明显的动态性；同时，也是一个复杂系统，需要系统内部各要素相互协作才能完成。

## 二、知识溢出理论

知识溢出可以理解为知识收益的一部分，是个人、企业或其他组织知识创造但一部分收益被这些知识创造者之外的个人或组织占有的现象。Allow 认为技术进步源于知识的无意识积累[6]，作为非经典理论的代表，Solow 指出知识溢出的存在最终可以使地区间的技术水平趋同[7]；而 Kaldor 假定知识具有完全非竞争性和

---

① 张贵，李涛，原慧华.京津冀协同发展视阈下创新创业生态系统构建研究 [J].经济与管理，2017，31 (6)：5-11.

② 刘志春，陈向东.科技园区创新生态系统与创新效率关系研究 [J].科研管理，2015，36 (2)：26-31，144.

③ 蔡姝莎，欧光军，赵林龙等.高新技术开发区创新体系生态质量评价研究——以湖北省高新区为实证 [J].科研管理，2018，39 (S1)：87-94.

④ 丁玲，吴金希.核心企业与商业生态系统的案例研究：互利共生与捕食共生战略 [J].管理评论，2017，29 (7)：244-257.

⑤ 胡京波，欧阳桃花，曾德麟等.创新生态系统的核心企业创新悖论管理案例研究：双元能力视角 [J].管理评论，2018，30 (8)：291-305.

⑥ Arrow K. J.. The Economic Implications of Learning by Doing [J]. The Review of Economic Studies，1962，29 (3)：155-173.

⑦ Solow R. M.. Technical Progress, Capital Formation, and Growth [J]. The American Economic Association，1962，52 (2)：76-86.

非排他性，认为知识在区域间可以自由快捷地流动①；徐小靓和田相辉则提出，虽然知识溢出广泛存在，但由于其不能被直接观察到，且不以市场机制为媒介，使其相关研究难以用模型进行分析②。知识溢出概念不局限于产业间或企业之间，个人与个人之间，甚至是国家之间也存在知识溢出。最初知识溢出的相关研究是为了解释技术进步的传播机理，主要考虑技术进步外部性。Hagerstrand 强调地理邻近对知识传播和技术扩散影响③；而 Abramnovitz 则从技术邻近分析知识溢出④；史烽等从技术距离和地理距离两个角度分析知识溢出对大学–企业协同创新绩效的影响，指出横向技术相似度与地理距离是影响协同创新的重要因素⑤。

由于创新对城市经济发展至关重要，而知识溢出会对城市创新产生重要影响。因此，从空间视角研究知识溢出更具合理性。随着知识溢出研究由微观企业扩展到宏观城市、区域甚至是国家，使知识溢出问题由管理学问题转变为经济地理问题。Baldwin 等经研究发现地理距离越近，知识溢出效应越强⑥；Behrens 等指出，知识存在本地化效应，使有创新能力的人往往集中在大城市，进而导致大城市企业效率较高，并验证了齐普夫定律的正确性⑦；Schmidt 以德国企业为研究对象，研究发现，知识溢出存在一定的空间范围，具有距离衰减效应，且知识溢出对公司决策产生了正向作用⑧；而 Lychagin 以美国软件业为研究对象，发现知识溢出在软件公司之间确实存在，且在空间上表现出高度集聚，知识溢出虽然有利于企业在空间上的集聚，但这种集聚能力仅用于解释研发活动相对较高地区内

① Kaldor N.. The Irrelevance of Equilibrium Economics [J]. Economic Journal, 1972, 82 (328): 1237-1255.

② 徐小靓，田相辉. 知识溢出的空间外部性测度——基于空间和产业双重维度[J]. 系统工程理论与实践，2016, 36 (5): 1280-1287.

③ Hagerstrand T.. The Propagation of Innovation Waves [M]. Stockholm: Lund Studies in Geography, 1978.

④ Abramnovitz M.. Catching Up, Forging Ahead, and Falling Behind [J]. The Journal of Economic History, 1986, 46 (2): 385-406.

⑤ 史烽，高阳，陈石斌，等. 技术距离、地理距离对大学–企业协同创新的影响研究 [J]. 管理学报，2016, 13 (11): 1665-1673.

⑥ Baldwin R. E., Martin P., Ottaviano G.. Global Income Divergence, Trade, and Industrialization: The Geography of Growth Take-offs [J]. Journal of Economic Growth, 2001, 6 (1): 5-37.

⑦ Behrens K., Duranton G., Robert-Nicoud F.. Productive Cities: Sorting, Selection and Agglomeration [J]. Journal of Political Economy, 2014, 122 (3): 507-553.

⑧ Schmidt S.. Balancing the Spatial Localisation "Tilt": Knowledge Spillovers in Processes of Knowledge-intensive Services [J]. Geoforum, 2015 (65): 374-386.

企业的地理分布时具有经验相关性[1]。也有学者从微观角度开展相关研究，Venturini 等分析知识溢出对竞争者知识整合能力的影响，发现知识溢出，特别是隐性研发知识溢出对企业知识整合产生不利影响。[2]

### 三、新经济地理理论

由于缺乏处理规模收益和不完全竞争的技术工具，使主流经济学长期缺乏从空间维度解释经济活动。在 20 世纪 70 年代中后期，Dixit 和 Stiglitz 进一步发展了张伯伦的垄断竞争模型，建立了经典的 D-S 垄断竞争模型[3]，为解决规模收益递增和不完全竞争提供支撑。1991 年，Krugman 发表了《收益递增和经济地理》一文，修正了新古典经济学的一些假设，从而得出了包含空间因素的经济理论。[4] Krugman 的主要贡献是把新贸易、新增长等相关理论和研究成果进行整合，引入古典区位论，并创新构造出新经济地理理论，解决了如产业内贸易、国家间贸易、市场准入等传统区位论未能解决的难题；而古典区位论代表杜能对新经济地理学的形成与发展做了两方面的开创性工作：农业区位论和产业集聚与城市形成机制。新经济地理理论将空间因素和规模收益递增纳入分析框架，提出经济要素集聚是城市发展的重要因素，而两者间的关系是动态的。个人或企业的选择、流动和集聚不仅是区位选择问题，更是城市、区域甚至是国家发展问题。即使不存在外生差异，经济空间也必然会发生演化分异，要素集聚是不可避免的。因此，城市要素集聚与经济发展过程并不是随机的。

从演化角度而言，继承和经历对经济发展十分重要，城市内产业与劳动者技能相关性影响劳动者迁徙，进而对城市发展产生影响[5]，即经济发展循环累积的结果，当经济要素在某城市发生集聚时，会加速该城市发展，进而导致城市间发

① Lychagin S.. Spillovers, Absorptive Capacity and Agglomeration [J]. Journal of Urban Economics, 2016 (96): 17-35.

② Venturini R., Ceccagnoli M., Van Zeebroeck N.. Knowledge Integration in the Shadow of Tacit Spillovers: Empirical Evidence from U.S. R&D Labs [J]. Research Policy, 2019, 48 (1): 180-205.

③ Avinash K. Dixit, Joseph E. Stiglitz. Monopolistic Competition and Optimum Product Diversity [J]. American Economic Review, 1977, 67 (3): 297-308.

④ Krugman P.. Increasing Returns and Economic Geography [J]. Journal of Political Economy, 1991, 99 (3): 483-499.

⑤ MacKinnon D.. Labour Branching, Redundancy and Livelihoods: Towards a More Socialized Conception of Adaptation in Evolutionary Economic Geography [J]. Geoforum, 2017 (79): 70-80.

展出现差异；而当要素积聚到一定规模后，发达城市内部要素价格相对较高，加速城市内部经济要素向欠发达城市转移，进而缩小城市间发展差距。新经济地理理论的 C-P 模型为经济活动的集聚机制提供了很好的解释，核心结论主要包括本地市场放大效应、循环积累因果效应、区域内生非对称性、突发性集聚、区位黏性、聚集租金、预期的自我实现，这些结论成立的前提是满足"非黑洞条件"，即不会产生所有现代部门都集中在某一地区，使外围区域产业份额不断减少的现象。

随着研究的不断深入，学界对新经济地理理论的研究主要是理论完善和应用，Ikeda 等通过比较分析发现，六角结构是基于运输成本条件下的中心外围模型的稳态结构，验证了 Krugman 的猜想。[1] 有学者从微观角度开展研究，Murphy 指出集聚效应的存在使家庭一方面在城市密集地经济效率更高，另一方面也更容易享受包括餐饮、洗衣、打车等在内的微观基本服务[2]；而 Shertzer 等则以芝加哥土地政策为研究对象，研究美国街区制对城市发展的影响，提出土地使用管理对经济要素集聚的影响超过了基础设施，而这种微观层面探讨在之前新经济地理理论中鲜有涉及[3]。国内学者韩峰和柯善咨基于马歇尔外部性和新经济地理综合视角分析我国 284 个地级市制造业空间集聚机制，发现专业化劳动力、中间投入可得性、区际研发溢出、市场需求等均显著促进制造业空间集聚[4]；赵永亮等则基于新-新贸易理论与新-新经济地理的共同视角，研究出口和集聚双重环境下企业生产率的分布特征，并提出了"出口中学习""集聚中学习""出口集聚环境的双重学习"假说[5]。

① Ikeda K., Murota K., Akamatsu T., et al.. Self-organization of Hexagonal Agglomeration Patterns in New Economic Geography Models [J]. Journal of Economic Behavior & Organization, 2014（99）：32-52.

② Murphy D.. Home Production, Expenditure, and Economic Geography [J]. Regional Science and Urban Economics, 2018（70）：112-126.

③ Shertzer A., Twinam T., Walsh R. P.. Zoning and the Economic Geography of Cities [J]. Journal of Urban Economics, 2018（105）：20-39.

④ 韩峰，柯善咨. 追踪我国制造业集聚的空间来源：基于马歇尔外部性与新经济地理的综合视角 [J]. 管理世界，2012（10）：55-70.

⑤ 赵永亮，杨子晖，苏启林. 出口集聚企业"双重成长环境"下的学习能力与生产率之谜——新—新贸易理论与新—新经济地理的共同视角 [J]. 管理世界，2014（1）：40-57.

## 四、网络理论

### (一) 复杂网络

复杂网络理论发端于图论，而后者始于 1736 年瑞士数学家 Euler 对 "七桥问题" 的研究，此后，相关研究进一步发展。直到 20 世纪 60 年代，匈牙利数学家 Erdös 和 Rényi 建立起随机图理论[①]，使该理论成为对复杂网络研究产生重要影响的理论。事实上，复杂网络是对复杂系统的抽象表达，当把系统内元素抽象成节点、元素间的相互关系抽象为边时，都可以作为复杂网络来研究，强调系统的结构并从结构角度分析系统功能。Albert 等提出小世界网络模型是介于规则网络和随机网络之间的网络模型，在小世界网络中，大部分节点均不与彼此连接，但均可以经过少数节点实现连接。[②]

此后，复杂网络相关研究得到迅速发展，İlhan 和 Öğüdücü 在研究社交网络及其演化时提出，海量数据和网络动态演化使网络中确定事件计算精确程度下降，提出通过提取网络结构特征并利用子群结构分析可以提高预测群体事件概率。[③] 与在每个时间点获取大量特性的传统方法不同，该方法提取最少量的社区特征可以有效地确定社区是否会保持稳定，或者是否会发生某些事件，如收缩、合并或拆分。此外，提取的社区特征因网络结构的不同而有所不同，捕获了特定于网络的特征，验证了该框架结构的有效性。Gunduz 等针对某信息在具有不同网络结构的群体中的传播过程进行研究，验证不同的度分布对信息传播产生何种影响[④]；也有学者研究了网络中信息传播动力[⑤]。国内学者则更强调实证分析，如李丹丹等以生物技术领域合著论文和共同申请专利数据分别构建了科学知识网络和技术知识网络，研究知识溢出空间复杂性，发现两种网络均具有无标度网络特

① Erdös P., Rényi A.. On the Evolution of Random Graphs [J]. Publications of the Mathematical Institute of the Hungarian Academy of Sciences, 1960 (5): 17–61.

② Albert R., Jeong H., Barabasi A. L.. Diameter of the World Wide Web [J]. Nature, 1999, 401 (6749): 130–131.

③ İlhan N., Öğüdücü Ş. G.. Feature Identification for Predicting Community Evolution in Dynamic Social Networks [J]. Engineering Applications of Artificial Intelligence, 2016 (55): 202–218.

④ Gunduz H., Yaslan Y., Cataltepe Z.. Intraday Prediction of Borsa Istanbul Using Convolutional Neural Networks and Feature Correlations [J]. Knowledge-Based Systems, 2017 (137): 138–148.

⑤ Depizzol D. B., Montalvão J., de Oliveira Lima F., et al.. Feature Selection for Optical Network Design via a New Mutual Information Estimator [J]. Expert Systems with Applications, 2018 (107): 72–88.

征，同时，也指出了知识溢出具有空间相关性[①]；李瑞龙等则是通过改进的辐射模型，研究城市间创新关联，并结合复杂系统理论对网络结构进行多维度分析[②]。

除管理学外，也有学者将复杂网络思想应用于生物、工程学等其他学科，如Chevtchenko 等在研究手部姿势识别系统时提出了基于特征融合的卷积神经网络，并对其网络特征进行描述，提出其在验证技术和图像表示的综合应用更好。[③]

### （二）社会网络

社会网络是行动者及行动者间的相互关系所构成的集合，行动者可以是个人、企业、组织等。社会网络理论强调行动者间的关系，而不是行动者本身的属性。随着研究的不断深入和范围的不断扩展，社会网络理论研究不再局限于社会学，其他学科的相关研究也日益丰富，代表性理论包括弱关系理论、强关系理论和"结构洞"理论。

在弱关系理论方面，代表人物是在社会网络领域影响力巨大的美国学者Granovetter，他于 1973 年发表了《弱关系的力量》，首次提出"联系力量"的概念[④]，根据这种联系的频率、情感强度等不同的评价标准将其分为强联系和弱联系。虽然强弱关系可以不同的标准进行划分，但两者并不是孤立存在的，而是同时存在于人与人、人与组织、组织之间等各种关系之间。强联系往往体现在组织内部，有正式制度或者规定对组织内部成员间的交流或者活动进行规范，或基于制度建立起的联系；而弱联系更多的是组织间的联系，几乎没有制度性约束，是联系双方凭借信任等建立起的联系。个人或组织间互动频率越高、情感强度越大、亲密程度越近则为强关系；反之，则为弱关系。整体来看，弱联系主要是在职业、学历、收入水平、社会地位等特征不一致的个体间；而强联系则相反，往往是个体特征一致情况下发生的。因此，基于强联系所获取的知识、信息等重复性较高，信息冗余利于创新；而弱联系则不是基于类似的某些特征，更有利于创

① 李丹丹，汪涛，魏也华，等.中国城市尺度科学知识网络与技术知识网络结构的时空复杂性 [J]. 地理研究，2015，34 (3)：525-540.

② 李瑞龙，周永根，陈锐，等.基于复杂网络的城市间创新关联与空间格局 [J]. 系统工程，2017，35 (10)：105-113.

③ Chevtchenko S. F., Vale R. F., Macario V., et al.. A Convolutional Neural Network with Feature Fusion for Real-time Hand Posture Recognition [J]. Applied Soft Computing Journal, 2018 (73)：748-766.

④ Granovetter M. S.. The Strength of Weak Ties [J]. American Journal of Sociology, 1973, 78 (6)：1360-1380.

新组织或个人获取异质性资源，减少信息冗余，进而有利于创新产生。因此，弱联系的存在可使个体从创新网络中获取异质性资源，提高网络中资源利用率。有学者从更宏观角度分析弱关系的作用，认为社会网络资本中的弱关系有助于经济增长率的收敛。① Tümen 研究了个人非正式网络对其职业选择的影响，结果表明，弱关系与工作生涯早期选择稳定职业道路的可能性更高，在一定程度上解释了黑人和白人在职业选择的种族差异。② 任胜钢等运用案例研究法，在分析网络联系对企业绩效影响时发现，弱联系在企业不同发展阶段所起的作用大小存在差异。③

在强关系理论方面，Krackhardt 指出强关系在人们的交往过程中占据优势的原因在于其有利于增强相互信任，而信任程度越高则越有利于个体或组织开展相互合作，降低合作中因各种不确定性导致的损失。④ 边燕杰在研究东方社会中求职者的求职现象时提出，在计划经济的体制下，人情关系在求职过程中起到了重要的作用。⑤ 李冬梅和宋志红采用纵向案例研究法，对技术发起者网络关系对标准联盟规模和主导设计产生的影响进行研究，结果表明，在早期，强联系有助于潜在支持者加入标准联盟；而在后期，强联系可能会受到机会主义行为的威胁。⑥ 崔蓓和王玉霞在分析供应网络联系强度对企业间风险分担的影响机制时提出，联系强度与风险分担存在倒"U"形关系，适度的联系强度有助于实现风险分担，且两者间关系不依赖调节作用影响。⑦

以边燕杰为代表的学者对中国问题研究是基于以伦理为本位的国情现实，研究发现，在求职过程中，强联系大于弱联系；与中国的人情社会不同，西方发达国家市场机制较为完善，在这种环境下弱联系的作用明显优于强联系。正是因为

① Anchorena J., Anjos F.. Social Ties and Economic Development [J]. Journal of Macroeconomics, 2015 (45): 63-84.

② Tümen S.. Career Choice and the Strength of Weak Ties [J]. Central Bank Review, 2017, 17 (3): 91-97.

③ 任胜钢，彭宇柯，赵天宇. 关系社会资本的交互效应对新创企业发展绩效影响的纵向案例研究 [J]. 管理学报, 2015, 12 (10): 1429-1435.

④ Krackhardt D.. The Strength of Strong Ties: The Importance of Philo in Organizations [A] // In Nohria N., Eccles R. G. (eds.). Networks and Organizations [C]. Boston: Harvard Business School Press, 1992: 216-239.

⑤ 边燕杰. 社会网络与求职过程 [A] // 林益民，涂肇庆. 改革开放与中国社会：西方社会学文献评述 [C]. 香港：牛津大学出版社, 2004: 110-138.

⑥ 李冬梅，宋志红. 网络模式、标准联盟与主导设计的产生 [J]. 科学学研究, 2017, 35 (3): 428-437.

⑦ 崔蓓，王玉霞. 供应网络联系强度与风险分担：依赖不对称的调节作用 [J]. 管理世界, 2017 (4): 106-118.

Granovetter 与边燕杰的研究背景不同，着眼点不同，才使研究存在差异。然而，这种差异并不冲突，强联系和弱联系均是社会联系网络中两种基本的联系状态，只是研究背景、目的、环境等的不同会导致两者在社会网络中所起的作用存在一定的差异，但不管哪种联系占主要作用，另一种联系都是不可或缺的。强关系和弱关系都各有优势和劣势，就强关系而言，其优势在于信任程度较高，其信息共享的意愿也较为强烈，但缺点是信息重复率较高；弱关系的优势在于能更有利地获取异质性信息，但缺点是个体间的关系不稳定，信任程度较低。

在"结构洞"理论方面，网络中存在一些网络中断的情况，像极了在整个结构中出现"洞穴"，Burt 将这种现状称为"结构洞"。① 结构洞可以看作弱联系行为主体之间的填充，是网络成员获取关键信息的重要渠道，网络成员通过占据结构洞的优势位置，能够快速地获取与之联系的个体所拥有的信息，进而获得控制势能和信息势能。通过控制势能，位于结构洞的个体能将原本没有联系的个体联结起来，形成关键资源的流动途径；通过信息势能，结构洞个体能够获得来自各个方面的非冗余信息，并可将信息汇总，进而影响组织创新。国内学者相关研究主要以实证为主，刘璇等提出创新网络中的知识扩散本质上是一种社会交换，且受个体位势的影响，并证明占据"结构洞"位置和较高度数中心性在知识扩散中发挥最重要作用②；尹隽等研究了"功能任务网络"特征对信息系统的影响，结果表明，占用结构洞更能发挥其衔接和促进信息系统的使用③；汤超颖等以中国创新型企业为研究对象，分析企业内外部研发合作网络对企业二元学习的影响，结果表明，网络中心性和"结构洞"对均衡二元学习产生正向作用④；也有学者基于国外相关数据开展研究，段庆锋和潘小换以美国专利及商标局数据库中石墨烯专利为基础数据，分析技术扩散网络对双元创新的影响，结果表明，结构洞正向促进利用式创新，对探索式创新的影响还依赖于组织的吸收能力⑤。此外，有

① Burt R. S.. Structural Holes：The Social Structure of Competition ［M］. Boston：Harvard University Press，1992.
② 刘璇，李嘉，陈智高，等. 科研创新网络中知识扩散演化机制研究 ［J］. 科研管理，2015，36（7）：19-27.
③ 尹隽，郑青青，葛世伦，等. 信息系统"功能任务网络"中位置及关系特征对企业信息系统使用的影响研究 ［J］. 系统工程理论与实践，2018，38（2）：444-457.
④ 汤超颖，李美智，张桂阳. 中国创新型企业内外部研发合作网络对组织二元学习平衡的影响 ［J］. 科学学与科学技术管理，2018，39（5）：76-88.
⑤ 段庆锋，潘小换. 组织间技术扩散网络对双元创新的影响研究 ［J］. 研究与发展管理，2018，30（5）：27-37.

学者研究表明，结构洞带来的作用并不总是正向的，如唐书林等通过构建空间计量模型发现，我国企业集群的社会网络结构存在空间模仿现象；进一步地，控制空间效应后，结构洞对协同创新具有负向作用。①

## 五、流空间理论

Castells 最早于 1989 年在《信息化城市：信息技术、经济在结构与都市—区域过程》中提出了流空间的概念，并在《网络社会的崛起》中以一个独立章节，通过广泛的举例和推演，对传统的场所空间和流空间概念进行详细表述。场所空间是指一般意义上的以位置为基础所构成的空间，例如，以地理位置形成的地理空间；而流空间则是以场所空间为节点，通过节点间不同要素的流动而形成的流动空间。在流空间中，节点、线和网络均是一种载体，基于载体而形成的各种要素流才是流空间的关键。全球化与世界城市研究网络（Globalization and World Cities Study Group and Network）小组将流空间应用于世界城市网络分析，而欧洲多中心巨型城市区域可持续发展管理（Sustainable Management of European Polycentric Mega-City Regions，POLYNET）进一步将研究细化，结合交通流、通勤流和通信流对城市体系和区域结构进行分析。作为全新的研究视角，流空间与场所空间并不是相互排斥、相互割裂的，依托要素流动而形成的流空间需要场所空间提供物质条件，而流空间的发展又会影响场所空间。

流空间的四个层次包括：一是基础设施网络，如交通基础设施、通信基础设施等，基础设施的能力和性质以及设施在城市或区域中的位置决定了流空间的功能和与其他空间形式和过程的关系。二是各种节点和枢纽组成网络。网络中较为关键的活动往往集中在某些或某个节点，网络中位置不同的节点发挥的功能不同，进而使要素流对该节点的影响也不同。三是人们日常行为及其附属物所组成的网络。不管是基础设施还是城市节点，经济要素的流动很大程度上取决于人的流动，不仅是城市间的交通流，还有日常生活流动所形成的空间，包括生活区、工作区、休闲区等，这些都影响流空间的结构。四是虚拟网络空间，如网站、社交圈等。随着社会的不断发展，人们越来越依靠虚拟网络从事各种活动，因而也

---

① 唐书林，肖振红，苑婧婷. 网络模仿、集群结构和产学研区域协同创新研究：来自中国三大海洋装备制造业集群的经验证据 [J]. 管理工程学报，2016，30（4）：34-44.

形成了基于网络空间的要素流。流空间的重要性在于，流不仅是经济社会发展中的重要因素，不同要素的流动对城市空间亦有重要影响。学者根据不同研究目的和流数据开展分析，叶磊等以江苏省 13 个地级市为研究对象，分析流空间视角下城市空间结构演变特征①；孟德友等根据铁路客运联系发展阶段，对东北地区城市网络结构演变进行分析，并对圈层推进模式、辐射拓展模式和组团分区模式等空间组织模式进行详细论述②。除交通信息流之外，也有学者运用百度迁徙数据、引力模型、互联网信息等③研究流结构所产生的影响。

由此可见，在流动空间中，流是网络中的关键所在，各种要素的流动带来经济社会组织的变革；而网络（包括传统空间中的线）则构成了流要素的流动所必需的物质支持。随着高速铁路网络的不断优化，在城市间形成基于高速铁路连接的要素流动与城市联系网络越来越融合为一个紧密的整体，进而影响城市创新。静态的地方空间向动态流动空间的转换加速了城市创新和知识扩散由等级化向网络化转变，使在改变城市体系过程中，中小城市可能在某些地区率先获益。④ 因此，高铁开通带来的城市间创新要素流动变化对城市创新的影响不容忽视。

## 第二节　国内外相关研究

### 一、交通设施对可达性的影响

#### （一）可达性的概念与应用

在图论中，可达性是指图中一个点到另一个点的容易程度。在有关城市发展的研究中，Hansen 认为可达性是交通网络中各节点互动机会大小，并借助引力

---

① 叶磊，段学军，欧向军. 基于交通信息流的江苏省流空间网络结构研究 [J]. 地理科学，2015，35 (10)：1230–1237.

② 孟德友，冯兴华，文玉钊. 铁路客运视角下东北地区城市网络结构演变及组织模式探讨 [J]. 地理研究，2017，36 (7)：1339–1352.

③ 刘大均. 长江中游城市群旅游流空间格局及发展模式 [J]. 经济地理，2018，38 (5)：217–223.

④ 王列辉，夏伟，宁越敏. 中国高铁城市分布格局非均衡性分析——基于与普通铁路对比的视角 [J]. 城市发展研究，2017，24 (7)：68–78.

模型对网络节点可达性水平进行测算。[1] 根据研究目的和研究问题的不同,可达性的概念也并非唯一[2][3][4],但整体而言,则是指在一定交通基础设施影响下,城市之间相互达到便利程度[5]。

本书认为,可达性是借助一定的交通出行方式,某城市个体或组织达到另外城市展开经济活动的便捷性。因此,高速铁路影响下的城市可达性有两个关键特征:降低城市间空间阻隔和提升城市间互动便捷程度,前者是高铁开通带来的时空压缩降低了城市空间阻隔[6];后者则是增强了城市间的相互联系便利程度。可达性的影响因素主要有三个方面:一是交通方式的选择。在城市内部,人们活动出行方式包括步行、自行车、私家车、公共汽车、地铁等;城市间主要包括长途客车、普通铁路、高速铁路、飞机、轮船等,基于不同的交通出行方式计算的城市间可达性存在差异。二是距离的计算,主要是地理距离和时间距离,地理距离是城市间地理欧氏距离;时间距离则是指城市间到达时间,可以使用交通工具运输时间,也可以包括为乘坐某交通工具所花费的时间,例如,为乘坐飞机所花费的候机时间、去机场所花费的时间、安检时间等。三是参与经济活动的可能性。高铁开通压缩城市间的时空距离但未必会影响城市间的互动频率,只有产生人们出行机会,才会对城市发展产生影响。如果高铁开通并未引起人们出行方式变化,则对城市可达性的提升不会产生显著影响。

目前,学界关于可达性的研究主要集中在交通设施对可达性的改变[7]、企业

① Hansen W. G.. How Accessibility Shapes Land Use [J]. Journal of the American Institute of Planners, 1959, 25 (2): 73-76.

② Barbero J., Behrens K., Zofío J. L.. Industry Location and Wages: The Role of Market Size and Accessibility in Trading Networks [J]. Regional Science and Urban Economics, 2018 (71): 1-24.

③ Martínez Sánchez-Mateos H. S., Sanz I. M., Francés J. M. U., et al.. Road Accessibility and Articulation of Metropolitan Spatial Structures: The Case of Madrid (Spain) [J]. Journal of Transport Geography, 2014 (37): 61-73.

④ Vickerman W.. Accessibility, Attraction, and Potential: A Review of Some Concepts and Their Use in Determining Mobility [J]. Environment and Planning A: Economy and Space, 1974, 6 (6): 675-691.

⑤ Zając A. P.. City Accessible for Everyone-Improving Accessibility of Public Transport Using the Universal Design Concept [J]. Transportation Research Procedia, 2016 (14): 1270-1276.

⑥ Allen W. B., Liu D., Singer S.. Accessibility Measures of US Metropolitan Areas [J]. Transportation Research Part B: Methodological, 1993, 27 (6): 439-449.

⑦ 徐维祥,陈斌,李一曼. 基于陆路交通的浙江省城市可达性及经济联系研究 [J]. 经济地理,2013,33 (12): 49-53.

空间选址与产业转移①、城市可达性与经济关系②等方面。随着可达性指数计算方式的确定，国内外学者通过建立不同的可达性指数，对城市空间格局的变化进行度量。Maroto 和 Zofío 基于 Malmquist 指数研究了公路基础设施、城市可达性与生产率之间的关系，结果表明，可达性的提高促进了最终产品的流动，对经济增长具有显著促进作用③；周浩等以城市为空间单元，利用泊松模型计算了供给可达性和需求可达性，进而对制造业企业选址进行分析④；钟少颖等通过构建两阶段的两步移动搜寻法，同时利用多模态网络数据集的网络分析法，研究在不同转诊率条件下北京城六区医疗设施的空间可达性⑤；高鹏等采用最短时间距离对山东省公路交通可达性进行测度，计算出了 17 个地级市的城市腹地，并且根据城市发展目标和政区完整的原则对山东省城市发展进行空间重构⑥；周恺和刘冲通过网络抓取技术获取的各县市在公路网上的通行距离和时间数据结合多维尺度分析算法，生成拟合可达关系的时空图，为未来京津冀城市群交通网络建设公平发展提出政策建议，并给京津冀城市群未来的一体化发展提供分析基础⑦；陈博文等以区位优势潜力模型表征可达性，分析江苏省交通可达性与城市经济发展之间的关系⑧；吴江洁和孙斌栋定量描述和分析上海都市区内部以街道为空间尺度的就业择业及其空间格局，探讨了劳动者的工资收入与居住区位就业择业的关系⑨。

除客观可达性外，也有学者从人们出行角度分析可达性与经济社会发展关

① 毛琦梁，王菲. 比较优势、可达性与产业升级路径——基于中国地区产品空间的实证分析 [J]. 经济科学，2017（1）：48-62.

② 庄汝龙，宓科娜，赵彪等. 基于可达性的中心城市场能与经济关联格局——以浙江省为例 [J]. 经济地理，2016，36（9）：58-65.

③ Maroto A., Zofío J. L.. Accessibility Gains and Road Transport Infrastructure in Spain：Aproductivity Approach Based on the Malmquist Index [J]. Journal of Transport Geography，2016（52）：143-152.

④ 周浩，余壮雄，杨铮. 可达性、集聚和新建企业选址——来自中国制造业的微观证据 [J]. 经济学（季刊），2015，14（4）：1393-1416.

⑤ 钟少颖，杨鑫，陈锐. 层级性公共服务设施空间可达性研究——以北京市综合性医疗设施为例 [J]. 地理研究，2016，35（4）：731-744.

⑥ 高鹏，许可双，何丹，等. 公路交通可达性视角下山东省区域空间重构 [J]. 世界地理研究，2016，25（4）：83-92.

⑦ 周恺，刘冲. 可视化交通可达性时空压缩格局的新方法——以京津冀城市群为例 [J]. 经济地理，2016，36（7）：62-69.

⑧ 陈博文，陆玉麒，柯文前，等. 江苏交通可达性与区域经济发展水平关系测度——基于空间计量视角 [J]. 地理研究，2015，34（12）：2283-2294.

⑨ 吴江洁，孙斌栋. 居民就业可达性的空间分布及对收入的影响——基于上海都市区的实证研究 [J]. 地理研究，2015，34（9）：1744-1754.

系，Pirie 认为可达性研究需要以人们活动为中心开展[1]；Borzacchiello 等使用栅格法计算荷兰城市内建筑可达性，并提出土地利用—交通模型[2]；Moniruzzaman 等鉴于加拿大人口老龄化的趋势，研究了大温哥华地区的步行街区建设与老年人出行之间的关系，结果表明，出行距离与生活安排、性别等有关[3]；Olitsky 等在肯定步行社区对改善商业、公共服务等其他设施的基础上，进一步研究发现，影响居民出行的是到商业街的距离而不是到购物中心的距离，教育设施比公寓更能影响居民出行[4]。

### (二) 高速铁路对可达性的影响

随着高速铁路的不断发展，特别是我国高铁建设步伐加快，有关高铁的研究也越来越多。基于可达性的高速铁路空间影响研究与成果主要可以分为两个方面：一方面，研究高速铁路对城市可达性水平的直接影响。Martin 等运用 DEA 方法，研究基于高速铁路的综合可达性变化，并对城市间的差异进行比较分析[5]；Martínez Sánchez-Mateos 和 Givoni 以英国为研究对象，分析高速铁路对城市可达性的影响[6]；Levinson 研究了高铁对整个交通网络可达性影响[7]；Kim 和 Sultana 研究了韩国高速铁路网络扩张对平均旅行时间和城市间可达性的影响，结果表明，高速铁路网络缩短了城市间的通勤时间，增加了城市吸引力，同时也发现，存在加剧城市间的不公平性[8]；Moyano 等从发车时间表、频次、票价等方面，对高速

---

① Pirie H.. Measuring Accessibility: A Review and Proposal [J]. Environment and Planning A: Economy and Space, 1979, 11 (3): 299–312.

② Borzacchiello M. T., Nijkamp P., Koomen E.. Accessibility and Urban Development: A Grid-based Comparative Statistical Analysis of Dutch Cities [J]. Environment and Planning B: Planning and Design, 2010, 37 (1): 148–169.

③ Moniruzzaman M., Chudyk A., Páez A., et al.. Travel Behavior of Low-income Older Adults and Implementation of an Accessibility Calculator [J]. Journal of Transport & Health, 2015 (2): 257–268.

④ Olitsky M., Lerman Y., Avineri E.. Analysis of Stated Preferences for Accessible Services and Commerce in a Walkable Distance from Home [J]. Transportation Research Procedia, 2017 (27): 1001–1008.

⑤ Martin J. C., Gutierrez J., Roman C.. Data Development Analysis (DEA) Index to Measure the Accessibility Impacts of New Infrastructure Investment: The Case of High-speed Train Corridor Madrid-Barcelona-French border [J]. Regional Studies, 2004, 38 (6): 697–712.

⑥ Martínez Sánchez-Mateos H. S., Givoni M.. The Accessibility Impact of a New High-Speed Rail Line in the UK-A Preliminary Analysis of Winners and Losers [J]. Journal of Transport Geography, 2012 (25): 105–114.

⑦ Levinson D. M.. Accessibility Impacts of High-speed Rail [J]. Journal of Transport Geography, 2012, 22 (2): 288–291.

⑧ Kim H., Sultana S.. The Impacts of High-speed Rail Extensions on Accessibility and Spatial Equity Changes in South Korea from 2004 to 2018 [J]. Journal of Transport Geography, 2015 (45): 48–61.

铁路系统进行评价，从城市间可达性角度，提出了运输规划与城市设计的相关对策建议①。国内学者汪德根和章鋆利用成本加权栅格法分析非高铁与高铁条件下长三角地区大都市圈最短通勤时间的可达性和"一日交流圈"等时圈格局变化，研究发现都市圈高铁站点城市成为时间收敛最大受益者，非站点城市可达性也有所提高，但幅度较小②；进一步地，陶卓霖等在县级空间尺度下，采用加权平均出行时间、经济潜力和到上海出行时间三种可达性指标，评估高速铁路对长三角地区陆路可达性的影响③。此外，也有学者从全国城市层面开展研究，刘莉文和张明以我国 266 个城市为研究对象，通过计算可达性重力模型，比较高铁开通前后对城市可达性的影响，结果表明，高速铁路开通产生了"廊道效应"，有高铁城市和廊道沿线城市。④

另一方面，研究因高速铁路开通导致可达性的变化对经济社会产生的影响。Sasaki 等以日本东海岛新干线为研究对象，分析可达性变化对城市人口和经济发展的影响⑤；Hensher 等研究高速铁路开通对工作机会可达性产生的影响，进而分析其经济集聚与社会收益⑥；Anderson 等以中国台湾地区南部为例，研究高铁开通带来的可达性变化对住宅价格产生的影响⑦；Liu 和 Zhang 以中国 266 个县级市为研究对象，分析了高速铁路开通对城市平均出行时间的影响，结果表明，高铁使原有出行时间下降了 45%，西部地区城市群下降幅度最大，高速铁路开通增强了城市集聚程度⑧。然而，李红昌等研究发现，我国东部、中部、西部地区城市

---

① Moyano A., Martínez H. S., Coronado J. M.. From Network to Services: A Comparative Accessibility Analysis of the Spanish High-speed Rail System [J]. Transport Policy, 2018 (63): 51–60.

② 汪德根，章鋆. 高速铁路对长三角地区都市圈可达性影响[J]. 经济地理，2015, 35 (2): 54–61, 53.

③ 陶卓霖，杨晓梦，梁进社. 高速铁路对长三角地区陆路可达性的影响[J]. 经济地理，2016, 36 (8): 40–46.

④ 刘莉文，张明. 高速铁路对中国城市可达性和区域经济的影响 [J]. 国际城市规划，2017, 32 (4): 76–81, 89.

⑤ Sasaki K., Ohashi T., Ando A.. High-speed Rail Transit Impact on Regional Systems: Does the Shinkansen Contribute to Dispersion? [J]. The Annals of Regional Science, 1997, 31 (1): 77–98.

⑥ Hensher D. A., Ellison R. B., Mulley C.. Assessing the Employment Agglomeration and Social Accessibility Impacts of High-speed Rail in Eastern Australia [J]. Transportation, 2014, 41 (3): 463–493.

⑦ Andersson D. E., Shyr O. F., Fu J.. Does High-speed Rail Accessibility Influence Residential Property Prices? Hedonic Estimates from Southern Chinese Taiwan [J]. Journal of Transport Geography, 2010, 18 (1): 166–174.

⑧ Liu L. W., Zhang M.. High-speed Rail Impacts on Travel Times, Accessibility, and Economic Productivity: A Benchmarking Analysis in City-cluster Regions of China [J]. Journal of Transport Geography, 2018 (73): 25–40.

集聚经济的水平存在明显的梯度差异，高速铁路促进经济更向西部地区集聚，有益于我国经济趋向于均等化[①]；覃成林和杨晴晴在多中心城市密度函数的基础上，运用动态 VPM 模型，发现高速铁路影响下的各个核心城市生产性服务业在空间上呈现局域的集聚和全域的分散状态。长期而言，生产性服务业有向多核心网络式结构演变的趋势[②]。也有学者将研究视角进一步细化，从区域内城市层面开展研究，姜博和初楠臣选取加权平均通勤时间、经济潜力和日常可达性作为主要评价指标，测度哈大高铁运营前后沿线城市可达性动态变化，发现城市可达性的变化加速了东北地区空间格局的渐变与重塑，传统城市空间格局被打破。[③]

## 二、创新及其空间相关性

### (一) 创新与空间集聚

创新一直被视为经济发展的关键驱动力，也是城市保持竞争力的关键。Crescenzi 和 Rodríguez-Pose 的研究指出，创新决定技术进步率，同时也决定了社会福利与经济的长期增长率。[④] 随着创新活动的频繁，新产品市场、新经济部门和新生活方式不断涌现。然而，创新的空间分布并不均匀，并非所有的城市具有相同的创新能力；相反，创新活动往往高度集中在少数城市。Saxenian 的研究表明，创新活动空间集聚现象可以在世界上几乎所有国家出现[⑤]，Kline 和 Rosenberg 的研究发现，地区间不同的创新能力，不仅是因为一个行业和区位的变化，而是由于不同地区之间的不同知识库和制度差异所形成的（如大学、研究所、从事研究与开发的技术人员、企业家、研发资本存量、城市科技政策和城市人才政策等）[⑥]，Lorenz 从微观视角出发，强调了城市创新环境对企业集体学习的促进作

① 李红昌，Linda Tjia，胡顺香. 中国高速铁路对沿线城市经济集聚与均等化的影响 [J]. 数量经济技术经济研究，2016，33 (11)：127–143.

② 覃成林，杨晴晴. 高速铁路对生产性服务业空间格局变迁的影响 [J]. 经济地理，2017，37 (2)：90–97.

③ 姜博，初楠臣. 哈大高铁对区域可达性影响及空间格局演变 [J]. 城市规划，2015，39 (11)：92–98.

④ Crescenzi R., Rodríguez-Pose A.. Infrastructure and Regional Growth in the European Union [J]. Papers in Regional Science，2012，91 (3)：487–513.

⑤ Saxenian A.. Regional Advantage：Culture and Competition in Silicon Valley and Route 128 [M]. Cambridge, Mass：Harvard University Press，1994.

⑥ Kline S. J., Rosenberg N.. An Overview of Innovation [A] // R. Landau and N. Rosenberg (eds.). The Positive Sum Strategy：Harnessing Technology for Economic Growth [C]. Washington, D.C.：National Academy Press，1986：275–305.

用，进而提升城市创新水平①。企业创新行为本身是开放的，不仅依靠内部相关资源的投入，各种外部知识源（例如公共研究中心、高校、行业协会等）对组织创新同样具有重要作用。实际上，正是通过企业组织与城市创新环境的不断互动，使创新本身不断在某地区集聚，即地方性知识的外部性和技术变化的累积性都有可能导致一个良性的、自我强化的过程，在选定的城市创新活动的未来定位，最终导致创新活动的空间聚类，这与 Jaffe 等② 的研究是一致的。

虽然创新在地理上是集聚的，但并不意味着创新活动是封闭的，仅局限于某一地区之内。实际上，处于特定城市内的企业不仅可以利用与本地创新有关的知识池从事创新活动，也可以吸收外部资源，进而从事创新活动。依托于城市内的创新组织可以从其周围城市吸收创新要素，促进组织创新，进而提升本地区的创新能力。本地区创新水平的高低不仅受地区内创新组织的影响，邻近城市创新的空间效应亦起到重要作用。Mukherji 和 Silberman 认为虽然外部知识池对本地企业创新具有显著作用，但这种吸收能力是异质的，取决于创新组织对外部知识整合能力③，即创新具有空间溢出效应。Jang 等运用空间分析法研究游戏产业地理集聚与产品创新之间的关系，结果表明，企业微观地理位置对产品创新起着重要作用；同时，也指出了产品创新过程中存在的异质集聚效应。④齐亚伟和陶长琪将环境因素纳入分析框架，利用 GWR 模型分析要素集聚对区域创新的影响，指出人力资本集聚通过溢出效应增强知识创造和知识获取能力，进而对创新产生促进作用⑤；陈长石等从规模和效率两个维度研究产业集聚对城市创新影响，发现产业集聚方向对城市技术创新规模有重要影响，对于创新效率的影响不明显；进一步地，多样化与知识资本的交互作用也有利于提升城市创新规模⑥。

① Lorenz D.. Economic Geography and the Political Economy of Regionalization: The Example of Western Europe [J]. American Economic Review, 1992, 82 (2): 84–87.

② Jaffe A. B., Trajtenberg M., Henderson R.. Geographic Localization of Knowledge Spillovers as Evidenced by Patent Citations [J]. The Quarterly Journal of Economics, 1993, 108 (3): 577–598.

③ Mukherji N., Silberman J.. Absorptive Capacity, Knowledge Flows and Innovation in U.S. Metro-politan Areas [J]. Journal of Regional Science, 2013, 53 (3): 392–417.

④ Jang S., Kim J., von Zedtwitz M.. The Importance of Spatial Agglomeration in Product Innovation: A Microgeography Perspective [J]. Journal of Business Research, 2017 (78): 143–154.

⑤ 齐亚伟, 陶长琪. 环境约束下要素集聚对区域创新能力的影响——基于 GWR 模型的实证分析 [J]. 科研管理, 2014, 35 (9): 17–24.

⑥ 陈长石, 姜廷廷, 刘晨晖. 产业集聚方向对城市技术创新影响的实证研究 [J]. 科学学研究, 2019, 37 (1): 77–85.

### （二）邻近性与创新

地理邻近性是影响城市创新联系的一个基本因素，特别是在模仿学习方面。创新空间接近在强化不平等发展模式中起着至关重要的作用，而创新的外部性往往在特定城市内具有地理上的界限。地理邻近对知识共享和技术学习有正向影响，地理距离是影响人们面对面的重要因素；而面对面交流的增加有利于知识交互，特别是交流隐性知识，这种交流根植于不同城市内相互联系的技术挑战的个人和组织的习俗、关系和关系。Keeble 和 Tyler 经研究发现，在英国，相比于交通不便的城市和偏远农村，可达性更高的农村企业更具创新活力和更能适应市场变化[1]；进一步地，Malecki 认为，获取知识和技术外部性的便利性对于提升城市创新能力十分重要[2]；Storper 和 Venables 的研究表明，经济主体面对面接触之间的协调，更有利于导致溢出效应和更大的创新活动，密集而紧凑的城市环境使人们更容易面对面交流[3]。

除了地理邻近性，组织关系邻近性在影响企业创新能力方面也发挥着重要作用，企业创新伙伴有可能是处于地理距离较远的城市，但是由于组织邻近，加速了创新合作。曾德明等从直接和间接两个层面分析地理邻近对组织合作创新的影响，发现虽然地理邻近对组织合作创新很重要，但并非决定性因素，且对不同类型的合作创新重要性存在差异[4]；杨贵彬和李婉红基于修正的知识生产函数研究地理邻近与知识溢出间的关系，指出地理邻近对知识溢出的重要性，同时，将区域异质性纳入分析框架，认为其也是影响知识溢出的重要因素[5]。也有学者将地理邻近、组织邻近、技术邻近等结合，从多维邻近性考察其对创新的影响，刘凤朝等分析在专利技术许可影响企业创新产出过程中邻近性所起的调节作用时指

① Keeble D., Tyler P.. Enterprising Behaviour and the Urban-rural Shift [J]. Urban Studies, 1995, 32 (6): 975-997.
② Malecki E. J.. Global Knowledge and Creativity: New Challenges for Firms and Regions [J]. Regional Studies, 2010, 44 (8): 1033-1052.
③ Storper M., Venables A. J.. Buzz: Face-to-Face Contact and the Urban Economy [J]. Journal of Economic Geography, 2004, 4 (4): 351-370.
④ 曾德明, 任浩, 戴海闻等. 组织邻近和组织背景对组织合作创新地理距离的影响 [J]. 管理科学, 2014, 27 (4): 12-22.
⑤ 杨贵彬, 李婉红. 知识溢出, 地理邻近与区域异质性的空间关系 [J]. 系统工程学报, 2018, 33 (2): 182-196.

出，技术邻近起负向调节作用，组织邻近正向调节，地理邻近的作用不显著[1]；夏丽娟等分析了企业与大学间的多维邻近性对产学协同创新绩效的影响时发现，技术邻近对创新绩效的影响呈倒"U"形，且受地理邻近的负向调节，而地理距离并非产生负向影响[2]。

### (三) 可达性与创新

Crescenzi 经研究发现，创新更容易出现在可达性高的城市，并提出创新（以专利为测量指标）的溢出效应不是自由流动的，而是存在地理边界的，而可达性的提高有助于扩大地理边界[3]。交通成本在创新活动的区位、集聚和演化中起着重要作用。然而，尽管对创新及其影响因素之间的关系进行了大量的研究，但交通成本及其对创新的影响却没有引起足够的重视。Grossman 和 Rossi-Hansberg 的研究表明，在交通基础设施和通信技术的革命性进步削弱了劳动分工与地理集中度之间的联系，使分离时间和空间任务越来越可行[4]。特别是隐性知识的交换被假定为依赖于物理距离，使远距离传输知识代价更高。高速铁路的开通，不仅提高了城市间可达性水平，也降低交通成本；不仅消除了地区间的障碍，也减少了面对面的成本，允许跨地区分享关于创新的知识。因此，对于创新而言，最主要的是能够面对面沟通、交流、相互学习和分享创新知识，并提供熟练劳动力和专业服务，而不是简单的地理距离的下降。高铁建设将深化城市的开放性，使频繁的日间出行更加可行，促进创新人才的交流，扩大市场规模，缩短时间距离。Shearmur 发现重大产品创新的频繁和密集接触，在都市核心功能的需求最高[5]。Song 和 Zhang 基于 2003~2011 年省级数据，采用专利作为创新的指标，研究发现了不同地理单元之间的创新溢出效应的存在，可达性提升有助于知识空间溢出，进而对区域创新产生积极影响[6]。

---

① 刘凤朝，邬德林，马荣康. 专利技术许可对企业创新产出的影响研究——三种邻近性的调节作用 [J]. 科研管理，2015，36（4）：91-100.

② 夏丽娟，谢富纪，王海花. 制度邻近、技术邻近与产学协同创新绩效——基于产学联合专利数据的研究 [J]. 科学学研究，2017，35（5）：782-791.

③ Crescenzi R.. Innovation and Regional Growth in the Enlarged Europe: The Role of Local Innovative Capabilities, Peripherality, and Education [J]. Growth and Change, 2005, 36 (4): 471-507.

④ Grossman G. M., Rossi-Hansberg E.. Trading Tasks: A Simple Theory of Offshoring [J]. American Economic Review, 2008, 98 (5): 1978-1997.

⑤ Shearmur R.. Innovation, Regions and Proximity: From Neo-regionalism to Spatial Analysis [J]. Regional Studies, 2011, 45 (9): 1225-1243.

⑥ Song H. S., Zhang M.. Spatial Spillovers of Regional Innovation: Evidence from Chinese Provinces [J]. Emerging Markets Finance and Trade, 2017, 53 (9): 2104-2122.

### 三、知识溢出与创新

知识溢出是解释城市创新要素集聚、创新能力提高和经济增长的重要概念。知识溢出的产生本质上是知识外部性导致的，知识溢出有利于城市外部创新主体接受知识，进而促进其创新能力提升。Audretsch 和 Feldman 使用知识溢出理论，解释了创新与生产地理集聚产生机理[1]；Acs 等研究了大学等组织的研发对高科技就业、工资等存在溢出效应[2]。在城市经济研究中，Black 和 Henderson[3]、Henderson 和 Wang[4] 等研究者从知识溢出对创新的促进与诱发集聚两方面，通过度量城市生产力与城市经济规模变化衡量知识溢出的影响。国内学者郝林娜等经研究认为，知识溢出是产学研合作创新网络中重要的知识流动机制，对于促进创新要素的市场化配置，实现产学研合作创新的可持续发展具有重要意义[5]；吴玉鸣[6]、傅建华等[7] 学者发现当代企业的创新已不是一种孤立行为，在创新的每一步都要得到外部知识源支持，也正是因知识溢出的存在使企业创新成本下降，同时，也提高了创新成功的概率；何建佳等认为知识溢出正作为企业合作创新过程中的知识流动渠道以及演进关键动力机制对企业的合作创新起着明显正向效应[8]。整体而言，知识溢出对创新的影响主要有三个方面：降低知识获取成本，有利于异质性知识整合和发现新的创新机会，知识溢出强度增加有利于城市创新水平提高。

① Audretsch D. B., Feldman M. P.. R&D Spillovers and the Geography of Innovation and Production [J]. American Economic Review, 1996, 86 (3): 630–640.

② Acs Z. J., Fitzroy F. R., Smith I.. High Technology Employment, Wages and University R&D Spillovers: Evidence from Us Cities [J]. Economics of Innovation and New Technology, 1999, 8 (8): 57–78.

③ Black D., Henderson V.. A Theory of Urban Growth [J]. Journal of Political Economy, 1999, 107 (2): 252–284.

④ Henderson J. V., Wang H. G.. Urbanization and City Growth: The Role of Institutions [J]. Regional Science and Urban Economics, 2007, 37 (3): 283–313.

⑤ 郝琳娜, 侯文华, 刘猛. 众包竞赛模式下企业 R&D 创新水平策略博弈分析 [J]. 科研管理, 2014, 35 (4): 111–120.

⑥ 吴玉鸣. 官产学 R&D 合作、知识溢出与区域专利创新产出 [J]. 科学学研究, 2009, 27 (10): 1486–1494.

⑦ 傅建华, 张莉, 程仲鸣. 产品替代程度、知识共享与企业合作 R&D [J]. 管理工程报, 2016, 30 (1): 1–8.

⑧ 何建佳, 刘举胜, 徐福缘. 基于知识溢出视角的供需网企业 R&D 合作策略演化 [J]. 系统工程, 2017, 35 (10): 131–139.

## 四、创新网络与知识溢出

随着经济全球化的不断深化和知识经济的不断深入发展，城市发展加速由"地方空间"向"流动空间"转变。[1] 交通、通信等基础设施的不断完善，促进人口、资本、信息等各种要素的流动，使城市间知识溢出由空间扩散向网络化扩散，知识溢出强度与方向的变化又影响着城市创新空间格局演变，加速城市功能与创新模式的变革。特别是研究的不断深入，以创新经济地理学为代表的相关研究开始以网络视角分析相关问题，促进了创新网络研究的发展。[2]

较早提出创新网络概念的是 Freeman，认为创新网络是基于企业间相互联系的一种制度安排，兼具市场是企业组织特征，有利于推进组织系统创新。[3] Cooke 通过进一步研究发现，创新网络的形成基础是基于互信基础上的互惠，即只有组织间相互信任才有可能进行创新合作，而创新成果的共享有利于合作关系的长久；同时，指出学习、分权和伙伴之间的关系也是创新网络的基础。[4] 随后，Coe 等[5]、Cooke 等[6] 从不同研究视角证明了网络资本对创新绩效的影响，指出两者具有显著相关性。Huggins 认为网络资本是创新组织从网络中获取知识、信息等创新要素的能力，这种能力与创新收益呈正相关，即组织网络资本越多，其创新收益也越大[7]；在其随后与 Thompson 的研究中进一步强调了网络资本的重要性，将网络资本同研发要素、物质资本、人力资本等资本投入纳入分析框架，分析其对城市经济增长的影响[8]。网络研究的不断发展，企业网络、产业网络、区域产学

① Castells M.. The Rise of the Network Society [M]. Oxford: Blackwell, 1996.

② Bergman E. M.. Embedding Network Analysis in Spatial Studies of Innovation [J]. The Annals of Regional Science, 2009, 43 (3): 559–565.

③ Freeman C.. Networks of Innovators: A Synthesis of Research Issues [J]. Research Policy, 1991, 20 (5): 499–514.

④ Cooke P.. The New Wave of Regional Innovation Networks: Analysis, Characteristics and Strategy [J]. Small Business Economics, 1996, 8 (2): 159–171.

⑤ Coe N. M., Dicken P., Hess M.. Global Production Networks: Realizing the Potential [J]. Journal of Economic Geography, 2008, 8 (3): 271–295.

⑥ Cooke P., Asheim B., Boschma R., et al.. Handbook of Regional Innovation and Growth [M]. Cheltenham: Edward Elgar, 2011.

⑦ Huggins R.. Forms of Network Resource: Knowledge Access and the Role of Inter-firm Networks [J]. International Journal of Management Reviews, 2010, 12 (3): 335–352.

⑧ Huggins R., Thompson P.. A Network-based View of Regional Growth [J]. Journal of Economic Geography, 2014, 14 (3): 511–545.

研网络等网络间关系越来越受到学界重视，相关的研究成果也较为丰富。然而，不管是哪种网络形式，其形成与发展均是一个动态过程，Balland 等[1] 从动态角度分析在产业集聚过程中，技术和企业关系网络的演化过程。

在流动空间和网络相关研究推进过程中，学界对城市创新、城市发展等的研究范式也开始向网络化转变，特别是基础设施的不断完善，加速要素流在城市间的流动，要素流动强度与方向的变化反映了城市间交互作用的改变，进而对其空间体系产生重要影响。[2] 网络视角下的城市创新使城市不再是传统意义上的空间位置，而是基于城市联系网络的节点，网络中节点位置与地理上的空间位置并不相同，前者是城市利用其位置获取联系网络创新要素的能力，主要是通过城市间研发要素的流动带来的知识溢出，进而影响城市创新；而后者更侧重于地理空间对城市创新的影响，此时的知识溢出是地理位置或技术等方面的邻近性产生的，与城市联系网络无关。

知识溢出主要受地理距离、认知距离、技术势差等方面影响，Huggins 和 Prokop 研究英国大学与其他行动者（主要是公司）之间的关系所形成知识网络结构对区域创新的影响，结果表明，网络位置较高的地区更有利于成为最具创新性的地区，网络结构和因该结构产生的网络资本对区域创新有正向促进作用。[3] 知识具有显著的外部性，从微观角度而言，组织间基于各种联系所形成的网络有利于知识、信息等创新要素在组织间的流动，有利于组织获取外部创新资源，促进组织创新；从宏观角度而言，城市间基于交通设施、通信等联系形成的网络，促进人员、资本等创新要素在城市间的流动，依托要素流动与城市间关系形成的流动空间对知识溢出强度和方向均产生重要影响，进而影响城市创新。

① Balland P. A., Belso-Martínez J. A., Morrison A.. The Dynamics of Technical and Business Knowledge Networks in Industrial Clusters: Embeddedness, Status, or Proximity? [J]. Economic Geography, 2016, 92 (1): 35-60.

② Berry B. J. L.. Cities as Systems Within Systems of Cities [J]. Papers of the Regional Science Association, 1964, 13 (1): 146-163.

③ Huggins R., Prokop D.. Network Structure and Regional Innovation: A Study of University Industry Ties [J]. Urban Studies, 2017, 54 (4): 931-952.

## 五、高速铁路与城市发展

### （一）高速铁路与要素流动

国外学者 Bonnafous 以旅游和服务类企业为主要研究对象，分析高速铁路对不同类型企业区位选择的影响[①]；Oosterhaven 和 Romp 认为高速铁路开通有利于降低通勤成本，扩大要素市场和商品市场空间，使生产者和消费者能以更低的成本满足需求；此外，通勤成本降低也促进经济活动在地区间的转移，进而产生因通勤成本下降带来的就业效应[②]。高速铁路对城市发展的正向影响主要是两个方面：一方面，高速铁路开通降低人们广义出行成本，增强城市间开放程度，弱化地理因素对市场分割的影响，有利于要素市场和商品市场规模的扩大，而市场规模的扩大又会促进专业化分工，城市专业化分工提高了资源利用效率，进而促进经济增长。[③]另一方面，高速铁路建设，特别是高速网络的形成，改变了知识溢出的强度与方向，扩大知识溢出地理范围，有利于知识溢出网络化扩散；同时，节点城市利用其在高速铁路网络中的位置获取创新资源，进一步促进城市创新活动的产生，内生驱动城市发展。

然而，也有学者研究了高速铁路开通带来的负效用，Boarnet 认为，交通设施的改善通过促进中心城市的要素集聚而使其城市规模和经济水平进一步增长，但会造成中心城市对非中心城市的"虹吸"效应，经济落后的非中心城市因交通设施条件改善而带来负向溢出[④]；Oosterhaven 和 Elhorst 经进一步研究发现，广义出行成本的降低更有利于优质劳动力向高速铁路沿线城市集聚，导致非沿线城市劳动力供给下降，进而对其城市发展产生不利影响[⑤]。国内学者冯灵和余翔认为包括高速铁路在内的现代运输方式的功能就是使人发生空间上的位移[⑥]；董艳梅

---

① Bonnafous A.. The Regional Impact of the TGV [J]. Transportation，1987，14（2）：127–137.

② Oosterhaven J.，Romp W. E.. Indirect Economic Effects of New Infrastructure：A Comparison of Dutch High–speed Rail Variants [J]. Tijdschrift Voor Economische En Sociale Geografie，2003，94（4）：439–452.

③ Bougheas S.，Demetriades P. O.，Mamuneas T. P.. Infrastructure，Specialization，and Economic Growth [J]. Canadian Journal of Economics，2000，33（2）：506–522.

④ Boarnet M. G.. Spillovers and the Locational Effects of Public Infrastructure [J]. Journal of Regional Science，1998，38（3）：381–400.

⑤ Oosterhaven J.，Elhorst J. P.. Indirect Economic Benefits of Transport Infrastructure Investments [A] // Polak J. B.，Dullart W. and Jourquin B.A.M.（eds.）. Across the Border，Building Upon a Quarter Century of Transport Research in the Benelux [C]. Bruxelles：De Boeck & Larcier 2003：143–162.

⑥ 冯灵，余翔. 中国高铁破坏性创新路径探析 [J]. 科研管理，2015，36（10）：77–84.

和朱英明运用倾向得分匹配倍差法（PSM-DID）研究高速铁路建设对我国经济空间布局的影响，结果表明，虽然高速铁路建设有利于促进沿线城市就业、工资和经济增长，但其影响与城市所处位置、规模、经济发展水平等因素相关，存在空间异质性[①]；王雨飞和倪鹏飞认为，依托高速铁路形成的快速和立体城市交通网络降低了城市间的通勤时间，提高城市间可达性，加速要素向沿线城市集聚[②]；李欣泽等经研究发现，高铁对企业资本要素再配置的影响存在区位、行业和所有制差异三个方面的异质性，位于城区及近郊的企业、资本密集型行业和非国有企业资本要素配置的优化程度更高[③]；龙玉等经研究发现，在高速铁路通车后，风险投资增加了对沿线城市的投资，拓展 VC 中心的辐射半径，对风险投资资源配置效率的改善起到了积极作用。[④]

**（二）高速铁路与产业发展**

目前学者研究主要集中在高速铁路对旅游业发展的影响。在特定高铁线路研究方面，梁雪松认为，"武广高铁"的开通运营为湖南带来了南北双重区位空间转移的机遇，交通的便利性使旅游的淡旺季逐渐模糊[⑤]；而肖雁飞等经研究发现，高铁开通提升了生产性服务业产业发展水平，拉动了产业投资额度，促进了生产性服务业就业增加，加大了城市化水平进程，进而促进了生产性服务业发展[⑥]。在区域研究方面，穆成林等研究了高速铁路对长三角旅游交通网络的影响，结果表明，高铁网络的建设完善，整体提升各城市的旅游交通可达性，产生了区位叠加、时空收敛的效应，可达性空间格局趋于均衡，城市铁路交通流的空间分布呈现出以上海为中心北翼较密集、南翼较稀疏的特征，北翼交通门户功能突出，上

① 董艳梅，朱英明.高铁建设能否重塑中国的经济空间布局——基于就业、工资和经济增长的区域异质性视角 [J].中国工业经济，2016（10）：92-108.
② 王雨飞，倪鹏飞.高速铁路影响下的经济增长溢出与区域空间优化 [J].中国工业经济，2016（2）：21-36.
③ 李欣泽，纪小乐，周灵灵.高铁能改善企业资源配置吗？——来自中国工业企业数据库和高铁地理数据的微观证据 [J].经济评论，2017（6）：3-21.
④ 龙玉，赵海龙，张新德，等.时空压缩下的风险投资——高铁通车与风险投资区域变化 [J].经济研究，2017，52（4）：195-208.
⑤ 梁雪松.基于双重区位空间的湖南旅游业发展机遇探讨——"武广高铁"开通视阈 [J].经济地理，2010，30（5）：859-864.
⑥ 肖雁飞，张琼，曹休宁，等.武广高铁对湖南生产性服务业发展的影响 [J].经济地理，2013，33（10）：103-107.

海为连接南北翼的枢纽，南翼得到高铁交通流的补给，交通功能提升①；刘军林和尹影进一步研究高速铁路对旅游产业效用，认为其缩减了游客的心理距离，提升了旅游的坐乘体验，降低了时间的掌控风险，逐步成为我国大众出行的首选方式，并给沿线中小城市旅游带来普惠性发展机遇；但也强调，辅助交通不完善可能造成沿线城市的旅游产业发展差距②。

也有学者针对高铁对产业转移情况进行研究，国内学者杨勃和王茂军利用DID模型识别城市专业化水平演进中的高铁效应，基于空间相互作用模型，对比分析高铁城市的专业化影响因素的变化，研究发现，高铁连通性和中心性对城市专业化分工均有显著促进作用③；而王丽等基于企业微观数据，刻画了高铁开通前后站区产业空间格局变动，结果表明，高铁站区产业分层集聚态势凸显，商务服务业空间集聚程度明显高于其他相关性不明显产业④；卢福财和詹先志利用双重差分和固定效应的方法，评估了高铁开通对工业的集聚效应，结果表明，高铁开通有利于城市工业集聚，特别是对于人口规模小于50万人的小城市⑤；李雪松和孙博文则指出，高速铁路对制造业集聚的不同阶段所起的作用有差别，同时也提出，市场潜力与高铁开通带来的集聚效应之间存在倒"U"形关系⑥。

## 六、高速铁路与其他交通方式的比较

作为大规模和快速的现代化交通运输方式，高速铁路的快速发展改变了原有运输市场竞争格局，与其他交通方式存在不同程度的竞争。目前学术界的相关研究主要集中在高速铁路对航空和公路的竞争，日本学者Takatsu经研究发现，东海道新干线的开通转移了大量的航空和公路客源，在200~800千米范围内，铁路

① 穆成林，陆林，黄剑锋，等. 高铁网络下的长三角旅游交通格局及联系研究 [J]. 经济地理，2015，35（12）：193-202.
② 刘军林，尹影. 高铁交通体验对中小城市旅游空间结构的影响——以涪陵为例 [J]. 经济地理，2016，36（5）：190-194.
③ 杨勃，王茂军. 城市专业化分工中的高铁效应 [J]. 城市发展研究，2017，24（6）：39-46，165.
④ 王丽，曹有挥，仇方道. 高铁开通前后站区产业空间格局变动及驱动机制——以沪宁城际南京站为例 [J]. 地理科学，2017，37（1）：19-27.
⑤ 卢福财，詹先志. 高速铁路对沿线城市工业集聚的影响研究——基于中部城市面板数据的实证分析 [J]. 当代财经，2017（11）：88-99.
⑥ 李雪松，孙博文. 高铁开通促进了地区制造业集聚吗？——基于京广高铁的准自然试验研究 [J]. 中国软科学，2017（7）：81-90.

市场份额由原来的 30% 迅速攀升至 65%[①]；Behrens 和 Pels 研究了高速铁路对英国航空业的影响，发现高速铁路开通后，各大航空公司将伦敦至巴黎和布鲁塞尔的大部分航线停飞，航空客运份额急剧下降[②]；Dobruszkes 等学者分析高铁开通对欧洲 161 条成熟飞机航线的影响时发现，高速铁路降低了飞机航线的班次和上座率，在运行时间 2~2.5 小时对航空影响最大[③]。

相较于其他交通方式，高速铁路对城市出行影响有其特有优势，Álvarez-SanJaime 等学者通过构建博弈模型研究了高速铁路对公路交通的影响，高速铁路的开通极大增强了短途旅客出行便利度，有助于降低公路运输成本和汽车保有量，也提高了整个社会的出行需求，扩大社会总福利水平[④]；Gundelfinger-Casar 和 Coto-Millán 研究高速铁路开通前后马德里—巴塞罗那和马德里—瓦伦西亚这两条航线旅客需求量的变化时发现，收入水平、机场交通、候机时间、航班延迟等均是影响需求转向高速铁路的重要因素[⑤]；进一步地，Danapour 等以 437 份调查问卷为基础构建 Logit 模型，研究表明，运行时间、票价、便利程度和服务态度均是影响高铁与飞机竞争的主要因素，其中，运行时间的影响最为显著[⑥]；Chen 的研究表明，虽然高速铁路开通后航空业的旅客运量、航班次数、上座率等均有不同程度降低，但城市间存在差异，核心城市受到的影响大于非核心城市[⑦]；Hiramatsu 经研究发现，相较于其他交通方式，高速铁路在乘坐便捷性、准点率和舒适性方面具有显著优势，放大消费者选择弹性，包括工作类型、工作地点、居住地点等，使就业的地理空间变大，更有利于资源配置，进而提升整体经

① Takatsu T.. The History and Future of High-speed Railways in Japan [J]. Urban Planning International, 2011, 17 (3): 1184-1193.

② Behrens C., Pels E.. Intermodal Competition in the London-Paris Passenger Market: High-Speed Rail and Air Transport [J]. Journal of Urban Economics, 2012, 71 (3): 278-288.

③ Dobruszkes F., Dehon C., Givoni M.. Does European High-speed Rail Affect the Current Level of Air Services? An EU-wide Analysis[J]. Transportation Research Part A: Policy and Practice, 2014 (69): 461-475.

④ Álvarez-SanJaime Ó., Cantos-Sanchez P., Moner-Colonques R., et al.. Rail Access Charges and Internal Competition in High Speed Trains [J]. Transport Policy, 2016 (49): 184-195.

⑤ Gundelfinger-Casar J., Coto-Millán P.. Intermodal Competition Between High-speed Rail and Air Transport in Spain [J]. Utilities Policy, 2017 (47): 12-17.

⑥ Danapour M., Nickkar A., Jeihani M., et al.. Competition Between High-speed Rail and Air Transport in Iran: The Case of Tehran-Isfahan [J]. Case Studies on Transport Policy, 2018, 6 (4): 456-461.

⑦ Chen Z. H.. Impacts of High-speed Rail on Domestic Air Transportation in China [J]. Journal of Transport Geography, 2017 (62): 184-196.

济活动效率①。

<h1 style="text-align:center">本章小结</h1>

　　本章在对创新理论、知识溢出理论、新经济地理理论、网络理论和流空间理论及相关研究进行介绍的基础上，分别从交通设施对可达性影响、创新及其空间相关性、知识溢出与创新、创新网络与知识溢出、高速铁路与城市发展、高速铁路与其他交通方式的比较六个方面分别对相关文献进行梳理。一方面，学界从不同角度和不同层面分析包含高速铁路在内的交通基础设施对可达性的影响，并基于可达性分析其对经济发展产生的影响；另一方面，国内外学者从空间和网络视角研究知识溢出对创新产生的影响。虽然现有高速铁路与创新的相关研究成果丰硕，为本书开展研究提供了有益的借鉴与参考，但"时空压缩"视角下城市层面的创新研究还鲜有涉及，多数学者研究是基于地理邻近、技术邻近等邻近性分析创新空间效应。创新是城市经济增长的根本动力，也是缩小城市发展差距的关键。城市创新不仅与内部创新投入、环境等因素相关，邻近城市对其影响也不容忽视。同时，随着我国"四纵四横"高速铁路网建成和远期"八纵八横"规划的逐步实施，高速铁路网络对城市发展产生的影响不容忽视。一方面，基于高速铁路连接的城市联系网络有利于知识溢出网络化，促进城市创新网络产生与优化，而城市创新网络促进城市创新发展；另一方面，高速铁路将城市连接，加速城市体系由等级化向网络化转变，仅仅以地理空间视角下研究城市创新存在不足，高速铁路加速知识、信息等创新要素流在城市间流动，形成"流动空间"，其对城市创新将产生重要作用。"流空间"视角下的城市创新是城市节点属性带来的网络资本对其创新活动的影响，进而影响整个城市创新空间。此外，高速铁路与城市创新之间的关系不是简单的、线性的、一维的，而是复杂的、非线性的和多维

① Hiramatsu T.. Job and Population Location Choices and Economic Scale as Effects of High Speed Rail: Simulation Analysis of Shinkansen in Kyushu, Japan [J]. Research in Transportation Economics, 2018 (72): 15–26.

的。单纯用计量经济学模型难以真实反映高速铁路对城市创新的复杂影响，需要以系统思维，借助相关方法对高速铁路对城市创新产生的影响进行仿真，并进一步进行预测，以期更好地发挥高速铁路对城市创新的促进作用。此外，随着京津冀协同发展上升为国家战略，京津冀城市群如何利用交通基础设施，特别是高速铁路开通带来的研发要素流动对城市创新产生的影响不容忽视。基于此，本书认为，高速铁路对城市创新产生的影响研究应主要从以下五个方面深入展开：

（1）高速铁路作为一种新型的大容量快速频繁客运交通工具，对城市创新产生的影响路径是复杂的，一方面，高速铁路开通带来的城市间广义出行成本降低，降低知识空间阻尼，加速知识溢出，进而对城市创新产生重要影响；另一方面，基于高速铁路连接的城市联系网络使城市创新活动由原有的"场所空间"向以创新要素流形成的"流动空间"转变，城市属性不仅局限于地理位置，同样也具有网络属性，网络位置越好，越有利于创新要素流动，知识流动强度也越大，对城市创新活动产生的影响也越大。因此，深入分析高速铁路发展对城市创新的影响机理，并对其影响路径进行解析是对现有研究的有益补充。

（2）将时间距离纳入分析框架，构建多种空间权重矩阵，建立空间计量模型，分析高速铁路开通所带来的时空压缩对城市创新产生的影响。现有研究多直接根据空间计量模型中的空间滞后项系数来估计创新的空间溢出效应。然而，如果被解释变量的空间滞后项估计系数非零，则不能直接使用系数来度量创新活动的空间溢出效应，此时的估计系数包含了交互信息，需利用偏微分方法估计时空压缩后城市科技创新的直接效应和间接效应。此外，考虑到高速铁路对城市创新产生影响的复杂性和动态性，基于贝叶斯马尔可夫链方法构建动态空间面板模型，对高铁对城市创新的短期效应（直接和间接）和长期效应（直接和间接）进行估计。此外，处于不同地理位置和不同规模的城市受高速铁路带来的广义出行成本的降低影响可能存在差异，进而使知识溢出方向和强度不同，其对城市创新产生的影响也不相同。因此，对城市进行分类研究，进一步估计高速铁路对不同城市空间带来的效应。

（3）伴随知识经济发展，"地方空间"正在逐渐向"流动空间"转变，创新空间格局出现了由等级化向网络化转变的趋势。高速铁路发展带来要素的大规模流动，使原有的城市体系发生变化，进而可能会对城市创新网络结构和网络资本产生重要影响，并作用于城市创新。与空间视角分析类似，处于不同地理位置和不同规模的城市节点属性存在差异，使要素流动对城市创新影响不同。特别是对小城市而言，可能存在"极化效应"而非"溢出效应"，使城市创新差距有进一步扩大的可能，而现有研究还有不足。因此，对城市进行分类研究，进一步分析"流空间"视角下，网络属性对城市创新的影响。

（4）鉴于高速铁路发展与城市创新之间动态性、非线性和复杂性特征，运用复杂系统科学思想，结合高速铁路影响城市创新的作用机理和具体路径，构建系统动力学模型，对其过程进行模拟仿真。因此，在明确系统内部变量及其相互反馈机制的基础上，绘制高速铁路对城市创新影响的因果关系图，并依据系统内部变量之间关系绘制系统动力学流图；进一步地，依据变量间关系和构建的模型，对高速铁路影响城市创新进行仿真描述，对比高速铁路建成前后城市创新及其影响因素的动态变化规律，并对未来进行预测分析。

（5）在对全国城市分析的基础上，重点对京津冀城市群创新的空间相关性展开分析，特别是影响因素的异质性，分析京津冀城市群创新空间结构，分析城市群创新活动空间演变；进而，通过构建空间模型，并对不同空间权重矩阵下的空间计量模型进行判断，分析高速铁路开通引致的研发要素流动对京津冀城市群创新活动的影响，研究不同因素对城市创新的影响及其空间异质性，以期为京津冀通过高速铁路提升区域协同创新能力提供对策建议。

# 第三章
# 我国高铁建设与创新空间格局

　　创新是城市调整经济结构和转变增长方式的核心，也是城市可持续发展的关键。城市是各种经济要素的主要集中地，也是推动创新发展的主战场，更是建设创新型国家的主要空间载体。城市间经济发展水平的不同是城市差距表面现象，创新要素及其产出的空间非均衡分布是产生城市差距的根本原因。创新活动的空间异质性是长期存在的，创新在一定程度上具有路径选择特征。然而，空间因素对城市创新的影响不可忽视，一方面，处于不同地理位置的城市创新能力并不相同，特别是邻近创新高值区域的城市可能会得益于地理位置的邻近性，会有较强的创新能力，进而呈现出一定的俱乐部特征；另一方面，随着交通、通信等基础设施的不断完善，传统的地理因素限制被进一步打破，城市间的交流互动日益频繁，更容易接收到来自创新产出高值城市的空间溢出，进而提升自身创新能力，为缩小城市间的创新差距提供了可能。特别是，随着我国高速铁路的快速发展，城市间可达性程度得到明显提升，城市间人员交流日益密切，加速了知识的跨区域流动，有利于创新扩散。基于此，在上一章详细梳理高速铁路影响城市创新相关理论与文献的基础上，通过分析我国高速铁路与城市创新的空间分布格局及其特征，为进一步探究高速铁路影响城市创新提供支持，也为我国城市创新体系演变和创新分工提供依据。

# 第一节　我国高速铁路发展的现状与特征

## 一、我国高速铁路发展现状

随着信息技术、新材料、机电和自动化等一系列高新技术的不断发展，人们出行方式不断被改变。1964 年 10 月 1 日，日本东海道新干线的通车运营标志着高速铁路正式商业化的开始。随后，法国、德国、意大利等欧洲国家开始大规模修建高速铁路，其对发达国家的影响也越来越大。与发达国家相比，我国高速铁路起步较晚，2003 年 10 月 12 日，我国首条高速铁路客运专线——秦沈客运专线正式运营。自 2004 年国务院正式批准实施《中长期铁路网络规划》后，我国高速铁路发展步入快车道，开始进行大规模论证和建设立项。2008 年 8 月 1 日，京津城际铁路通车运行，设计时速最高 350 千米。此后，我国高速铁路开始大规模建设，新建客运专线、改造现有线路等项目陆续开始进行。中国高速铁路无论是在建设速度还是技术水平上都取得了举世瞩目的成就。截至 2017 年底，中国"四纵四横"高速铁路网正式建成通车，高铁营运里程 2.5 万千米[①]，占世界高铁营运总里程的 66.3%。分地区来看，我国东部城市间高速铁路网络得到极大优化和提升，中西部被高速铁路网络覆盖的城市数量越来越多，我国东部、东北、中部和西部四大板块已被高速铁路连接，特别是北京、上海、南京、武汉、广州等高铁枢纽城市，其对城市间相互合作和区域经济的影响进一步增强。2016 年，高速铁路客运量超过 14 亿人次，占铁路客运总量的 50.8%，日开行列数在 4500 列以上，极大地促进了城市之间的联系。2016 年，国务院在深入总结原规划实施情况的基础上，结合发展新形势新要求，修编了《中长期铁路网规划》，在"四纵四横"高速铁路网络基础上，进一步完善高速铁路网络，远期形成以"八纵八横"主通道为骨架、区域连接线衔接、城际铁路补充的高铁网络，进一步发挥高速铁路对优化拓展区域发展空间的巨大作用。

---

① 资料来源：本章有关的高速铁路数据均为历年《中国铁路统计公报》和《中国铁道年鉴》。

## 二、我国高速铁路竞争优势

与其他运输方式相比，高速铁路主要具有快速便捷、客运量大、安全性好、适应性强、节约环保、效益较高六方面优势，主要体现在以下六个方面：

一是快速便捷。快速便捷是高速铁路最具竞争力的优势，也是影响人们出行的主要因素。目前，我国高速铁路上的列车运行时速普遍在 200~300 千米，甚至有些线路时速已经恢复至 350 千米，是高速公路最高时速 120 千米的近三倍。特别是随着"复兴号"的普及程度不断提升，网络内城市间的通勤时间进一步缩短。飞机虽然在速度上比高速铁路快，但对于多数城市来说，并无民用机场。对有民用机场的城市而言，机场一般远离市区，乘飞机的市内通勤成本高于高速铁路，而且飞机候机、安检等时间更长。

二是客运量大。高速铁路的另一个显著特征是客运量大，一方面，作为普通铁路的"升级版"，高速铁路同样具有运输量大的优点，长编组列车一般为 16 节车厢，满载旅客量超过 1000 人，远高于飞机运力；另一方面，由于高铁动车组运行时间较短，在相等时间内，发车密度更高，进一步提升了客运能力。

三是安全性好。与公路运输不同，高速铁路具有专用路权，整条线路与外界完全隔离，除天气因素外，几乎不受外界影响。此外，高速铁路动车组列车运行均是自动化控制系统，并配有多种报警装置，可以有效防止列车运行事故，减轻高铁动车组列车在行车事故中的损害程度。目前，我国日均开行高铁动车组列车数以千计，即使将数年前"7·23 甬温线"特大动车组事故考虑在内，高速铁路的事故率及其引起的人员伤亡数也远低于其他现代交通运输方式。

四是适应性强。因具有专用路权，高铁动车组列车受外界影响程度较小；而且装有现代化列车运行控制系统，除严重恶劣天气因素之外，高铁动车组列车均能正常运行，其准点率极高，适应性强。相比之下，飞机机场和高速公路等受天气影响较大，容易因天气而产生停运，给人们出行产生不便。

五是节约环保。相比于公路、航空等交通运输方式，高速动车组列车动力来自电力系统，不直接消耗煤炭、石油等化石燃料，不产生废水、废气等环境污染物，有利于环境保护。高铁动车组列车多在高架的路基上运行，除有效避免洪涝、泥石流等自然灾害之外，也减少了用地面积，提高了土地资源利用率。

六是效益较高。高速铁路对经济社会产生的效益可以概括为四个方面：首先，高速铁路大规模建设，使高铁动车组列车制造业产业规模扩大，带动牵引供电、控制系统等相关产业发展，极大促进经济发展；其次，快速高效的高速铁路分流了大量旅客，极大减轻了原有干线运输压力，也为人们的出行节省了大量的时间，而这背后的社会价值更是难以估计累计；再次，高速铁路建设离不开沿线城市的支持，进而直接促进了当地的就业；最后，高速铁路的建成通车，提高了城市的可达性水平，有利于城市外部资金、企业等进入，创造新的就业机会，进一步促进城市发展。

## 三、我国高速铁路发展主要特征

高速铁路的大规模建设与开通运营，极大增强了城市间的可达性程度，有利于创新要素在更大规模内实现再配置。我国高速铁路发展主要有投资规模迅速增长、营业里程大幅增加、旅客周转量逐年提高、对经济增长的贡献巨大四个方面的特征。

### （一）投资规模迅速增长

2008 年我国开始大规模建设高速铁路，因此，整理了 2008~2016 年全国铁路固定资产投资情况，具体结果如表 3-1 所示。

表 3-1　2008~2016 年我国铁路固定资产投资额

单位：亿元

| 年份 | 2008 | 2009 | 2010 | 2011 | 2012 | 2013 | 2014 | 2015 | 2016 |
|---|---|---|---|---|---|---|---|---|---|
| 投资额 | 3602 | 6000 | 7000 | 7000 | 6340 | 6657 | 8088 | 8238 | 8015 |

由表 3-1 可知，2008 年之后，全国铁路迎来了建设加速期，在 2009~2013 年，全国铁路固定资产投资始终保持在 6000 亿元以上，2010 年和 2011 年还分别达到了 7000 亿元，约是 2008 年的 1.9 倍；在 2014~2016 年，铁路固定资产投资额进一步增加，2015 年达到近年来的最大值——8238 亿元，是 2008 年的 2.3 倍。"十二五"期间，全国铁路固定资产投资完成 3.58 万亿元，比"十一五"时期多完成 1.15 万亿元，同比增长 47%。

### （二）营业里程大幅增加

伴随着我国铁路固定资产投资额的迅速增长，我国高速铁路营业里程大幅增加，高速铁路在全国铁路网络中的比重也不断上升，具体结果如表 3-2 所示。

表 3-2  2008~2016 年我国高速铁路营业里程及占比情况

| 年份 | 2008 | 2009 | 2010 | 2011 | 2012 | 2013 | 2014 | 2015 | 2016 |
|------|------|------|------|------|------|------|------|------|------|
| 营业里程（千米） | 672 | 2699 | 5133 | 6601 | 9356 | 11028 | 16456 | 19838 | 22980 |
| 占铁路里程比重（%） | 0.8 | 3.2 | 5.6 | 7.1 | 9.6 | 10.7 | 14.7 | 16.4 | 18.5 |

由表 3-2 可知，我国高速铁路营业里程增幅明显，具体来看，2008 年，全国高速铁路营业里程仅为 672 千米，短短五年之后，2013 年，高速铁路营业里程超过 10000 千米，达到 11028 千米；到 2016 年，营业里程首次突破 20000 千米，达到 22980 千米，是 2008 年的 34.2 倍，年均增幅超过 55%。此外，高速铁路营业里程增速明显高于全国铁路营业里程平均增速，占铁路营业里程比重由 2008 年的不足 1%，到 2013 年的首次突破 10%，达到 10.7%，再到 2016 年的近 20%。"十二五"期间，铁路新线投产 3.05 万千米，比"十一五"时期多完成 1.59 万千米，同比增长 109%，省会及 50 万人口以上城市基本实现全覆盖，以"四纵四横"高速铁路为骨架的国家快速铁路网基本建成，是历史投资完成最好、投产新线最多的五年。

### （三）客运量逐年提高

随着我国高速铁路营业里程的不断增加，城市间开行的高铁动车组数量大幅上升，高速铁路客运量逐年提高，具体结果如表 3-3 所示。

表 3-3  2008~2016 年我国高速铁路客运量及占比情况

| 年份 | 2008 | 2009 | 2010 | 2011 | 2012 | 2013 | 2014 | 2015 | 2016 |
|------|------|------|------|------|------|------|------|------|------|
| 客运量（万人） | 734 | 4651 | 13323 | 28552 | 38815 | 52962 | 70378 | 96139 | 122128 |
| 占铁路比重（%） | 0.5 | 3.1 | 8.0 | 15.8 | 20.5 | 25.1 | 30.5 | 37.9 | 43.4 |

由表 3-3 可知，我国高速铁路客运量逐年提高，增长迅速。具体而言，2008 年，全国高速铁路发送旅客数量仅为 734 万人，占全国铁路客运量的 0.5%；2010 年，高速铁路客运量突破 1 亿人，达到 1.33 亿人；2011 年，高速铁路客运量占比首次超过 10%，几乎是前一年的两倍，发送旅客人数超过 2.85 亿人；

2012 年，高速铁路发送旅客占比首次超过 20%，客运量为 3.88 亿人；2014 年，高速铁路客运量占比超过 30%，达到 30.5%，客运量更是突破 7 亿人；到 2016 年，客运量超过 12 亿人，是 2008 年的 166.39 倍，高速铁路客运量占比超过 40%，比 2008 年提高了近 43 个百分点，高速铁路在全国铁路网中的地位进一步凸显。

### （四）对经济增长的贡献巨大

高速铁路发展对经济增长的影响包括直接效应和间接效应，直接效应是高速铁路相关投资对经济增长的直接作用，一方面是指因高铁投资增加带动的钢铁、冶金、水泥、新材料等相关产业发展，通过投资城市效应扩大对经济增长的促进作用；另一方面因高速铁路发展增加区域就业，就业岗位的增加使居民收入增加，而收入的增加又使需求增加，进而带动经济增长。与直接效应相比，高速铁路对经济发展的间接效应更为显著。同时，高速铁路开通增强城市间的联系程度，促进知识、资本、技术、信息等经济要素流动，使其在更大范围内实现优化配置，也扩大了市场规模。随着市场规模扩大和资源优化配置，使专业化分工程度不断提高，促进经济发展。此外，随着线路的不断密集，高铁网络将进一步压缩城市间到达时间，加速城市体系由等级化向网络化发展，通过促进知识溢出影响城市创新，进一步推动经济发展。

# 第二节　我国高速铁路空间分布格局

2016 年，我国高速铁路营运里程超过 2.2 万千米，在营运里程和客运量逐年攀升的同时，其空间分布却长期以来呈现出非均衡性特征，本节主要从整体、区域、城市群和城市四个层面分别阐述我国创新产出空间分布特征。

## 一、全国层面分析

随着技术不断进步和投资额持续增加，我国高速铁路已经由最初的"一条线"逐渐发展成如今的"一张网"。截至 2016 年，除西藏等少部分省份，高铁网络已经覆盖绝大多数省份，特别是中西部地区与东部地区之间的连接，有利于区域间的产业转移和要素流动。随着 2017 年西成高铁和石济高铁的开通，强化了西南与西北地区、华北与华东地区之间的联系，进一步完善了我国高速铁路网。

## 二、区域层面分析

虽然在 2016 年我国多数省份已被高铁覆盖，但是区际的线路分布不均，高铁线路主要集中在我国东中部地区，特别是东部沿海省份，呈现"东密西疏"特征。具体而言，"四纵四横"中的四纵：京哈、京沪、京港和东南沿海客运专线所连接省份均处于我国东中部地区，特别是京沪和东南沿海客运专线连接的都是我国创新产出水平较高的省份；"四横"中仅沪汉蓉高速铁路和沪昆高速铁路正式通车，连接东部与西北的徐兰高铁尚未全线开通，西北地区兰新高铁线未接入东中部地区的高铁网。此外，偏远地区的宁夏、内蒙古和西藏尚未开通高铁，高铁分布区际差异巨大。高铁分布局部性特征明显，但其对创新影响是全域性的。一方面，对已被高铁网络覆盖的城市而言，高铁开通增强了城市间互联互通水平，有利于创新要素在更大规模内进行重组和配置，产生集聚效应，进而通过城市创新空间溢出，提升整体创新水平；另一方面，对于尚未被高铁网络覆盖的城市而言，例如我国内蒙古、西藏等地，虽然这些省份目前未通高铁，但其邻近地区已被高铁连接，运输成本下降和所处网络位置的差异共同导致区位条件发生改变，进而影响城市创新。

## 三、城市群层面分析

与创新产出不同，高速铁路是通过将城市连接使城市间发生关系，这种关系是相互的，单纯地分析城市高速铁路建设情况并无意义。因此，基于城市群分析高速铁路空间布局。对东部地区城市群而言，基于城市间高速铁路联系的联系网已经形成，特别是对长三角地区，除宁沪、沪杭、宁杭等大城市之间的高速铁路联系网络形成带动了周围苏州市、常州市、嘉兴市等非直辖市或省会城市之间的联系；对中部地区城市群而言，主要是依托高速铁路骨干线路，围绕省会等区域中心城市形成联系网，如果一般性城市未处于骨干线路上，则能否被高速铁路连接取决于与区域中心城市的联系；对西部地区城市群而言，除西安市、成都市和重庆市外，其余城市间的联系较少，未形成以区域中心城市为核心的高速铁路联系网络，城市间的联系亟须加强。

### 四、城市层面分析

一个城市是否被高速铁路网络涵盖是由地理位置、经济条件、历史发展等多种因素共同作用的结果。我国高速铁路网络"四纵四横"起始点均为直辖市、省会城市或副省级城市等大城市，而一般中小城市能否被高速铁路连接主要取决于其与邻近大城市的联系程度。以京沪高铁为例，始终点分别是北京市和上海市，途经廊坊市、天津市、沧州市、德州市、泰安市、曲阜市、徐州市、蚌埠市、南京市、镇江市、无锡市、常州市、苏州市等23个城市，这些城市的经济基础、产业结构不尽相同，但因为众多因素影响，均被高铁连接；相反，与沿线某城市经济发展类似，但处于非沿线的城市并不一定能被高速铁路所连接。整体而言，在被高速铁路连接的城市中，绝大多数位于东部，中西部地区城市数量较少，特别是西北地区未接入高铁网络的城市较多。

## 第三节　我国城市创新整体发展现状与特征

### 一、城市创新发展现状

随着经济全球化的深入推进和知识创新开放性特征的日益明显，创新既是当今世界经济发展的根本动力，也是各国参与全球竞争的决定性因素。面对科技竞争这场没有硝烟的战争，世界主要经济体无不将实施创新驱动摆在自身发展的关键位置。城市是创新要素的集聚地，也是一个国家参与全球竞争的典型空间单元。随着城市的不断发展和创新范式的不断演变，单纯依靠城市内部创新要素投入已经不能适应新时代创新的需要，城市间的创新分工与协作正变得越来越重要，即创新要素整体集中、内部分工有序的城市群正日益成为国家参与国际分工的新型地理单元。

作为世界上最大的发展中国家，创新已经成为我国转变经济发展方式和生产生活方式的根本动力和重要支撑。改革开放40多年来，我国科技创新成果不断涌现，参与国际竞争的实力不断增强，逐渐加速迈向全球价值链的中高端。特别是党的十八大以来，党中央、国务院高度重视科技创新，作出深入实施创新驱动发展战略的重大决策部署。我国科技创新步入以跟踪为主转向跟踪、并跑、领跑并存的新阶段，正处于从量的积累向质的飞跃、从点的突破向系统能力提升的重要时期，在国家发展全局中的核心位置更加凸显，在全球创新版图中的位势进一步提升，已成为具有重要影响力的科技大国。科技创新能力持续提升，战略高技术不断突破，基础研究国际影响力大幅增强。2017 年，全社会研究与试验发展（R&D）经费支出超过 1.7 万亿元，比上年增加 1929.4 亿元，同比增长 12.3%，增速较上年提高 1.7 个百分点；研究与试验发展经费投入强度为 2.13%，比上年提高 0.02 个百分点。按研究与试验发展人员（全时工作量）计算的人均经费为 43.6 万元，比上年增加 3.2 万元。[①] 以高速铁路、水电装备、特高压输变电等为代表的重大装备和战略产品不仅取得技术突破，也因高性价比开始逐步走向世界。

城市是我国科技创新的主阵地，也是信息、技术、知识、人才等创新要素的高度聚集地，在动力转换、方式转变、结构调整等方面对邻近城市起着重要的示范和带动作用。作为实施创新驱动发展战略的重要抓手，创新型城市建设是贯彻落实习近平总书记关于"尊重科技创新的区域集聚规律，因地制宜探索差异化的创新发展路径，加快打造具有全球影响力的科技创新中心，建设若干具有强大带动力的创新型城市和区域创新中心"重要指示的重大举措。《"十三五"国家科技创新规划》提出，充分发挥城市在区域创新中的主体作用，通过创新型城市建设引领带动区域创新水平整体跃升。截至 2020 年 1 月，全国已有 78 个创新型城市，这些城市在引领区域创新方面发挥了重要作用。2014 年，《国家新型城镇化规划（2014—2020 年）》（以下简称《规划》）正式发布，《规划》明确指出，增强中心城市辐射能力和加快发展中小城市；同时，完善综合交通运输通道和区际交通骨干网络，发挥综合交通运输网络对城镇化格局的支撑和引导作用。

随着高速铁路网络的正式形成和优化完善，其将对我国城市体系和城市创新空间格局产生重要影响。高速铁路带来的时空压缩，将城市间的虚拟联系变为真实的面对面交流，增强了创新要素在城市间的流动。从空间角度来看，我国在载人航天和探月工程、载人深潜、深地钻探、超级计算、量子反常霍尔效应、量子通信、中微子振荡、诱导多功能干细胞等重大创新成果所在的城市区位基本上均

---

① 资料来源：《2017 年科技经费投入统计公报》。

位于高速铁路沿线城市或邻近城市。2016年，我国"四纵四横"高速铁路沿线175个主要城市的财政科技支出合计近2500亿元①，占比全国总量的64.23%，专利授权量合计1404627件，占全国专利授权总量的87.14%，高速铁路沿线城市的创新水平和质量，不仅决定着城市创新的整体实力，更是我国创新型城市建设的关键所在。

## 二、主要特征

城市将多样的创新要素集中起来，提高了创新的效率，也产生了巨大的外部性。从城市体系演变和创新发展历程来看，我国城市创新呈现出创新投入规模迅速增长、创新产出水平不断提高、对经济社会发展的贡献显著增强和整体创新环境持续优化四个方面特征。

### （一）创新投入规模迅速增长

近年来，随着全国整体科技创新投入力度的不断加大，城市创新投入无论是研究与发展经费支出还是研究与发展人员全时当量均保持了较快的增长。从经费投入规模来看，我国城市R&D经费内部支出由2001年的不足千亿元，增长到2016年的近1.5万亿元，增加了15倍，年均增速为10.5%。除经费外，研究与发展人员全时当量增长也很明显，2001年城市研究与发展实验人员投入仅为70.1万人年，2005年首次突破百万人年，达到122.8万人年，到2016年，城市创新研究与发展实验人员投入近300万人年，是2001年的4.2倍。从政府财政对城市创新的支持来看，2001年，政府财政在科学技术方面的支出为73.9亿元，2009年首次突破千亿元，达到1113.1亿元，随着财政支出对创新支持力度的不断增加，2013年，政府财政在科学技术方面的支出首次突破2000亿元，达到2309.8亿元，而到2016年，政府财政在科学技术方面的支出首次突破3000亿元，达到3311.8亿元，是2001年的44.8倍，年均增速14.9%。

随着城市创新投入的不断增加，研究与发展经费占GDP比重也不断提高，而该指标是衡量国家或地区创新投入水平最为重要的指标，我国城市研究与发展经费占GDP比重由2001年的1.2%，增长到2016年的2.2%。虽然城市创新整体

---

① 资料来源：本章有关的城市数据均为175个城市的统计年鉴和《国民经济和社会发展统计公报》等整理得到。

投入强度增长较快，但与发达国家相比，还有一定差距。从 2016 年 OECD 35 个成员国研究与发展经费投入强度看，我国当年的投入强度高于第 13 位的冰岛（2.10%），低于第 12 位的法国（2.25%），与以色列（4.3%）、韩国（4.2%）、瑞典（3.3%）和日本（3.1%）等发达国家还有显著差距。

**（二）创新产出不断提高**

虽然不能代表全部的创新过程，但专利的存在使创新活动能被量化，进而被保护和评价。因此，专利授权量是衡量一个国家或地区创新产出的重要指标。从专利授权总量来看，本书所研究的 175 个城市 2001 年专利授权量之和仅为 8.0 万件，到 2006 年实现翻番，达到 18.7 万件。随着研究与发展投入的增加，城市创新总产出也与日俱增，2012 年城市专利授权总量首次突破 100 万件，达到 102.4 万件；2016 年，城市专利授权总量 140.5 万件，是 2001 年的 17.6 倍。2001 年每万人专利授权量不足 1 件，到 2013 年首次超过 10 件，达到 10.3 件；2016 年每万人专利授权量为 13.5 件，是 2001 年的 16.7 倍。根据世界知识产权组织（WIPO）发布的《2017 年世界知识产权指标报告》，2016 年中国专利受理量超过了欧洲专利局、日本、韩国和美国的总和，位列世界第一；中国商标局商标申请量占全球商标申请活动年增量的 75%；中国工业产品设计增量占全球总增量的 90%；中国国家知识产权局受理的工业产品设计申请量占到全球工业产品设计申请量的一半以上。随着我国专利申请和授权量的不断增加，国家越来越具有竞争力，据世界经济论坛发布的《2016—2017 年全球竞争力报告》，中国在 140 个经济体中排名第 28 位，领跑金砖国家，保持最具竞争力的新兴市场地位。专利申请量和授权量仅能表示我国城市创新产出整体数量是增加的，而发明专利授权量则能更好地反映城市创新活动的质量。从发明专利占我国专利授权总量的比重来看，2001 年，发明专利数量占专利授权总量的比为 5.6%，2008 年这一比重首次突破 10%，上升至 12.2%，2016 年进一步提升至 18.3%，比 2001 年提高了 12.7 个百分点。发明专利授权量占专利授权总量比重的持续提升进一步表明了我国城市创新质量的提高。

**（三）对经济发展的贡献显著增强**

当前我国城市经济发展总体上正在由要素、投资驱动逐渐转向创新驱动，少数城市已经跨越这一阶段，创新对城市经济发展的贡献越来越大。2001 年，我国整体科技进步对经济增长的贡献不足 30%，2013 年这一比重提升至 51.7%，到

2016 年，科技进步对经济增长的贡献超过 56%，比 2001 年提高了约 26 个百分点。对于创新能力较强的北京等城市，2016 年，科技进步对经济增长的贡献超过 60%。2016 年，全国工业战略性新兴产业和高技术制造业增加值分别比上年增长 10.5% 和 10.8%，增速分别比规模以上工业快 4.5 个和 4.8 个百分点；运动型多用途乘用车（SUV）产量同比增长 51.8%，新能源汽车同比增长 40.0%，工业机器人同比增长 30.4%，集成电路同比增长 21.2%，智能电视同比增长 11.1%，智能手机同比增长 9.9%；全年签订技术合同成交金额 11407 亿元，比上年增长 16.0%，科技创新促进我国社会生产率快速提高。[①]

**（四）整体创新环境持续优化**

创新环境是指包括知识产权保护、交易、创新体系等制度建设在内的影响创新活动的间接投入。随着我国科技体制改革向系统化和纵深化的不断推进，我国城市创新环境得到持续优化和改善。特别地，以国家自主创新示范区和高新技术产业开发区为主的创新重要载体在引领我国创新发展方面取得了重要成绩。我国知识产权激励及保护机制正在逐步完善，《中华人民共和国促进科技成果转化法》修订实施，企业研发费用加计扣除等政策落实成效明显，科技与金融结合更加紧密，公民科学素质稳步提升，全社会创新意识和创新活力显著增强。以北京市为例，北京市先后制定实施了"京科九条""京校十条"等改革举措，以及 14 个配套实施细则，明确规定科技成果转化所获收益中按不少于 70% 的比例用于对科技成果完成人和为科技成果转化做出重要贡献的人员进行奖励。此外，在知识产权市场机制不断完善和政府配套法律法规不断调整的基础上，各城市创新主体间的合作日趋频繁，跨区域协同创新越来越多。一些区域型城市群，根据地理位置的邻近性和自身创新需求，开始与周围城市开展创新合作，通过高铁等交通基础设施提升创新要素在城市间的流动，对创新要素在空间上进行再配置，提升区域创新水平。

---

① 资料来源：《2016 年国民经济和社会发展统计公报》。

# 第四节　我国创新空间集聚特征分析

在创新产出总量迅速增加的同时，其空间分布却长期以来呈现出非均衡性特征，本节主要从区域、城市群和城市三个层面分别阐述我国创新产出空间分布特征。

## 一、从区域层面分析

区域层面主要是以省级行政区对我国地理空间进行划分，包括区域间和区域内部，前者侧重不同行政区之间创新产出空间分布的比较；后者则是区域内部创新空间分布的讨论，主要从城市角度进行。基于此，分别从区域间和区域内探讨我国创新空间集聚特征。

### （一）从区域间来看

为深入分析我国区域创新产出的空间分布差异，根据各省份创新产出占比情况，在借鉴前人研究的基础上[①]，分别以6%、2%和1%将全国31个省份划分为四个等级城市：高水平、较高水平、较低水平和低水平，结合 ArcGIS 进行可视化表达，重点分析2003年、2009年、2012年和2016年城市创新空间分布特征。

整体来看，我国区域创新产出空间分布差异明显。通过对比不同年份区域创新产出空间分布，分析发现：

一是地理集聚特征明显。我国区域创新产出地理集聚特征明显，创新产出高值区域主要集中在东部沿海地区。从区域创新产出空间分布来看，区域创新产出的高低可能也受邻近区域的影响，具体而言，东部地区的上海、江苏、浙江和山东处于创新产出高值区域，而其邻近的安徽、福建等省份创新产出水平也较高；中部地区的湖北、河南和湖南等省份地理连接成片，均属于创新产出较高区域；西部地区整体创新能力较弱，除陕西和四川外，其他省份在空间上是"弱弱"相

---

① 焦敬娟，王姣娥，程珂. 中国区域创新能力空间演化及其空间溢出效应 [J]. 经济地理，2017，37（9）：11-18.

互邻近的状态。因此，从总体来看，区域创新差异不仅表现在创新活动在少数区域的地理集聚上，我国区域创新活动的规律性地理组团分布说明，创新差异还表现在创新活动的区域成堆分布即创新空间集群分布上。区域创新分布的这种规律性的空间关联结构暗含着，创新空间交互作用即创新地理溢出可能是我国区域创新产生差异的另一原因。

二是两极分化趋势减弱。总体而言，我国区域创新产出由东向西呈逐渐递减趋势，高值地区主要集中在东部沿海省份，中西部较低。2003年，城市创新产出高水平区包括北京、上海、山东、江苏、浙江和广东。2009年，黑龙江、湖南和河北由较高水平区变为较低水平区，吉林则是由较低水平区变为低水平区，北京则由高水平区变为较高水平区，但是其排名仍位居全国第6位（见表3-4）。2012年，安徽由较低水平区变为较高水平区，占比排名位列全国第7位，福建排名比2009年上升了两位，位列全国第9位，辽宁由较高水平区变为较低水平区。2016年，天津、陕西和重庆成为较高水平区，江西由低水平区变为较低水平区，北京则是重返高水平区。

表 3-4　区域创新产出占比及排名

| 地区 | 2003 年 | | 2009 年 | | 2012 年 | | 2016 年 | |
|---|---|---|---|---|---|---|---|---|
| | 占比（%） | 排名 | 占比（%） | 排名 | 占比（%） | 排名 | 占比（%） | 排名 |
| 北京 | 6.079 | 6 | 4.742 | 6 | 4.417 | 6 | 6.240 | 4 |
| 天津 | 1.846 | 15 | 1.532 | 15 | 1.730 | 16 | 2.465 | 14 |
| 河北 | 2.633 | 10 | 1.415 | 16 | 1.339 | 17 | 1.974 | 16 |
| 山西 | 0.866 | 23 | 0.668 | 20 | 0.629 | 20 | 0.624 | 23 |
| 内蒙古 | 0.602 | 24 | 0.309 | 26 | 0.270 | 27 | 0.363 | 27 |
| 辽宁 | 4.169 | 7 | 2.524 | 8 | 1.856 | 13 | 1.557 | 18 |
| 吉林 | 1.246 | 17 | 0.678 | 19 | 0.519 | 22 | 0.620 | 24 |
| 黑龙江 | 2.059 | 14 | 1.051 | 18 | 1.772 | 15 | 1.120 | 19 |
| 上海 | 12.287 | 2 | 7.223 | 4 | 4.504 | 5 | 3.985 | 7 |
| 江苏 | 7.252 | 4 | 18.058 | 1 | 23.605 | 1 | 14.333 | 2 |
| 浙江 | 10.615 | 3 | 16.539 | 3 | 16.480 | 2 | 13.739 | 3 |
| 安徽 | 1.187 | 18 | 1.778 | 12 | 3.788 | 7 | 3.783 | 9 |
| 福建 | 3.963 | 8 | 2.334 | 11 | 2.667 | 9 | 4.165 | 6 |

| 地区 | 2003 年 | | 2009 年 | | 2012 年 | | 2016 年 | |
|---|---|---|---|---|---|---|---|---|
| | 占比（%） | 排名 | 占比（%） | 排名 | 占比（%） | 排名 | 占比（%） | 排名 |
| 江西 | 0.912 | 21 | 0.603 | 22 | 0.698 | 19 | 1.952 | 17 |
| 山东 | 6.683 | 5 | 7.140 | 5 | 6.602 | 4 | 6.086 | 5 |
| 河南 | 2.182 | 12 | 2.364 | 9 | 2.343 | 10 | 3.049 | 10 |
| 湖北 | 2.116 | 13 | 2.350 | 10 | 2.140 | 11 | 2.595 | 13 |
| 湖南 | 2.340 | 11 | 1.719 | 13 | 2.030 | 12 | 2.112 | 15 |
| 广东 | 21.547 | 1 | 17.300 | 2 | 13.431 | 3 | 16.070 | 1 |
| 广西 | 0.981 | 20 | 0.559 | 23 | 0.516 | 23 | 0.922 | 20 |
| 海南 | 0.218 | 29 | 0.130 | 29 | 0.096 | 28 | 0.120 | 29 |
| 重庆 | 1.388 | 16 | 1.552 | 14 | 1.781 | 14 | 2.651 | 12 |
| 四川 | 2.986 | 9 | 4.165 | 7 | 3.692 | 8 | 3.874 | 8 |
| 贵州 | 0.533 | 26 | 0.431 | 24 | 0.530 | 21 | 0.647 | 22 |
| 云南 | 0.894 | 22 | 0.605 | 21 | 0.512 | 24 | 0.746 | 21 |
| 西藏 | 0.012 | 31 | 0.060 | 31 | 0.012 | 31 | 0.015 | 31 |
| 陕西 | 1.186 | 19 | 1.259 | 17 | 1.304 | 18 | 3.006 | 11 |
| 甘肃 | 0.349 | 27 | 0.264 | 27 | 0.320 | 25 | 0.495 | 25 |
| 青海 | 0.066 | 30 | 0.076 | 30 | 0.046 | 30 | 0.084 | 30 |
| 宁夏 | 0.249 | 28 | 0.188 | 28 | 0.074 | 29 | 0.166 | 28 |
| 新疆 | 0.554 | 25 | 0.386 | 25 | 0.301 | 26 | 0.441 | 26 |

总体而言，我国创新产出高水平城市主要集中在东部的北京、山东、江苏、上海、浙江和广东这些省份，中部省份，特别是紧邻长三角省份，得益于日趋完善的高铁交通网络，创新产出增长明显，较高水平城市由 2003 年的 5 个增加到 2016 年的 9 个，福建、江西和安徽等省份增长显著，两极分化趋势有所减弱。此外，东北地区下降明显，辽宁由最初的全国第 7 位下降到第 18 位，黑龙江由第 14 位下降到第 19 位，吉林则是由第 17 位下降到第 24 位，这在一定程度上也同近年来东北地区发展情况相吻合。

三是俱乐部收敛现象初显。如前分析，创新活动存在显著的地理集聚特征，主要分布在东部沿海地区，地区之间差异较大。然而，从时间轴来看，区域间的差距有所减弱，而不是强化，因此，从区域空间来看，创新活动可能存在一定的收敛特征。结合 2003 年、2009 年、2012 年和 2016 年各省份专利授权量占比和对应年份的排名，揭示在研究期内我国区域创新产出内部的离散程度，具体结果如表 3-4 所示。

由表 3-4 不难看出，从四个等级内部来看，我国区域创新产出在空间上呈现出一定的俱乐部收敛特征。具体来看，对创新产出水平高值区域而言，2003 年创新产出占比最高省份是占比最低省份的 3.544 倍，而到 2016 年降为 2.641 倍，特别是广东、江苏和浙江同其他地区的差距缩小；对较高水平区而言，创新产出占比最高与最低的差距由 2003 年的 2.024 倍缩小到 2016 年的 1.972 倍；此外，处于较高区域的数量由 8 个增加到 10 个，地区数量的增加并未导致域内差距增大。对于较低水平城市和低水平城市而言，并未发现明显的俱乐部收敛特征，原因可能在于，这些省份大多数位于我国的西部地区，交通设施不完善，不利于创新要素的集聚，进而导致创新产出增长缓慢。

四是创新集聚强于经济集聚。由上述分析可知，我国区域创新主要分布在东部地区。2016 年，北京、上海、广东等东部省份 GDP 之和占全国总量的 65.835%，而创新产出之和占比近 80%，高于 GDP 占比近 14 个百分点，一方面说明创新产出与经济活动在空间上有类似的集聚特征，另一方面也说明创新活动的地理集聚性要高于经济活动。原因可能在于，相比于经济活动，创新活动更依赖空间溢出效应，即一个区域创新水平的高低一方面要依赖自身创新投入，另一方面，邻近区域的创新空间溢出对本地区创新能力提升亦有重要影响，创新的空间效应导致其比经济活动具有更高的集聚程度。

**（二）从区域内部来看**

我国创新产出不仅在省域间差异较大，在省域内部之间的空间分布也不尽相同，以我国高速铁路网络"四纵四横"主干的 175 个城市为研究对象，并对其进行可视化表达。我国不同省份内部的创新产出空间分布特征也不相同。对创新产出高值区域的东南沿海地区而言，省域内创新产出较高的城市往往都是邻近创新中心距离较近，苏州市、无锡市等邻近上海市，东莞市、惠州市邻近深圳市和广州市，未毗邻创新中心城市的创新产出也较低，省域内差异较大；而对于创新产出整体较低的中西部地区而言，省域内创新产出差异较小。

## 二、从城市群层面分析

我国城市创新虽然集中在少数城市，但与地理空间不同，城市创新还表现出跨行政区的城市群集聚分布。邻近城市创新能力及环境的优劣对其周边城市创新能力水平的提升会产生影响，创新能力较高的城市对其邻近城市的辐射带动作用可能更大，这意味着城市群间存在跨行政区的创新行为交互。结合后文表 3-5 不难发现，从城市群层面来看，我国创新产出主要呈现以下特征：

一是城市群创新核心区转移。2005 年，城市创新排名前 10 中，长三角城市有 4 个（上海市、杭州市、宁波市和苏州市），珠三角城市也有 4 个（深圳市、佛山市、广州市和东莞市），占比为 18.55%，高于长三角的 16.77%。2016 年，城市创新排名前 10 中，长三角城市仍然是 4 个（上海市、苏州市、杭州市和宁波市），珠三角中仅有深圳市和广州市位列其中，占比为 8.79%，远低于长三角的 14.22%。此外，长三角城市群中的南京市、无锡市、温州市、南通市等城市的快速崛起加速了创新向长三角城市群集中。另外，从长三角城市群各城市创新占比可知，虽然城市群整体产出较高，但是城市群内部的差距是缩小的。

二是东北城市群竞争力整体下降。与省际创新产出空间分布类似，东北地区城市群空间分布也呈下降趋势，这与杨明海等学者的研究是一致的。2005 年，沈阳市、大连市、哈尔滨市和长春市的创新产出排名分别为第 17 位、第 27 位、第 28 位和第 29 位；而到了 2016 年，排名变为第 40 位、第 29 位、第 43 位和第 47 位，下降程度明显。东北地区的其他城市下滑也很明显，2016 年，在占比最少的 20 个城市中，东北地区城市有 6 个，而在 2005 年仅有松原市。

三是西南成渝城市群增幅明显。2005 年，重庆市和成都市产出占比分别为 2.510%、2.134%，排名第 8 位、第 12 位；而到了 2012 年，成都市专利授权量占比超过 3%，成都市和重庆市占比合计 5.113%，高于 2005 年的 4.644%；2016 年，重庆市和成都市占比分别为 3.043%、2.927%，分别位列第 6、第 7，两城市创新产出占比合计为 5.970%，比 2005 年提高了 1.3 个百分点。作为国家西部大开发的重要平台和长江经济带的战略支撑，成渝城市群重点围绕天府新区、两江新区等一批高新技术开发区为载体，整合域内创新要素，吸引外部创新要素，极大地提升了城市创新能力。

## 三、从城市层面分析

不管是区域内还是区域外，我国创新产出空间集聚特征明显；进一步地，从城市层面考察创新的空间分布，根据 175 个城市创新产出，分别计算 2005 年、2012 年和 2016 年城市创新产出占比及排名情况[①]，具体结果如表 3-5 所示。

表 3-5　城市创新产出占比及排名

| 排名 | 2005 年 | | 2012 年 | | 2016 年 | |
|---|---|---|---|---|---|---|
| | 城市 | 占比（%） | 城市 | 占比（%） | 城市 | 占比（%） |
| 1 | 上海 | 8.811 | 苏州 | 9.508 | 北京 | 7.160 |
| 2 | 北京 | 7.061 | 宁波 | 5.716 | 深圳 | 5.343 |
| 3 | 深圳 | 6.282 | 上海 | 4.975 | 上海 | 4.573 |
| 4 | 佛山 | 6.086 | 无锡 | 4.969 | 苏州 | 3.811 |
| 5 | 广州 | 4.002 | 北京 | 4.879 | 广州 | 3.440 |
| 6 | 杭州 | 2.847 | 深圳 | 4.720 | 重庆 | 3.043 |
| 7 | 宁波 | 2.786 | 杭州 | 3.927 | 成都 | 2.927 |
| 8 | 重庆 | 2.510 | 南通 | 3.501 | 杭州 | 2.923 |
| 9 | 苏州 | 2.342 | 成都 | 3.145 | 宁波 | 2.902 |
| 10 | 东莞 | 2.179 | 广州 | 2.125 | 天津 | 2.829 |
| 11 | 温州 | 2.178 | 东莞 | 2.019 | 西安 | 2.725 |
| 12 | 成都 | 2.134 | 重庆 | 1.967 | 温州 | 2.131 |
| 13 | 天津 | 2.129 | 天津 | 1.911 | 无锡 | 2.126 |
| 14 | 武汉 | 1.665 | 南京 | 1.798 | 南京 | 2.049 |
| 15 | 青岛 | 1.637 | 佛山 | 1.721 | 东莞 | 2.033 |
| 16 | 汕头 | 1.592 | 金华 | 1.703 | 绍兴 | 2.020 |
| 17 | 沈阳 | 1.555 | 温州 | 1.668 | 泉州 | 1.912 |
| 18 | 南京 | 1.514 | 常州 | 1.486 | 南通 | 1.733 |
| 19 | 济南 | 1.489 | 济南 | 1.388 | 武汉 | 1.635 |
| 20 | 台州 | 1.488 | 武汉 | 1.321 | 中山 | 1.575 |
| 21 | 中山 | 1.474 | 青岛 | 1.226 | 台州 | 1.429 |

---

[①] 本章研究样本为 175 个城市，由于篇幅所限，只列出排名前 30 位的城市。

| 排名 | 2005 年 | | 2012 年 | | 2016 年 | |
|---|---|---|---|---|---|---|
| | 城市 | 占比（%） | 城市 | 占比（%） | 城市 | 占比（%） |
| 22 | 无锡 | 1.465 | 绍兴 | 1.194 | 嘉兴 | 1.421 |
| 23 | 金华 | 1.253 | 台州 | 1.177 | 青岛 | 1.374 |
| 24 | 泉州 | 1.092 | 嘉兴 | 1.160 | 合肥 | 1.317 |
| 25 | 厦门 | 1.054 | 西安 | 1.146 | 郑州 | 1.273 |
| 26 | 长沙 | 1.049 | 中山 | 1.051 | 常州 | 1.267 |
| 27 | 大连 | 1.028 | 芜湖 | 1.005 | 金华 | 1.201 |
| 28 | 哈尔滨 | 0.990 | 长沙 | 1.003 | 济南 | 1.100 |
| 29 | 长春 | 0.970 | 徐州 | 0.966 | 长沙 | 1.065 |
| 30 | 西安 | 0.895 | 湖州 | 0.953 | 佛山 | 1.017 |

由表 3-5 可知，整体来看，我国创新产出主要集中在直辖市、省会城市、副省级城市等大城市，中小城市占比较低。通过对比 2005 年、2012 年和 2016 年三年城市创新产出占比情况不难发现：一方面，我国城市创新集聚强度呈下降趋势。2005 年，城市创新产出最多的是上海市，北京市、深圳市、佛山市和广州市分别位列第 2 位、第 3 位、第 4 位、第 5 位，前五位城市创新产出占比为32.242%；2012 年，苏州市创新产出占比最高，达到 9.508%，前五位城市创新产出占比略高于 30%，与 2005 年相比，下降了 2.2 个百分点；而到了 2016 年，城市创新产出占比前五位城市占比之和进一步下降，仅为 24.327%，与 2005 年相比，下降了 8 个百分点。排名第 30 位的城市创新产出占比由 2005 年的 0.895%逐渐提高到 2016 年的 1.017%，也说明了城市创新产出集聚强度有所下降。另一方面，我国城市创新产出主要集中在东部地区城市，中西部城市数量较少。2005年，在城市创新产出占比排名前 30 位城市中，中西部城市有重庆市、成都市、武汉市和西安市；2012 年，中西部城市数量未变，城市排名发生变化，成都市和西安市排名升高，重庆市和武汉市则呈不同程度的下降；2016 年，中西部城市数量增加两个：郑州市和长沙市。从城市层面来看，我国城市创新产出主要集中在经济相对发达的大城市。究其原因，大城市一般是区域或省级区域的经济中心，交通便利，有利于创新要素集聚，进而促进城市创新。

# 第五节 我国创新活动空间集聚程度测算

不同学者因研究目的和对象的差异,使创新空间集聚的测算方法也存在一定差异,但整体而言,主要有基尼系数[①]、变异系数[②]等方法,不同的方法侧重点不同。结合研究实际,本节采用变异系数法从区域和城市两个层面测度我国创新产出空间集聚程度。

## 一、区域层面测算

运用变异系数公式,计算了 2001~2016 年我国区域创新产出的变异系数值(CV),具体结果如表 3-6 所示。

表 3-6 2001~2016 年我国区域创新产出变异系数值

| 年份 | 2001 | 2003 | 2005 | 2007 | 2009 | 2011 | 2012 | 2013 | 2014 | 2015 | 2016 |
|------|------|------|------|------|------|------|------|------|------|------|------|
| CV | 1.251 | 1.411 | 1.463 | 1.445 | 1.561 | 1.624 | 1.638 | 1.508 | 1.406 | 1.350 | 1.298 |

由表 3-6 可知,2001~2016 年我国区域创新能力变异系数呈现先上升后下降的波动态势。其中,2001~2012 年,变异系数由 1.251 波动增加到 1.638,区域创新差异在 2012 年达到最大;2012 年之后区域创新变异系数开始下降,到 2016年降为 1.298,略高于 2001 年变异系数值。原因可能在于,近年来包括《国家中长期科学和技术发展规划纲要(2006—2020 年)》等在内的一系列政策实施,提高了各地区创新积极性,促进了整体创新产出提高;同时,随着我国交通基础设施的不断完善,特别是高铁的开通,增强了地区间交流,加速了创新知识的流动,有利于区域创新产出的提高。

---

① 刁丽琳,朱桂龙. 区域产学研合作活跃度的空间特征与影响因素 [J]. 科学学研究,2014,32(11):1679-1688,1731.

② 曹慧,石宝峰,赵凯. 我国省级绿色创新能力评价及实证 [J]. 管理学报,2016,13(8):1215-1222.

## 二、城市层面测算

在区域分析的基础上，运用变异系数公式，计算了 2001~2016 年我国城市创新产出的变异系数值，具体结果如表 3-7 所示。

表 3-7　2001~2016 年我国城市创新产出变异系数值

| 年份 | 2001 | 2003 | 2005 | 2007 | 2009 | 2011 | 2012 | 2013 | 2014 | 2015 | 2016 |
|------|------|------|------|------|------|------|------|------|------|------|------|
| CV | 1.724 | 1.945 | 2.098 | 1.992 | 2.209 | 2.239 | 2.122 | 2.079 | 1.938 | 1.861 | 1.788 |

由表 3-7 可知，2001~2016 年我国城市创新能力变异系数同样呈现出先上升后下降的波动趋势。具体而言，2001~2011 年，变异系数由 1.724 波动增加到 2.239，城市创新差异在 2011 年达到最大；2011 年之后，城市创新变异系数值开始呈现缓慢下降趋势，到 2016 年降为 1.788，为十年来的最低值。究其原因，一方面，区域协调发展的深入推进，促进了创新要素的优化配置，有利于缩小城市间的创新差距；另一方面，交通设施的不断优化，降低了知识溢出成本，有利于创新由产出高值城市向低值城市空间溢出，进而缩小了城市间的差距。通过对比表 3-6 不难发现，虽然区域创新产出与城市创新产出变异系数的变化趋势类似，但后者大于前者，这在一定程度上说明，城市间创新产出的差距大于区域间。

## 本章小结

本章首先分析了我国高速铁路发展现状，并总结了高速铁路具有快速便捷、客运量大、安全性好、适应性强、节约环保和效益高等优点。其次，分别从全国、区域、城市群和城市四个不同层面分析了高速铁路空间分布格局，从整体来看，基本上形成了高速铁路网；从区域层面看，高铁线路主要集中在东中部地区，特别是东部沿海省份，呈现"东密西疏"的空间分布特征；从城市群层面看，长三角、珠三角等典型城市群区域联系网络已经形成，而广大中西部地区主要呈线性联系；从城市层面看，一般性中小城市能否与大城市连接是其接入高速铁路网络的关键，特别是对西部城市而言，亟须加强高速铁路建设，增强与大城市联系。再次，介绍了我国城市创新总体发展情况，包括创新投入规模、创新产出水平、对经济社会发展的贡献和整体创新环境四个方面。接着，分别从区域层面、城市群层面和城市层面描述了我国创新产出的空间分布特征。具体而言，从区域层面看，虽然我国创新产出整体集中在东部，特别是沿海地区，但区域间的两极分化趋势减弱；从城市群层面看，创新产出核心区由珠三角地区向长三角地区转移，东北城市群创新产出占比整体下降趋势明显，西南成渝城市群增长明显；从城市层面看，我国城市创新产出主要集中在直辖市、副省级城市、省会城市等大城市，中小城市占比较低。最后，从区域和城市层面测算了创新变异系数值，结果表明，2011 年前后变异系数值开始下降，说明无论是区域层面还是城市层面，整体来看，创新差距是缩小的。此外，通过计算区域创新产出与城市创新产出变异系数发现，两者变异系数变化趋势类似，但后者大于前者，这在一定程度上说明，城市间创新产出的差距大于区域间。

# 第四章
# 高速铁路发展对城市创新产生影响的
# 机理分析

　　作为运输量巨大和快速的现代化交通基础设施，高速铁路对城市影响，特别是对城市创新产生的影响主要由空间效应和网络效应实现。一方面，高速铁路开通带来的时空压缩深刻改变人们原有出行方式，加速创新要素在城市间流动，特别是在人口流动基础上形成的知识流动对城市创新及其影响因素的作用；另一方面，随着线路不断密集，高速铁路网络使城市空间结构有利于由等级化向网络化转变，进而推动城市内和城市间产业转移与要素集聚，空间阻尼的降低使创新要素在更大范围内得到配置，通过创新网络作用于城市创新。为深入剖析高速铁路对城市创新影响机理，在结合前人研究的基础上，本章首先对可达性的度量方法进行介绍，进而从通勤时间、广义出行成本、择业就业、市场潜力四个方面综合分析高速铁路开通对城市可达性影响；其次，结合知识溢出理论，讨论知识溢出对城市创新产生的影响，并分析高速铁路带来的知识溢出变化；最后，从空间和网络两方面详细梳理高速铁路对城市创新的作用路径。

## 第一节　可达性度量与高速铁路对城市可达性
## 产生的影响

　　高速铁路极大增强了城市间便利程度，对人们出行方式产生深刻影响，为城市间可达性提高提供可能。然而，不同交通运输方式在时间成本、经济成本、环境成本、体验成本等存在较大差异，且不同人群的出行目的和出行距离存在差别，使高速铁路开通对城市间的可达性产生的影响也不尽相同。因此，在明确可达性概念的基础上，对不同计算方法进行介绍，进而分析高速铁路开通对城市可达性的影响。

## 一、可达性度量

可达性反映了人们在不同城市或区域空间进行一定活动的可能程度，不同的研究目的其度量的侧重点也不相同，进而相同空间下的可达性结果存在差异。但是，整体来看，人们的出行偏好、交通便利性、通勤时间、经济发展、工作机会等均对人们出行活动产生影响，进而影响城市间可达性水平。在研究高速铁路对城市体系或城市空间结构影响时，着重强调不同城市间可达性的对比；而分析高速铁路网络对城市影响则主要考察因可达性变化而导致的城市在网络中节点属性的变化。虽然高速铁路对城市可达性影响是多方面的，但根本原因在于城市间通勤时间的减少，使知识、技术、人才等创新要素更容易流动，提升创新要素的可达性水平，进而对城市创新产生重要影响，从而使创新要素进一步优化配置得以实现。虽然不同的度量方法针对的研究有所区别，但整体而言，可达性度量均是为了更好地反映城市间的产生互动关系，在考虑空间阻隔、时间成本和经济活动机会的基础上，通过计算可达性水平可以分析城市创新相互影响能力或可能性。在其他条件一样的情况下，城市间可达性水平越高，其互动可能性越大。可达性的度量方法主要可分为三大类：基于空间阻隔的可达性、基于社会积累的可达性和基于空间相互作用的可达性。[①]

一是基于空间阻隔的可达性。基于空间阻隔的可达性是对城市间可达性计算最直接的量化，主要是距离法对其进行量化，即城市间的实际距离表示空间阻隔，城市 i 的全域可达性可表示为：

$$A_i = \sum_{\substack{j=1 \\ j \neq i}}^{n} D_{ij} \qquad (4-1)$$

其中，$A_i$ 为城市 i 空间联系网络全域可达性，$D_{ij}$ 为城市 i 和城市 j 的空间阻

① 赵云. 高速铁路对区域知识溢出的影响机理与效应估计 [D]. 北京：北京交通大学博士学位论文，2017：46-57.

隔，n 为城市个数。实际距离表示是多样的，可以是城市间地理距离，也可以是依据某一交通方式形成的距离（铁路线路、公路道路等长度距离或者不同运输方式形成的时间距离），还可以是包含有抽象因素的距离（例如技术距离、经济距离等）。当对不同的空间阻隔进行定义时，基于空间阻隔的可达性指数可以较好地反映城市间复杂的互动关系，但其不足之处在于，不能充分反映城市间互动过程中可能存在的非线性衰减关系。

二是基于机会累积的可达性。基于机会累积的可达性是指在出行成本约束条件下，人们从某城市出发所能到达的所有城市范围包含的各种机会之和。其中，出行成本主要包括城市间地理距离、通勤时间、机会成本等，而机会是指基于一定可达性的创业就业、知识获取、社会福利等的可能性。基于可达性产生的各种机会越多，城市间可达性水平越高，理想条件是如果出行成本无约束，如假设城市间通勤时间为零，则意味着在仅考虑通勤成本条件下，人们几乎可以获得所有城市的所有机会；而当通勤时间较长或城市间相互隔离时，人们所有的机会只存在于城市内部。因此，在采用基于社会积累的可达性进行相关分析时，首先要对研究对象的出行成本进行定义，合理制定一个或几个成本约束，使可达性水平能充分反映不同城市间机会差异。因此，城市 i 基于社会积累的可达性计算公式为：

$$A_i = \int_0^{C_i} O(c)\,dc \tag{4-2}$$

其中，$C_i$ 为出行成本阈值。与基于空间阻隔的可达性不同，基于社会积累的可达性是在一定约束下所有机会的累加，一方面，城市可达性水平依赖于约束成本的控制，包括时间成本、地理距离等；另一方面，城市可达性水平的高低要依赖于邻近城市发展水平，包括经济发展、创新能力、社会保障等诸多方面。虽然高速铁路开通极大压缩了城市间的通勤时间，为城市经济要素流动创造良好条件，但这种可达性的提升可能是单向的，即有利于经济要素由中小城市向大城市集中，进而对中小城市产生"虹吸"效应。因此，在分析高速铁路对城市创新及其影响因素效应时，应对不同城市进行分类讨论，进一步科学评价其对城市创新的影响。此外，与基于空间阻隔的可达性计算相类似，该种方法计算可达性也未反映城市间可能存在的距离衰减关系。

三是基于空间相互作用的可达性。基于空间相互作用的可达性是受牛顿万有引力的启发，借用物理学中的势能公式来研究城市间可达性。这种可达性的计算主要是基于物理学中的引力模型或者将时间距离、经济距离、技术距离等代替传统空间距离修正引力模型，来研究城市间空间联系，一般表达形式为：

$$A_{ij} = G_{ij} \times M_i^{\alpha^i} \times M_j^{\alpha^j} \times R_{ij}^{-b} \tag{4-3}$$

其中，$A_{ij}$ 为城市 i 对城市 j 的吸引力；$G_{ij}$ 为城市 i 和城市 j 的引力系数，一般取 1；$M_i$ 和 $M_j$ 分别为城市 i 和城市 j 的某种经济社会指标；$\alpha^i$ 和 $\alpha^j$ 为引力参数，一般均取 1；$R_{ij}$ 为城市 i 到城市 j 的距离；b 为距离衰减指数，一般取 2。与基于空间阻隔和社会积累两种可达性公式相类似之处在于，不管是何种距离，都强调了城市间相互位置对城市互动关系的影响；所不同的是，基于空间相互作用的可达性计算表示出了城市间可能存在的衰减关系。因此，本书在考察因高铁开通带来的时空压缩对研发要素流动影响进而作用于城市创新时，采用基于空间相互作用的可达性计算方法。

## 二、高速铁路对城市可达性产生的影响

高速铁路影响城市创新主要是改变了城市可达性程度，扩大知识溢出地理边界，促进创新的产生。而随着我国高速铁路网络的不断完善，其对城市创新的影响也将越来越明显。如前分析，根据目的和强调重点的不同，可达性指数的度量方法是多样的，高速铁路对城市可达性的影响也是多方面的。在结合前人相关研究的基础上，本节从通勤时间、广义出行成本、择业就业、市场潜力四个方面对高速铁路影响城市可达性进行分析。

### （一）对通勤时间的影响

高速铁路开通对城市产生的直接影响就是降低了城市间的通勤时间，如北京市到广州市的通勤时间由原来最短的 21.5 小时压缩到高铁开通后的 8 小时；北京市到上海市的通勤时间由原来的 15.5 小时缩短到现在的 4.5 小时；北京市到天津市的通勤时间由原来的 1.5 小时压缩到城市高铁开通后的 0.5 小时。虽然高速铁路开通压缩城市间的通勤时间，但对城市间产生的影响存在较大差异。为进一步对比高速铁路开通前后，城市间通勤时间变化，分别计算每个城市到其他城市的最短交通时间，通过携程网查询京津冀城市间长途汽车和火车运行时间，以两者中时间的最短表示，结果如表 4-1 所示。

由表 4-1 可知，高速铁路开通到来的时间压缩特征明显，城市间通勤时间由原来的 611977.5 小时，下降到开通后的 308716.5 小时，降幅为 49.55%；进一步

表 4-1　高速铁路开通前后城市间通勤时间变化

| 城市名 | 直辖市 | 直辖市和省会城市 | 一般性地级市 | 全部城市 |
|---|---|---|---|---|
| 开通前通勤时间（小时） | 11268.4 | 94399.2 | 517578.3 | 611977.5 |
| 开通后通勤时间（小时） | 5558.9 | 46748.1 | 260968.4 | 308716.5 |
| 开通后时间降幅（%） | 50.67 | 50.48 | 49.58 | 49.55 |

地，对城市进行分类后发现，高铁开通对大城市的影响明显强于一般性地级市。原因在于，首先，无论是建设速度还是开通时间，我国高铁主要布局在人口较为密集的东中部，连接的也多为该区域内城市，西部城市线路密度和长度与东中部城市还有一定差距，使西部城市通勤时间压缩不如东中部城市明显。其次，从城市行政地位来看，我国高速铁路主要将直辖市、副省级城市、省会城市等连接，因而在这些城市间通勤时间的降低更明显，特别是武汉、长沙等城市因高速铁路通车使城市可达性快速提升。最后，现有高速铁路网将大城市相连接，但对中小城市也产生了重要影响，特别是以区域性中心城市为核心而打造的"半小时交通圈""一小时交通圈"等，将周围中小城市连接，如京津冀、长三角、珠三角、长江中游等城市群内联系增强。

从网络视角看，城市到其他城市通勤时间之和在一定程度上反映了该城市在基于高铁连接的城市联系网中的位置。总时间越高，说明网络位置越差，城市通勤总时间越低，越有利于城市利用联系网络与外界建立更广泛的联系，进而获取更多的异质性创新要素，促进城市创新产生。特别地，由于高速铁路的开通，压缩了大城市与其周围中小城市间的通勤时间，后者通过高速铁路骨干线路并入全国高速铁路网，进而与更多的城市产生联系，城市区位条件显著提升，进一步增强了对城市创新的影响。

**（二）对广义出行成本的影响**

虽然高速铁路开通压缩城市间的通勤时间，但并不意味着通勤时间下降必然影响人们的出行选择。不同交通方式的选择是一个多目标决策过程，除了通勤时间外，还要考虑自身收入水平、换乘便利性、出行目的、安全性、运输成本、服务质量等诸多因素，仅从通勤时间角度分析高速铁路开通对城市可达性影响还存在一定不足。因此，构建包含通勤时间、货币成本和出行体验所构成广义出行成本，分析因广义出行成本变化带来的城市可达性改变。高速铁路开通带来的通勤成本降低对城市可达性影响在上一部分已论述，此处不再赘述。货币成本是影响人们选择不同交通工具的主要原因，特别是对收入水平相对较低的人群而言高铁带来的通勤成本降低并不能弥补其与普通列车产生的票价差，相对较高的票价在一定程度上限制了一部分群体出行。出行体验是指人们在选择某种交通工具出行而达到目的的基础上形成的个人对交通工具的感受，这种体验感是基于一定客观事实而形成的主观判断。出行体验包括安全感、便捷性、舒适性等方面：从安全感来看，高铁对天气的要求较低，不同于公路和航空，冰雪、雾霾等天气也能开行，安全系数较高。从便捷性来看，城市交通设施越完善，高速铁路换乘越方便，越有利于人们选择高铁出行。舒适性主要是指两方面，一方面是乘车环境的舒适性，除恶劣天气之外，高铁晚点可能性很低，人们候车时间有保证，不必要的候车时间降低有利于减少人们出行焦虑或者烦躁；另一方面，高铁动车组列车内乘车环境（包括卫生状况、座位宽敞度、车厢设施等）明显优于普通列车。有学者研究表明，高速铁路建成后，城市间出行在准时性、舒适性、便捷性、安全性和服务水平等方面获得了极大提升，居民选择高铁出行比例超过 50%，进一步揭示高铁通过降低广义出行成本而带来居民出行方式改变。[1] 对未通高铁城市而言，其离高铁节点城市距离越近，广义出行成本降低也越明显，原因在于，这些城市可以通过与邻近高铁城市建立联系而增强与其他城市的联系，进而对本城市可达性产生影响。[2]

### （三）对择业就业的影响

高速铁路通车对择业就业的影响可以分为宏观和微观两个方面。从宏观来看，高速铁路开通带来的通勤时间压缩降低了运输成本，有利于经济要素集聚，结合新经济地理理论，在本地市场效应和价格指数效应下，会吸引更多的人员流入，进一步促进城市择业就业水平；从微观来看，高速铁路开通使城市间便利程度增加，有利于家庭由交通不便地区向交通发达地区搬迁，也有可能吸引经济要素过于集中的大城市向中小城市转移，进而对城市择业就业产生影响。高速铁路对中小城市择业就业的提高大于大城市，原因在于，大城市本身要素集聚能力较

① 孙枫，汪德根，牛玉.高速铁路与汽车和航空的竞争格局分析 [J].地理研究，2017，36（1）：171-187.

② 汪德根，钱佳，牛玉.高铁网络化下中国城市旅游场强空间格局及演化 [J].地理学报，2016，71（10）：1784-1800.

强，择业就业机会较多；而中小城市集聚能力较弱，择业就业机会相对有限，而高速铁路的开通增强了中小城市人们择业就业选择范围。特别地，在短期，高速铁路开通对服务业中的旅游、批发零售、商务等行业影响显著；在长期，随着产业转移和城市发展，其对择业就业的影响会进一步扩大。根据笔者 2018 年 4 月在京沪沿线调研时从上海市闵行区政府得知，京沪高铁使上海与周边地区的通勤更加方便，特别是虹桥商务区建设，极大方便了来沪工作的人。大量人才选择在上海工作而在上海周围的昆山、无锡、嘉兴等城市居住；而得益于毗邻上海，这些城市近年来发展速度很快。通过实地调研，也进一步印证，高速铁路的开通有利于区域中心城市形成，使劳动力和就业需求在更大范围内实现优化配置，为区域中心城市创新提升提供可能。对原有城市创新、经济条件较弱的城市而言，通过与区域中心城市产业协作、互补和融合，共同提升区域协同创新能力。

**（四）对市场潜力的影响**

市场潜力是城市对接近市场可能性的度量，即一个城市市场潜力越大，表明该城市面临的市场规模越大，进而更有利于城市发展。市场潜力常用引力模型或改进的引力模型所表示，具体表达式如式（4-3）所示。高速铁路对市场潜力的影响主要包括两方面：时间压缩效应和联通频率效应，前者是因高速铁路开通导致的城市间运输成本降低为城市内企业扩大产品或服务提供可能，进而带来的城市市场潜力扩大；后者则强调城市间联通频率增加对城市市场潜力的影响。

高铁将华南地区的经济高值区（珠三角城市群）与中部地区人口高密度区域（武汉和郑州为核心的城市圈）两大区域通过武广高铁和石武高铁连接起来，使华南与中部省份的城市市场潜力规模都得到提高，进一步缩小了中部城市与华南城市在市场潜力上的差距。结合我国高铁线路空间分布来看，我国高速铁路主要将东西和南北连接，而东部地区局部交通网络进一步优化，使因高速铁路开通带来的时间压缩效应和联通频率效应提高了城市市场潜力。特别是对华中和华东地区而言，由于连接南北经济区和区域协同发展步伐加快，使两种效应在该区域最大，域内城市市场潜力提升也最快。对东北地区内城市而言，连接全国其他城市主要通过"京哈高铁"，线路较为单一，城市潜力提升不如东中部城市明显；但其域内城市间高铁或城际线较为发达，有利于缩小中小城市与大城市市场潜力差距。此外，对西部地区而言，除西安、重庆、成都等少数城市外，大多数城市无论是高铁线路还是通车频率都不如其他地区城市，使西部城市市场潜力提高有限。

　　整体来看，虽然高速铁路开通使城市间市场潜力提升程度不同，不同地域和不同规模城市间有所差别，但有利于城市协同创新。原因在于，对东部城市而言，高速铁路开通，特别是一些成熟城市群打造的"交通圈"进一步增强了中小城市与大城市间的互动，有利于促进协同创新；对中部和东北城市而言，高速铁路建设使区域性中心城市与东部大城市互联互通，提升中部城市在城市联系网络中的地位，有利于区域中心城市与东部大城市协同合作，缩小城市创新差距；对西部城市而言，高速铁路建设将区域重点城市纳入交通网络，增强了区域性中心城市与东中部城市联系，改变了西部城市原有的城市体系，提升了城市潜力；而城市潜力改变又会促进西部城市不断优化高速铁路建设，加速区域交通圈形成，进一步提升城市潜力。

# 第二节　基于知识溢出理论的高速铁路对城市创新产生的影响

　　由高速铁路开通对城市可达性影响分析可知，其对城市可达性影响过程在不同方面存在一定差异。然而，高速铁路开通带来的时空压缩降低了经济要素在整个城市范围内的空间流动阻尼，进而对城市经济社会发展产生重要影响。城市创新过程本身是不断演化的复杂系统，高速铁路对其影响机理不同于要素投入，主要是通过城市间人口流动和基于人口流动的各种创新要素流动和知识溢出对城市创新产生影响。时空压缩条件下，增加城市间创新主体面对面交流的可能性，有利于隐性知识传播，通过知识空间溢出影响城市创新。因此，本节在分析高速铁路影响城市可达性基础上，结合知识溢出理论，分析高速铁路对城市创新的影响。

## 一、知识溢出的概念

　　知识溢出是新经济地理理论、经济增长理论等解释城市发展的重要分析工具，有学者认为知识溢出是通过模仿他人获得收益但其本身并不承担创新成本的

---

① Stiglitz J. E.. Behavior Towards Risk with Many Commodities [J]. Econometrica, 1969, 37 (4): 660-667.

现象，这种收益既包括有形的货币收益，也包括因自身技术进步而产生的非货币收益[①]；也有学者将其定义为具有创新性的思想、技术等无偿传播、扩散和转移的现象，而这种现象往往是无意识的。然而，知识溢出过程并非是绝对的无成本，知识流动本身需要成本；而且知识能否被利用还取决于知识接收方对知识捕获、吸收和转化的能力。因此，知识溢出过程，也是知识接受者不断学习的过程，尽管这种学习的成本有所降低。

在结合前人研究的基础上，本书认为知识溢出是因知识本身存在外部性使知识发明者并不能享受所有收益，或者知识运用者以较低成本获取知识的现象。知识溢出产生的根本原因在于知识本身具有的非排他性，无论是知识创新还是一般性生产活动，不同主体在知识研发、开发和应用过程中都会对自身储备之外的知识资源进行一定程度的使用，途径可以是来自公共知识池，也可以是自身通过学习升华而来，还可以是通过面对面沟通而来。不管是哪种途径，都没有对知识所有者进行补偿或并未全部补偿，进而使知识溢出产生。知识的非排他性导致在创新过程中，只有部分创新活动受到保护（如专利等），有相当部分的知识发生外溢。从微观角度而言，知识外溢在一定程度上是知识创造者的损失；然而，从宏观角度来看，知识外溢有利于公共知识池扩大，公共知识池扩大有利于私人接触到更多知识，降低知识创新成本，进一步推动知识创新发展。因此，知识溢出不仅是知识生产主体不断从公共知识池获取知识的过程，也是知识创新主体不断将公共知识池扩大的过程。

## 二、知识溢出对城市创新产生的影响

知识因其具有的特殊性质，降低个人或组织的创新成本，提高创新效率，对城市创新有重要影响。知识溢出对城市创新影响主要通过三种效应：规模经济效应、循环累积效应和市场竞争效应。

### （一）规模经济效应

知识溢出的强度和方向在一定程度上决定着城市知识池的容量，城市知识池容量的增加可使创新主体以更低成本接触到更多知识。知识储备是创新主体从事创新活动的关键，也是降低创新成本和提高研发效率的重要因素。知识溢出使知识在城市内集聚，一方面，专业化知识集聚有利于同产业内企业相互沟通与协作，共同促进产业创新能力，进而影响城市创新水平；另一方面，多样化知识集聚使不同产业的创新组织相互学习，有利于整合异质性创新要素，激发不同创新主体活力。不管是产业内还是产业间，知识溢出有利于知识在城市集聚，降低创新成本，提升城市创新水平。

### （二）循环累积效应

同多数经济活动类似，知识溢出也具有一定程度的路径依赖特征，即城市间的知识溢出一旦形成一定规模，则其溢出方向很难转变。原因在于，知识溢出的产生是表象，深层次的原因是城市间相互沟通、协作频繁，表示城市间联系程度越来越密切。这种联系往往又与产业发展密不可分，特别是高技术产业，城市间产业协同较高，外部城市很难融入其中。循环累积效应的存在使城市间知识溢出一旦形成，趋势很难改变，一方面，这对知识溢出发生的城市有积极作用，既有利于城市间相互协作，还有可能吸引外部知识，不断增强城市创新能力；另一方面，这对未发生知识溢出或溢出量较少城市将产生不利影响，知识溢出强度低说明城市间产业协同较差，城市内创新组织并未从其邻近城市获取创新要素，甚至有可能受到"虹吸"效应，对城市创新不利。

### （三）市场竞争效应

企业是市场经济主体，也是提升城市创新的主要力量。知识溢出的存在使知识在城市内发生集聚，通过规模经济效应和循环累积效应不断提升知识存量。城市知识存量增加，一方面有利于城市内产生更多市场主体，市场竞争使企业不断吸收知识，从事研发活动，促进城市创新；另一方面，知识集聚降低城市创新成本，有利于吸引外部企业迁入（尤其是跨国公司），加剧研发要素市场和商品市场竞争程度，提高研发要素利用效率，提升商品和服务质量，进而对城市创新产生积极影响。

## 三、高速铁路对知识溢出产生的影响

### （一）高速铁路影响下的知识可达性

知识管理理论将知识分为显性知识和隐性知识，前者是可以通过教科书、期刊、媒体、软件、数据库等可编码方式进行传播的知识；后者则是主要通过人的主观感受、体会等产生的不易编码的知识。知识溢出现象的产生往往也是因隐性知识传播而实现的，隐性知识在不同组织间的转移和应用也是知识管理过程中最复杂的活动。虽然隐性知识不可编码，但隐性知识的传播依赖于人的流动，人是知识的重要载体。因此,知识可达性是以人为基础的。本书认为知识可达性是知识从某城市到达另外城市的难易程度,反映该城市与其他城市相互交流的潜力和可能性。知识阻尼是影响其可达性的主要因素,包括传播时间、传播距离、传播环境等,此外,发送方与接收方之间的知识势差、知识转移动机等也会对知识可达性产生影响。高铁的开通,一方面压缩了城市间通勤时间,有利于知识(多为显性知识)在更大范围和以更快速度进行传播,进而对城市创新产生积极作用;另一方面,时空压缩加速了人员、资本等知识载体在城市间的流动,特别是增强了城市间人与人之间的沟通和交流,进一步促进知识传播,尤其是隐性知识,对促进企业创新尤为重要。作为知识的主要载体,城市间"人"的流动方向与强度在一定程度上可以表示知识的流动方向与强度。

高速铁路带来的大规模人员频繁交互增强了各种知识的碰撞与融合,增加创造新知识的机会,提高了城市创新能力。此外,高速铁路网络加速了城市空间体系由等级化向网络化转变,使知识呈现网络化传播,城市可达性水平进一步得到提升,进而改变城市创新空间分布格局,沿线城市将形成新的创新中心。北京市、上海市、广州市等高铁中心城市具有较高知识可达性,知识在沿线城市高效汇集,将对城市创新能力发展与演化发挥重要作用。

**(二) 高速铁路影响下的知识溢出**

作为大规模、快速和频繁的交通运输方式,高速铁路极大压缩了城市间的通勤时间,提升了城市可达性,特别是大城市与邻近中小城市。时空压缩下人们广义出行成本降低,使频繁和大规模的面对面交流成为可能。人是知识、信息等创新要素的重要载体,高速铁路不仅增加了城市间的人员流动,同时也改变着人们的出行分布,进而使依附于人口流动的知识空间分布得以改变。随着高速铁路网络的不断完善,越来越多的城市被纳入高速铁路网中,人员流动规模和空间分布也会发生相应改变,而人员流动规模和分布的改变会引起知识流动规模和方向的变化,使更大规模的知识在更多城市间实现交互成为可能,知识的不断交互促进创新要素的集聚与成果扩散,对城市创新产生的影响将更加显著。从知识溢出角度而言,高速铁路带来的时空压缩降低了知识流动在城市间的流动成本,即降低知识空间阻尼。

然而,影响知识空间阻尼因素很多,包括知识可达性、知识势差、知识结构等多种因素。因此,高速铁路带来的知识可达性提升使城市间知识流动和交互产生可能，知识空间阻尼的存在也使相同幅度费时间压缩，城市间知识流动量存在差异。知识阻尼越低，越有利于知识在城市间流动，特别是隐性知识流动，进而增加城市知识存量，对城市创新产生积极作用。由高速铁路发展特点可知，我国高速铁路网主要是将大城市，特别是直辖市、副省级城市和省会城市进行连接，处于沿线的中小城市也率先通车。从这个角度而言，城市间广义出行成本降低在空间上呈现非均衡状态，高速铁路沿线城市知识阻尼下降幅度较大，邻近沿线城市的城市下降幅度较小，而远离高速铁路的城市知识空间阻尼几乎不变。高速铁路及其网络化发展主要是促进沿线城市知识流动，进而改变其知识空间结构。也正是从这个角度考虑，本书以我国高速铁路网络中 175 个主要城市为研究对象，通过分析城市间通勤成本降低表征为知识空间阻尼减少，进而分析知识溢出对城市创新及其影响因素效应变化，并对过程进行系统动力学仿真，进一步揭示和预测高速铁路通过知识溢出对城市创新的影响。

此外，城市初始知识存量和知识结构对城市间知识流动也有重要影响，一定的知识势差有利于促进城市间知识流动；而知识势差过大可能会导致即使广义出行成本降低，也不会出现大规模知识流动。

如前文分析可知，高速铁路对知识溢出的影响是通过降低知识空间阻尼实现的；而知识空间阻尼降低主要由三种路径实现。第一，高速铁路开通增强了城市间联系程度，促进人们面对面交流。此时，知识空间阻尼的降低主要是通过人们面对面交流实现的，有利于知识溢出，尤其是对创新非常重要的隐性知识。第二，因高速铁路开通带来的城市区位条件的变化，从微观上看，人们可以在更大的范围内选择职业、居住环境等，人口搬迁也促进知识空间溢出；从宏观上看，城市区位条件的改变，对城市内企业搬迁或在其他城市建立分支机构有重要影响，不管是哪种形式的组织移动，均会使知识因组织移动而产生，进而对移入城市知识池产生影响。第三，长期而言，一方面，高速铁路开通有利于城市间不同组织相互协作，不同城市的不同组织在知识结构和知识存量上存在差异，而随着交流的增多，组织间信任程度增强，有利于隐性知识空间溢出；另一方面，高速铁路开通所带来的面对面交流机会增加有利于不同城市间的创新文化融合，在知识创新方向和过程中更容易达成一致，内生性地促进知识产生，更快提升城市知识存量。

## 第三节 高速铁路对城市创新产生的影响路径解析

高速铁路具有运量大、速度快、出行便捷等特点，使对飞机、汽车等其他交通运输方式的优势明显，极有可能成为国内未来交通运输的主流。高速铁路对城市创新的影响可以概括为空间效应和网络效应（见图4-1），前者是指因高速铁路开通导致的广义出行成本降低加速城市间人口流动，无论是商品市场还是要素市场规模均会变大，有利于城市间产业集聚与转移，降低组织学习成本，拓展城市空间；后者则是指随着线路的不断密集和优化，高速铁路网络逐渐形成，高速铁路网络改变了城市原有区位条件，城市联系网络形成有利于城市创新网络产生，使知识流动和创新扩散网络化，进一步优化创新要素配置，对城市创新产生重要作用。

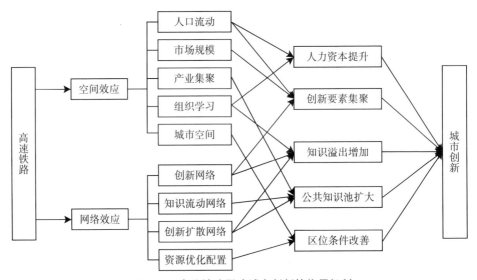

图4-1 高速铁路影响城市创新的作用机制

### 一、空间效应

对有高速铁路产业的城市而言，高速铁路发展本身对城市创新也有一定的贡献，高铁动车组生产、控制系统优化、新材料、新工艺使用等方面对城市创新也有一定的促进作用。然而，从更大范围内来看，高速铁路对城市创新产生的影响主要是高铁开通能够提升城市间可达性，降低时间成本和运输成本，提高开放性水平，增强城市间联系。高速铁路对城市创新的空间效应主要体现在人口流动、市场规模、产业集聚、城市空间和组织学习五个方面。

（一）人口流动

城市发展离不开人的支持，而城市创新则离不开依附于人的知识、信息等创新要素。高速铁路开通压缩城市间通勤时间，降低人们广义出行成本，改变了人们原有出行方式和频率，对人口流动规模和方向产生了重要影响。本书所指的人口流动有两种形式：短期流动和长期流动，前者是指因广义出行成本降低引致人们在短期内交流，包括学术会议、研讨会等各种正式和非正式的面对面交谈，活动结束后，再返回原城市或去其他城市的现象；长期流动则是因广义出行成本降低使人们居住地或工作地变化而引起的流动，该种形式流动阻力更大，往往与城市内产业发展、要素集聚程度、个人价值追求等因素相关。高速铁路开通带来的时空压缩对两种形式流动均有重要影响，一方面，广义出行成本降低，增强人们面对面交流的可能，创新组织间沟通协作更为便捷，彼此信任程度得到加强，有利于隐性知识互动。大规模频繁的短期流动，提高知识溢出强度，加速知识在城市内集聚，使创新成本降低，进一步促进城市创新。另一方面，广义出行成本降低带动人们择业就业，人们开始根据不同发展目标选择不同工作和生活环境，引发长期流动。特别地，企业搬迁或产业转移会进一步带动长期流动，产业内的长期流动有利于专业化知识集聚；产业间的长期流动有利于多样化知识集聚，两种集聚都会增加城市知识存量，为城市内市场主体提供良好创新环境，降低创新成本，进而提升城市创新水平。

然而，高速铁路带来的人口流动在城市间呈现空间非均衡，特别是在短期内，广义成本降低引致的人口流动更倾向于高铁枢纽城市流动，使基于人口流动的知识、信息等创新要素进一步向枢纽城市集中；而在长期，集聚规模已经达到一定程度，种类繁多，经济资源有限，使有些产业资源开始向沿线城市转移，通过知识溢出促进城市创新水平提升。

（二）市场规模

新古典经济学并未将空间因素纳入分析框架，分析城市发展相关问题时并未考虑城市间联系。实际上，城市各种经济活动离不开与邻近城市的互动，可能有些城市联系较为紧密，有些则较为稀疏，但是将空间维度纳入分析框架是有理论价值和现实意义的。为弥补新古典经济学在空间维度方面的不足，新经济地理理论引入"冰山交易成本"概念。高速铁路的开通降低人们广义出行成本，本质上也是降低了城市间交易成本，有利于市场规模的扩大，进而影响城市创新。高速铁路建设极大增强了城市间的联系，降低了信息搜寻成本，从消费者角度而言，城市间时空距离的压缩，扩大了可选择的商品市场，使消费者不再局限于本地化商品，更有利于满足消费者多样化需求，而消费需求的变化会影响企业创新方向，进而对城市创新产生重要影响；对生产者而言，时空压缩扩大市场一体化程度，降低了企业满足邻近城市市场需求的成本，尤其是对创新型企业而言，促进了产品在更大市场规模内进行销售，获取更多的利润，进而更好地支持企业创新。此外，随着高速铁路网络的不断发展，企业的生产空间和消费者的消费空间将发生变化，对生产者而言，城市间联系越来越紧密使企业转移或异地设立分支机构成为可能，进而加剧迁入地市场竞争，进而提升城市创新要素利用率，提升城市化创新；而对于消费者而言，个性化和高品质消费需求越来越强烈，特别是邻近枢纽城市消费需求的提升，有利于促进城市创新。

**（三）产业集聚**

城市发展依赖于产业发展，而产业发展水平在一定程度上是由产业集聚水平决定的，产业集聚有利于知识溢出，在知识规模经济和循环累积效应作用下，对产业发展产生的影响进一步放大，有利于城市创新水平提升。然而，城市资源，特别是土地资源是有限的，产业不会无限向城市集聚，城市内产业集聚达到一定规模后，城市无法承载产业资源集聚，使一些产业开始向邻近城市或有条件城市转移。高速铁路开通带来的广义出行成本的降低，一方面有利于人们面对面交流；另一方面也有利于家庭或者企业搬迁，进而对产业集聚产生影响，产业集聚有利于知识溢出，进而影响城市创新。高速铁路引致的产业集聚效应对城市创新产生的影响主要有两个方面：加速知识溢出和促进产业转移。一方面，高速铁路开通增加人们面对面交流机会，创新组织间交流频繁加速隐性知识传播，使城市间组织认同感和信任感增强，有利于城市创新网络构建和完善，通过城市创新网络中知识共享，扩大城市公共知识池，促进创新水平提升；另一方面，在短期，高速铁路开通加速产业资源向大城市集中，但城市内产业链绝大多数是不完整的，需要与其他城市相互协作，而时空压缩为城市间产业协作打下坚实基础。

广义出行成本的降低使要素市场和商品市场地理空间范围变大，产业链上的参与者可以在更大范围内寻找合作伙伴，优化自身供应链水平，促进企业创新，推动产业发展，通过促进产业转型升级促进城市发展。特别地，对邻近大城市的中小城市而言，结合自身产业资源、区位优势等条件，发展独具特色的创新型产业，通过与大城市协同创新，形成城市产业分工，促进城市创新发展。

**（四）城市空间**

城市创新的发展并不是孤立存在的，需要不断与邻近城市相互联系。然而，不管是市场化还是非市场化交易均是有成本的，而交易成本高低在一定程度上由城市空间结构决定。高速铁路开通改变了原有的城市体系，增强大城市与邻近中小城市联系水平。高速铁路开通引致的城市空间结构变化对城市创新主要有两个方面：一方面，城市通过高铁线路相连接，提升沿线中小城市与大城市的联系。高速铁路的开通改善了城市交通条件，特别是中小城市，依托高速铁路形成"廊道效应"，有利于人、信息、知识、资本等创新要素向高铁沿线城市集聚，有利于这些城市创新能力的提高。由于邻近大城市，不仅有利于大城市知识、信息向中小城市空间溢出，也有利于大城市企业向邻近中小城市搬迁或设立分支机构，进一步扩大对中小城市知识溢出。另一方面，依托高速铁路带来的城市联系，中小城市可进一步优化公路、水路等基础设施，打造综合交通体系，提高城市联系强度，提升城市可达性水平。城市间紧密联系，加速知识空间溢出，而限于资源承载力，大城市开始向邻近中小城市产业转移，城市间分工更加明确。产业分工拓展城市发展空间，而中小城市通过与大城市相互协作、协同创新会进一步促进知识空间溢出和创新要素流动，通过循环累积效应，提升城市创新水平。

**（五）组织学习**

高速铁路开通加速知识、信息等创新要素在城市间的流动，有利于创新组织获取更多异质性创新要素，提升创新效率，降低创新成本，时空压缩下的大规模、频繁的人员交互，增强知识交互，而面对面交流的过程，也是信息传递过程。创新活动本身也是一种"干中学"，即通过不断学习内生促进组织创新。城市联系是城市中企业之间知识流动和传播的重要渠道[①]，而高速铁路的开通强化

---

① Bunnell T. G., Coe N. M.. Spaces and Scales of Innovation [J]. Progress in Human Geography, 2001, 25 (4): 569-589.

了城市间的联系程度，有利于城市创新网络形成，创新组织通过网络获取知识；同时，也与其他创新组织分享知识，扩大创新网络知识存量，提升创新网络竞争力，促进城市创新。这说明，高速铁路影响知识流动渠道不仅局限于地理方式，还能通过其他方式加速知识溢出，超越了传统的城市地理边界。

基于高速铁路而形成的组织联系不仅可以向城市内其他组织学习，还能以较低的成本向城市外组织学习，进一步提升组织创新能力，进而促进城市创新能力提升。基于地理邻近性的知识溢出地方性特征明显，虽然有利于形成独特优势，但也使知识结构较为单一，而创新活动具有高动态性和不确定性，仅靠地理邻近的组织学习不利于适应复杂多变的外部环境。高速铁路的开通弱化了原有的地理阻隔，使创新组织更容易接受多元化资源，人口流规模的不断扩大，创新组织接受外部知识的多元性越强，越有利于组织知识结构完善，保持其竞争优势，内生促进创新水平提升，进而对城市创新产生积极影响。此外，城市间创新组织相互学习机会的增加，有利于形成良好创新环境，不仅增加城市公共知识池，更主要的是形成目标相接近的创新文化，厚植创新土壤，内生促进城市创新。

## 二、网络效应

随着线路的不断密集，高速铁路网络正逐渐形成，其对城市创新的影响也更加深远。一方面，基于高速铁路连接的城市联系网络加速城市体系由等级化向网络化发展，改变了原有的城市区位条件，有利于创新要素向城市集聚，进而促进城市创新；另一方面，高速铁路的网络化布局使城市在更大规模内整合创新要素，有利于创新主体增强信任联系，形成创新网络，促进城市创新。高速铁路对城市创新网络效应主要体现在知识流动网络、创新网络、创新扩散和资源优化配置四个方面。

### (一) 高速铁路的网络属性

高速铁路网络是城市联系的重要网络，其对城市创新的网络效应主要是通过其网络属性影响的，主要包括网络规模、网络位置和网络强度，具体分析如下：

一是网络规模。高速铁路网络的形成和优化，是网络规模不断扩大的过程。与未被高速铁路网络涵盖的城市相比，网络内城市知识传递的空间阻隔更低，有利于知识在网络内的集聚，有利于企业获取和分享知识，提高创新效率。基于高速铁路连接的城市联系网络越完善，其对城市创新影响越大，原因在于，一方面，城市联系网络完善有利于提高网络中知识、信息等创新要素传递效率和强度，降低信息失真和冗余度，使创新组织能以更低的成本获取更有价值的信息、知识，进而提升组织创新能力；另一方面，基于高速铁路连接的城市联系网络完善，降低广义出行成本，有利于不同城市创新组织建立联系，通过面对面频繁知识交流构建城市创新网络，进一步拓宽知识空间溢出路径，促进城市创新水平提升。此外，城市联系网络规模的扩大，增加了城市间知识流动，也扩大了城市间公共知识池，带来更广泛的知识交互，对城市创新的作用进一步增强。

二是网络位置。市场主体从事创新活动离不开城市创新环境，一方面，市场主体从创新环境中获取并利用创新要素，降低创新成本，提升创新效率；另一方面，市场主体能否创新成功还依赖城市创新系统中各要素的协作程度。基于高速铁路连接的城市联系网络改变了城市原有区位条件，深刻影响着知识流动的方向和强度。在城市联系网络中，处于不同网络位置的城市获取和占有创新要素的可能性存在差异，城市网络位置越好，越有利于其利用网络资本获取知识、信息等创新要素，以更好促进城市创新；而网络中心性较差的城市获取创新要素的可能性较低，运用网络资本能力较弱。

三是网络强度。联系强度是城市间基于高速铁路连接的关系表达，本书以城市间相互开行动车组数量表示。基于高速铁路连接的城市联系强度高，说明城市联系紧密，知识、信息等创新要素交互较为频繁，一方面，知识流动强度增加，城市间知识溢出增加有利于创新主体获取创新要素，进而促进城市创新；另一方面，城市联系紧密有利于城市间创新组织建立信任关系，进而构建和完善创新网络，不同城市创新主体通过创新网络分享和获取知识，进一步促进城市创新。然而，对城市联系强度较低的城市而言，知识流动有限，其对城市创新产生的影响也有限。

## （二）知识流动网络

高速铁路开通降低广义出行成本，促进城市间人员流动，而人是知识、信息等创新要素的重要载体。城市联系网络促进人口流动，使人口流动网络化，促进知识流动网络的形成。知识流动是城市内创新组织获取创新要素和分享知识的重要形式和通道，城市间知识流动是表象，本质上是城市创新主体相互沟通、协同创新的反映，知识流动的存在使知识利用效率得到提高，推动组织创新。一方面，知识流动网络形成使知识流动由线性向网络发展，影响范围和程度进一步扩大，有利于网络内创新组织以更低的成本学习更多知识，加速知识结构完善，特别是隐性知识的流动，内生性提升组织创新能力，进而对城市创新产生积极作用；另一方面，知识流动网络的形成是基于城市间人口流动网络基础之上的，知识流动网络形成也反映了城市间人口流动情况，而人口流动在一定程度上表征了人们面对面交流带来的知识流动。因此，知识流动网络的形成与发展反映了城市间创新主体相互沟通、彼此信任的程度。知识流动网络规模越庞大，说明城市间创新组织交流越频繁，越有利于城市间开展协同创新，提升城市竞争力。

### (三) 创新网络

创新网络是由与创新活动相关的不同组织形成的复杂合作关系网络，依赖于创新主体间的信任；而基于高速铁路连接的城市联系网络是由多个城市基于高铁动车组开行数量而组成的复杂网络。城市联系网络在更大范围降低广义出行成本，使城市间组织交流频繁，加速知识、信息、技术等创新要素在城市间的流动，有利于城市创新网络形成。

一方面，创新组织可以通过创新网络获取知识和信息，也可以将其在网络中分享，优化自身知识结构，知识溢出强度增加，特别是加速隐性知识在组织间传播，提高创新成功率，促进城市创新；另一方面，城市联系网络形成降低市场交易成本，使创新组织能在更大空间范围内选择合作伙伴，降低城市间创新主体相互合作的监督成本和履约成本，增强彼此的信任程度，进一步完善城市创新网络，通过不断获取城市外部知识、信息、技术等创新要素，提升城市创新。

### (四) 创新扩散网络

基于高速铁路连接的城市联系网络有利于创新网络的形成，使城市间创新主体通过网络进行知识溢出，加速其扩散强度与速度。网络中创新主体通过正式或非正式约束机制相互学习，内生性提升自身竞争力，实现价值增值。因此，城市联系网络不仅是知识的扩散通道，也是通过知识在网络中扩散使不同创新主体实现增值的过程。城市联系网络引致的创新网络使知识由原来的城市间等级化扩散向网络化扩散转变，特别是因产业与大城市存在互补性的中小城市，可能由于专业化水平较高反而会向大城市扩散。

因此，城市创新网络中知识扩散不是单向的、等级化扩散，而是双向的、网络化扩散，网络扩散结构更为复杂，知识溢出效应也更明显。基于高速铁路连接的城市联系网络是介于规则网络和随机网络之间的一种形式，特别是有条件的地方以高速铁路为主所打造的"交通圈"，使城市联系网络可能出现小世界特性，在城市群中更有利于知识扩散，特别是依托于人们面对面交流的隐性知识扩散。城市联系网络有利于城市创新网络形成，而创新网络使知识网络化扩散成为可能，城市创新主体获取知识的成本进一步降低。在知识网络扩散模式下，城市网络位置对知识扩散的频率、强度和方向具有重要影响，城市网络位置越好，越有利于城市创新组织从知识网络扩散中获益，进而影响城市创新。

### （五）资源优化配置

基于高速铁路连接的城市联系网络加速知识、信息等创新要素在城市间流动，也降低交易成本，使资源在更大空间范围内得到优化配置成为可能。一方面，城市联系网络提高了城市间可达性水平，广义出行成本降低又加速知识、信息等创新要素在城市间流动，通过城市联系网络加速知识扩散，在一定程度上放大城市间的空间溢出效应。由梅特卡夫定律可知，城市联系网络中每增加一个城市，知识、信息等的传播量都将以城市数量平方速度增长，促进创新要素流动量和利用率增加。另一方面，基于城市联系网络所形成的创新网络是介于市场和企业之间的第三种资源配置方式，既不同于企业内部管理严格，又不同于市场交易自由，而是一种基于信任的合作关系，具有市场和企业的双重性质。城市创新网络具有灵活性、开放性、动态性等特征，创新组织通过网络实现知识、信息等创新要素分享，增强彼此间合作，而随着合作次数增加，彼此间信任关系得到加强，面对面交流更加频繁，形成良性互动，有利于隐性知识在组织间传播，提高知识流动质量，优化资源配置，促进城市创新能力提高。

## 第四节　本章小结

本章首先论述了可达性度量与高速铁路对城市可达性产生的影响，从空间阻隔、机会积累和空间相互作用对可达性计算方法进行介绍，并从通勤时间、广义出行成本、择业就业、市场潜力四个方面分别讨论高速铁路对城市可达性产生的影响，分析结果表明，高速铁路对城市可达性影响作用显著，但在不同方面还存在差异。其次，基于知识溢出理论分析高速铁路对城市创新产生的影响。本书认为知识溢出是因知识本身存在外部性使知识发明者并不能享受所有收益，或者知识运用者以较低成本获取知识的现象。高速铁路开通带来的广义出行成本下降加速了城市间人们面对面交流，提升了知识可达性，降低了知识空间阻尼，扩大了知识溢出强度和改变知识溢出方向。知识溢出对城市创新产生的影响主要通过规模经济、循环累积和市场竞争三种效应实现，分别对知识溢出三种效应进行分析，并根据城市创新过程，分别讨论高速铁路引致的知识空间溢出对创新成果研发、创新成果开发和创新成果应用三个阶段的影响。最后，分析高速铁路影响城市创新具体路径，从空间效应来看，高速铁路开通导致广义出行成本降低，加速城市间人口流动，无论是商品市场还是生产要素市场规模均会变大，市场规模扩大有利于竞争环境改善，进而影响城市间产业集聚与转移，广义出行成本下降也有利于降低组织学习成本，拓展城市空间；从网络效应来看，随着线路的不断密集和优化，高速铁路网络逐渐形成。作为城市联系的重要网络，高速铁路对城市创新的网络效应主要是通过网络规模、网络位置和网络强度等网络属性影响城市创新。高速铁路网络改变了城市原有区位条件，城市联系网络形成有利于城市创新网络产生，使知识流动和创新扩散网络化，进一步优化创新要素配置，对城市创新产生重要作用。

# 第五章
# 高速铁路对城市创新的空间效应估计

我国高速铁路的快速发展极大压缩了城市间通勤时间，提高了可达性水平，使大范围、快速和高频率的面对面交流成为可能。特别地，一些大城市已经开始围绕城市协调发展打造"半小时交通圈""一小时交通圈""两小时交通圈"等。高速铁路的开通，加速了创新要素在城市间的流动，对城市创新的空间效应不可忽视。为研究由于高速铁路开通所带来的时空压缩对城市创新的空间效应，本书前面章节已经对城市创新空间溢出机制和高速铁路在其中发挥的作用进行了深入分析，在理论上推演了高速铁路对城市创新的重要影响，但并未从实证角度分析空间效应。基于此，本章通过构建多种空间权重矩阵，结合静态和动态空间计量模型，运用贝叶斯 MCMC 估计方法，对高速铁路影响城市创新的空间效应进行实证研究。

## 第一节　城市创新的空间相关性与空间计量模型

### 一、城市创新空间相关性产生的原因

城市是创新要素的主要集聚地，也是创新活动的重要空间载体。集聚效应使创新活动成本大幅降低，提高了创新效率，促进城市持续发展。然而，一个城市的创新活动不仅受本地区科技创新投入、政府政策等因素影响，城市间相互交流、沟通所产生的空间效应不可忽视。城市创新的空间效应主要包含两方面内

容：城市自身创新投入变化对城市创新产生的影响（直接效应）和其他城市的空间溢出效应（间接效应）。空间效应是城市创新的表现形式，也是推进城市发展的重要因素。根据影响因素的不同，将城市创新空间效应产生的原因分为三种：创新活动本身存在空间相关性、创新影响因素存在空间相关性和不同影响交互导致的创新空间效应。

### （一）创新活动本身存在空间相关性

城市创新的本质是持续进行创新性知识产出的过程，因此，创新成果的积累和知识存量会对城市创新产生重要影响。如同多数经济社会活动一样，城市创新也具有明显的空间相关性。随着交通、电信等基础设施的不断完善，城市间联系越来越紧密，特别是高速铁路带来的时空压缩降低广义出行成本，使城市内部创新组织能以更低的成本获取知识，创新主体跨城市学习成本降低，有利于优化自身知识结构，内生地提升创新能力。地理、认知、制度等邻近性均会对创新空间效应产生作用，进而对城市创新产生影响，具体分析如下：

一是从地理邻近性来看，一方面，知识溢出本身存在地理衰减，地理距离越接近越有利于知识扩散；另一方面，地理邻近有助于降低交易成本，进而使城市间创新主体互动频率增加，增强彼此信任关系，促进隐性知识传播，产生知识溢出，促进城市创新。然而，地理邻近对城市创新产生的影响并不总是正向的，过度的地理邻近反而不利于城市创新水平提高，原因在于：一方面，地理邻近可能会导致大城市对中小城市创新要素的"虹吸"效应，不利于中小城市创新水平提高；另一方面，过度邻近可能会产生信息冗余和创新要素拥挤[1]，反而不利于城市创新。

二是从认知邻近性来看，一方面，认知邻近有利于创新主体开展广泛合作和交流，促进相互学习，异型性知识获取使创新主体间的知识结构更加完善，提升其知识存量，通过消化吸收，内生提高组织创新能力，进而影响城市创新；另一方面，同地理邻近类似，过度认知邻近不利于创新组织吸收外部知识而对创新产生不利影响。[2]

---

① 杨贵彬，李婉红. 知识溢出、地理邻近与区域异质性的空间关系 [J]. 系统工程学报，2018，33（2）：182-196.

② 曹兴，宋长江. 认知邻近性、地理邻近性对双元创新影响的实证研究 [J]. 中国软科学，2017（4）：120-131.

　　三是从制度邻近性来看，制度环境是城市创新赖以生存的土壤，也是创新主体相互学习和交流机制的保障。制度邻近性意味着不同城市内部创新组织有相类似的价值观和行为准则，有助于增强组织协作和信任水平。[①] 随着创新组织信任和协作水平的提升，降低组织间相互学习和交流的阻隔，更有利于知识在城市间流动，进而促进城市创新。

　　然而，邻近性对城市创新空间效应的影响并非独立的，不同维度的邻近性也可能产生交互效应，进一步影响城市创新。地理邻近性因降低创新主体间的出行成本，增加其面对面交流的机会，促进知识溢出；但是，如果城市间创新主体技术水平、价值取向、制度框架等存在较大差异，可能对知识溢出的影响作用有限。同样，制度邻近性虽然有助于创新主体间建立相互信任关系，促进知识溢出；但是，如果城市间地理距离过大，可能会使创新主体间交流成本过高，反而不利于知识溢出。

### （二）影响城市创新的因素存在空间相关性

　　知识存量本质上也是创新要素投入不断积累形成的，因而城市创新除受本地区创新成果积累与知识存量影响之外，创新要素投入对创新能力的提升也同样具有重要影响。一方面，本地区要获得创新的空间溢出效应，除了依靠本地区知识积累，还要不断增加创新投入，提升创新水平以更好获取创新的空间溢出也会增加城市知识存量；另一方面，创新影响因素在空间上并非是相互独立的，一个地区创新投入的增加或减少在一定程度上也会影响周围地区相应变化，最典型的就是人才引进政策，如果一个城市提高现有人才待遇标准，周围地区为保持竞争力，可能也会做出响应。总结现有研究，影响城市创新的主要因素包括 R&D 人员投入、R&D 资本投入、R&D 人员流动、R&D 资本流动、政府财政在科技方面的支出、外商直接投资和有效需求等。[②③④] 这些因素存在空间相关性，进而对城市创新空间效应产生影响，具体分析如下：

---

　　① 党兴华，弓志刚. 多维邻近性对跨区域技术创新合作的影响——基于中国共同专利数据的实证分析 [J]. 科学学研究，2013，31（10）：1590-1600.
　　② 郭炬，叶阿忠，郭昆. 影响技术创新活动的要素相关性研究 [J]. 科研管理，2011，32（11）：25-36.
　　③ 李苗苗，肖洪钧，傅吉新. 财政政策、企业 R&D 投入与技术创新能力——基于战略性新兴产业上市公司的实证研究 [J]. 管理评论，2014，26（8）：135-144.
　　④ 原毅军，孙大明. FDI 技术溢出、自主研发与合作研发的比较——基于制造业技术升级的视角 [J]. 科学学研究，2017，35（9）：1334-1347.

一是 R&D 人员投入。R&D 人员是创新的关键投入因素之一，创新性活动根本是要依靠人，特别是创新型人才。R&D 人员投入的增加本质上是以人为载体的创新知识增加，而知识积累可以促进城市创新。随着交通基础设施的不断完善，特别是高速铁路的开通，加速了知识在城市间的流动，更有利于 R&D 人员知识结构完善，从而提高城市创新能力。

二是 R&D 资本投入。R&D 资本投入是推进城市创新的重要物质基础，从微观角度而言，新产品、新技术等的引进或吸收，加速提升创新主体知识存量，缩短创新周期，提高创新效率，城市市场主体创新能力的提升有利于城市创新水平提高。R&D 资本投入对城市创新的影响同样具有空间相关性，原因在于，企业 R&D 资本投入并非相互独立，可能存在一定竞争，而这些竞争者并非处于同一城市，当同行业企业 R&D 资本投入增加后，也会导致其竞争者的追赶，此时企业会调整自身 R&D 投入。

三是 R&D 人员流动。随着创新范式的转变，创新不仅是单个组织，R&D 人员流动是影响城市创新的特殊投入要素，对提升城市创新能力意义重大。R&D 人员是知识的主要载体，一方面，R&D 人员流动促进知识在城市间的空间溢出，特别是新技术的传播，进而对城市创新产生影响；另一方面，R&D 人员流动是表象，深层的原因是城市之间创新活动交流日益频繁，而 R&D 人员面对面交流有利于创新组织建立非正式关系之外的信任联系，有助于隐性知识的传播。[1] 此外，R&D 人员流动降低了创新组织间相互监督的成本，减少了信息不对称，更有利于新技术和新知识的跨城市传播，提升城市创新水平。

四是 R&D 资本流动。同 R&D 人员流动一样，R&D 资本流动也是影响城市创新的重要因素。除了人的参与，创新活动也需要经费支持，包括仪器设备购买、R&D 人员工资、实验材料等方面，而 R&D 资本为创新组织提供经费支持，有利于创新活动顺利进行。R&D 资本流动对城市创新储备产生影响，对资本流入城市而言，R&D 资本投入增加有利于城市创新能力提高。R&D 资本具有逐利性，往往会流入边际效益更高的城市，而 R&D 资本在城市集聚有利于知识集聚，进一步提高城市创新水平。

---

① 王钺，刘秉镰. 创新要素的流动为何如此重要？——基于全要素生产率的视角 [J]. 中国软科学，2017（8）：91-101.

　　五是政府财政在科技方面的支出。政府财政在科技方面的支出通过影响企业创新行为，进而对城市创新产生作用。政府财政在科技方面作用有正向和负向两个方面。[①]具体而言，一方面，政府财政在科技方面支出有助于帮助企业降低创新成本，加速创新成果商业化，进而提高城市创新水平；另一方面，政府财政在科技方面支出也有可能对企业创新行为产生误导，使企业创新活动不是根据市场发展需要，而是为了获得政府补贴采取虚假创新活动，企业创新并未因此提高，进而不会对城市创新提升产生积极作用。此外，创新空间与行政区划空间并不总是一致的，导致政府政策的变化会对城市创新产生空间效应，周围城市政府财政在科技方面的支出或多或少会影响本地区企业创新行为。一种可能的解释是，周围城市增加对创新企业的支持，增加本地区企业迁入的可能性，为了留住创新企业，本地区政府财政在科技方面的支出也会增加。

　　六是外商直接投资。作为提升城市创新能力的重要途径之一，外商直接投资对城市创新影响重大[②]，FDI 的流入有利于将国外先进的技术水平、管理经验、信息平台等被当地所利用，可能并不能直接提升城市原始创新能力，但对于相关产业的发展具有促进作用，进而增加城市创新产出。然而，FDI 的流入增加了本地区的创新要素争夺，进而可能形成对本地企业创新要素的挤出效应，不利于城市创新提高。FDI 对城市创新的影响通过企业迁移或者其他形式的资源流动，影响邻近城市创新水平，产生空间效应。

　　七是有效需求。有效需求的扩张和需求结构优化对城市创新有显著影响，有效需求的扩张和需求结构优化是消费者对高质量产品或服务提出更高要求的直接反映，也只有企业不断从事产品研发，尽可能满足消费者高质量需求，才能在市场竞争中生存。实际上，企业在不断推进产品或服务升级的过程，也是自主创新能力提升的过程，也会促进城市创新水平提高。然而，消费者需求是多样的，单纯依靠一个城市很难满足人们消费需求，特别是对中小城市而言，高品质消费需求需要邻近大城市企业满足。高速铁路开通降低消费者广义出行成本，有利于有效需求跨城市得到满足，进而使邻近城市企业利润进一步提高，更有积极性地从

　　① Szczygielski K., Grabowski W., Pamukcu M. T., et al.. Does Government Support for Private Innovation Matter? Firm-level Evidence from Two Catching-up Countries [J]. Research Policy, 2017, 46 (1)：219-237.
　　② 陈恒，侯建. R&D 投入、FDI 流入与国内创新能力的门槛效应研究——基于地区知识产权保护异质性视角 [J]. 管理评论，2017，29 (6)：85-95.

事研发活动，进而对城市创新产生重要影响。

### （三）不同影响因素的交互

与创新活动本身空间相关性类似，邻近城市的创新水平、R&D 人员投入、R&D 资本投入、R&D 人口流动、R&D 资本流动、政府财政在科技方面的支出、外商直接投资和消费需求等因素均对城市创新的空间相关性产生影响，往往这种效应是不同影响因素交互的结果。

## 二、空间计量模型

对于空间计量分析而言，需要从线性回归模型开始，然后检验非空间线性回归模型是否需要扩展为具有空间交互效应的空间计量模型。从线性回归分析角度出发，城市创新是由城市内部的投入要素决定的，则基于线性回归模型的经典假设，城市创新线性回归模型可以表示为：

$$Y_t = \alpha l_n + X_t \beta + \varepsilon_t \tag{5-1}$$

其中，$Y_t$ 为被解释变量向量，$X_t$ 为外生解释变量矩阵，$\varepsilon_t$ 为干扰项的向量，n 为研究对象的个数。

如前分析，城市创新及其影响因素存在空间相关性的可能，而在空间经济学中表达城市间相互依赖的主要有三种交互效应：内生交互效应、外生交互效应和误差项之间的交互效应，具体分析如下：

所谓内生交互效应是指对于特定的地理空间单元（例如城市 i）的被解释变量被其邻近地区（例如城市 j）被解释变量所影响，其模型表达形式为：

$$Y_t = \rho W Y_t + \alpha l_n + X_t \beta + \varepsilon_t \tag{5-2}$$

其中，$Y_t$ 为被解释变量，$X_t$ 为解释变量，$\rho$ 为空间滞后系数，表示内生交互效应，$\varepsilon_t$ 为干扰项的向量。

而外生交互效应是指对于特定的地理空间单元（例如城市 i）的被解释变量被其邻近地区（例如城市 j）的解释变量所影响，反之亦然，其模型表达形式为：

$$Y_t = \alpha l_N + X_t \beta + W X_t \theta + \varepsilon_t \tag{5-3}$$

其中，$Y_t$ 为被解释变量，$X_t$ 为解释变量，$\theta$ 为空间相关系数，W 表示外生交互效应，$\varepsilon_t$ 为干扰项的向量。

误差项之间的交互效应并不要求有一个针对空间或社会交互过程的理论模型；相反，要求它与下列情形保持一致：模型中被遗漏的被解释变量的决定因素是空间相关的，或者不可观测的冲击存在空间交互。实际上，误差项之间存在交互效应也可以解释为一种校正机制，如城市内存在"搭便车"行为的创新组织对不可预测的创新支持政策的校正机制，具体的模型表达形式为：

$$Y_t = \alpha l_N + X_t \beta + u_t$$

$$u_t = \lambda W u_t + \varepsilon_t \tag{5-4}$$

其中，$Y_t$ 为被解释变量，$X_t$ 为解释变量，$u_t$ 表示随机误差项。

此外，具有所有交互效应的空间计量模型称为广义嵌套空间模型（GNS），具体模型表达式为：

$$Y_t = \rho W Y_t + \alpha l_N + X_t \beta + W X_t \theta + u_t$$

$$u_t = \lambda W u_t + \varepsilon_t \tag{5-5}$$

其中，$Y_t$ 为被解释变量，$X_t$ 为解释变量，$\rho$ 为空间滞后系数，$\theta$ 为空间相关系数，$u_t$ 表示随机误差项。在实际研究中，比较常用的是空间滞后模型（Spatial Lag Model，SLM）、空间误差模型（Spatial Error Model，SEM）、空间杜宾模型（Spatial Durbin Model，SDM）和空间杜宾误差模型（Spatial Durbin Error Model，SDEM），这些模型都是由 GNS 放宽一定约束条件之后的特殊情况，根据不同的研究主题和不同的模型检验，选择适当的模型形式，具体如图 5-1 所示。

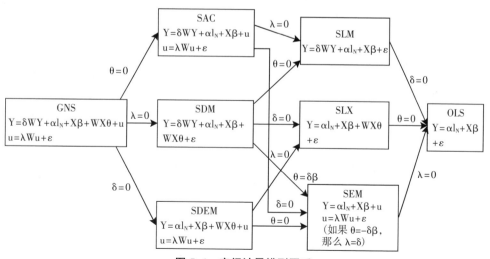

图 5-1 空间计量模型图系

## 第二节　空间权重矩阵构建

### 一、空间权重矩阵的作用

空间计量经济学不是时间序列计量经济学的简单扩展，而是通过借助空间权重矩阵 W 来描述观测值在不同时间不同地理单元的空间效应。根据研究问题的不同，空间权重矩阵定义差异很大。以高速铁路影响城市创新的空间效应为例，在基于 GNS 的高速铁路影响城市创新实证研究中，空间权重矩阵是一种与被解释变量的空间自回归、解释变量的回归和误差项的回归三种交互效应过程相联系的矩阵，该矩阵选择设定是外生的。当样本容量为 n 时，建立的空间权重矩阵 $W_n$ 为 $n \times n$，W 包含了关于城市 i 和城市 j 之间相关的空间连接的外生信息，不需要通过模型来估计得到。为了更简单地进行解释，常见的做法是将空间权重矩阵 W 进行标准化，以此使其每一行的元素和等于 1。由于 W 非负，这就确保了所有权重都介于 0 到 1，且把加权操作所带来的效应解释为对其邻近城市的取值进行标准化。标准化的目的在于消除空间权重矩阵 W 的量纲，即 Wy 变得与 y 具有相同的量纲，使空间自回归系数所表示的含义更加准确，且不同模型间还可以进行直接比较。

由此可见，空间权重矩阵 W 是衡量高速铁路对城市创新及其影响因素空间效应的重要量化标准，无论是哪种空间计量模型，空间效应的考察都要依赖于空间权重矩阵 W 的选择。在实证研究中，比较常用的空间权重矩阵主要有四种：①p 阶二值邻近矩阵（如果 p = 1，则是只包含一阶近邻；如果 p = 2，则只研究第一阶和第二阶近邻，以此类推）；②逆距离矩阵（带有或者不带有分界点）；③q 个最近的近邻矩阵（其中 q 为正整数）；④分块对角矩阵，其中每一个分块代表一组空间单元，这些空间单元之间存在交互效应，但与其他分块的单位的观测值之间不存在交互效应。

## 二、基于不同标准的空间权重

空间计量经济学主要是研究对数据的空间效应进行分析，而空间权重矩阵的选择是度量城市间空间效应的重要影响因素，构建空间权重矩阵标准可以分为三种：一是基于邻接标准的二进制逻辑空间权重矩阵；二是基于距离标准的空间权重矩阵；三是基于连续函数的阈值空间权重矩阵。

### （一）基于邻接标准的二进制逻辑空间权重矩阵

此标准下构建的空间权重矩阵最为简单，城市间的空间相关性由 0 和 1 两个数值表达。这种定义下的空间权重矩阵也称为二进制连接矩阵。矩阵元素定义如下：

$$w_{ij} = \begin{cases} 1, & i\text{ 与 }j\text{ 相邻} \\ 0, & i\text{ 与 }j\text{ 不相邻} \end{cases} \tag{5-6}$$

其中，$i, j \in [1, n]$，$i$、$j$ 均为空间单元，$n$ 为空间单元数量。

基于邻接标准的二进制逻辑空间权重矩阵含义是只有相邻的空间单元之间才存在空间交互效应，相邻的规则有两种：Queen Contiguity 和 Rook Contiguity，前者是两个空间单元存在公共顶点或者边界即为邻接；后者则仅当存在公共边界时表示相邻。

### （二）基于距离标准的空间权重矩阵

基于距离标准的空间权重矩阵假定城市间的相互作用取决于相互之间的距离，常用的距离主要包括：地理距离、时间距离、经济距离和技术距离。

一是地理距离。地理距离是空间经济学相关研究中最常用的距离表达形式，认为空间单元之间的地理距离越近，经济社会活动的相关性就越强；地理距离越远，相关性越弱。[①] 地理距离空间权重矩阵 $W^D$ 中的元素定义如下：

$$w_{ij} = \begin{cases} 1/d_{ij}, & i \neq j \\ 0, & i = j \end{cases} \tag{5-7}$$

其中，$d_{ij}$ 为城市间地理距离，$i, j \in [1, n]$，$i$、$j$ 均为空间单元，$n$ 为空间单元数量。地理距离空间权重矩阵中元素是距离倒数，表达城市间相关性与距离存

---

① 卓乘风，邓峰. 创新要素流动与区域创新绩效——空间视角下政府调节作用的非线性检验 [J]. 科学学与科学技术管理，2017，38（7）：15-26.

在衰减关系。

二是时间距离。随着交通基础设施的不断改善，特别是高速铁路的快速发展，城市间的联系日趋紧密，地理阻隔被逐渐打破。此时，时间距离被越来越多的研究所采用。与地理距离空间权重矩阵构建标准类似，时间距离权重依然符合地理学第一定律，即城市间的时间距离越短，城市间的相关性越强，反之亦然，仍采用倒数形式表征城市间的相关性与距离的衰减规律。时间距离空间权重矩阵 $W^s$ 的元素定义如下：

$$w_{ij} = \begin{cases} 1/d_{ij}, & i \neq j \\ 0, & i = j \end{cases} \tag{5-8}$$

其中，$d_{ij}$ 为城市间时间距离，$i, j \in [1, n]$，$i$、$j$ 均为空间单元，$n$ 为空间单元数量。

三是经济距离。城市是各种社会生产要素的主要集聚地，而城市经济发展水平在一定程度上可以反映城市创新水平。如前所述，我国创新产出高地往往也是经济相对较为发达的城市。城市间的空间相互联系在某种程度上说是由经济发展水平决定的，经济发展水平差距越小，城市间的相互联系越紧密。城市间经济发展水平的差距过大可能会导致城市内创新组织对创新的认知与吸收能力的差异，不利于知识在城市间流动；而城市间经济发展水平接近，创新组织在认知、技术等方面有一定的相似性，更便于组织交流，加速知识溢出，从而促进城市创新水平提升。一方面，贫困地区往往缺乏一定的产业基础，城市内组织学习能力较差，导致知识、信息等创新要素空间溢出效应并不显著；另一方面，城市间经济发展水平较大也不利于创新要素由富裕城市向贫困城市流动，知识流动产生的原因是城市间不同创新组织相互学习，而经济发展水平差距过大显然不利于组织相互学习。基于此，经济距离空间权重矩阵 $W^E$ 的元素定义如下：

$$w_{ij} = \begin{cases} 1/d_{ij}, & i \neq j \\ 0, & i = j \end{cases} \tag{5-9}$$

其中，$d_{ij}$ 为城市人均 GDP 之差的绝对值，$i, j \in [1, n]$，$i$、$j$ 均为空间单元，$n$ 为空间单元数量。

四是技术距离。城市间技术水平的差异也是影响创新空间效应的重要影响因素，城市内创新组织技术的不断进步，一方面可以直接提高创新产出，促进城市创新能力的提升；另一方面，技术水平较高的城市更有利于在知识流动中获益，对知识吸收、消化并进行二次创新的可能性也更高，进一步促进城市创新。

对于技术水平较低的城市而言，自身产业实力较为薄弱，难以发掘并利用知识流动中隐含的价值，对其本身创新有限。若城市间技术距离差距过大，则技术水平较低的城市难以与技术水平较高的城市开展互动，使组织间相互学习机会有限，甚至不发生相互关联，进而不利于知识空间溢出，对城市创新不利；对于技术发展水平相近的城市，技术距离较低有利于城市间创新组织的相互学习，企业能以更低成本获取外部知识[1]，扩大知识空间溢出强度，进而对城市创新产生积极作用。基于此，技术距离空间权重矩阵 $W^T$ 元素的定义如下：

$$w_{ij} = \begin{cases} 1/d_{ij}, & i \neq j \\ 0, & i = j \end{cases} \tag{5-10}$$

其中，$d_{ij}$ 为城市人均专利授权量之差的绝对值，$i$，$j \in [1, n]$，$i$、$j$ 均为空间单元，$n$ 为空间单元数量。

### （三）基于连续函数的阈值空间权重矩阵

阈值空间权重矩阵是指城市间的相关性虽然与城市间的邻接、距离相关，但存在一定的门槛距离，即只有当城市间的距离（不管是地理距离、时间距离还是其他形式的距离）小于一定的阈值时，空间效应才能体现出来；当城市间的距离大于阈值时，城市间的空间相关性为零。基于连续函数的阈值空间权重矩阵 $W^Y$ 的元素定义如下：

$$w_{ij} = \begin{cases} f(d_{ij}), & d_{ij} \leq d_0 \\ 0, & d_{ij} > d_0 \end{cases} \tag{5-11}$$

其中，$f(d_{ij})$ 是关于距离 $d_{ij}$ 的一个函数，$d_0$ 是阈值距离。

## 三、高速铁路开通对空间权重矩阵的影响

将时间距离纳入分析框架后，不同交通方式在城市间出行时间不同，由此构成的空间权重矩阵也各不相同。基础设施对城市可达性的影响空间非均衡，广义出行成本下降程度存在差异，城市间知识流动强度和方向不尽相同，使各城市创新活动所受影响也不相同。为了充分探究高速铁路开通所带来的时空压缩对城市

---

① 易靖韬，蒙双，蔡菲莹. 外部 R&D、技术距离、市场距离与企业创新绩效 [J]. 中国软科学，2017（4）：141-151.

创新空间效应的影响，本书基于多种标准构建空间权重矩阵，通过对比不同模型和不同空间权重矩阵的回归结果，科学评价高速铁路对城市创新的影响。

为比较不同空间权重矩阵之间的差异，分别计算基于邻接标准和距离标准的多种空间权重矩阵。由于本书研究涉及的城市数量较多，城市间相互连接的关系较少，绝大多数城市与其他城市不存在地理上的邻接，基于邻接标准的二进制逻辑空间权重矩阵中的元素大多数为零。限于篇幅，仅在文中展示基于欧氏距离的空间权重矩阵，城市间相关性权重，具体结果如表5-1所示。

表5-1　基于地理距离的空间权重矩阵

| 城市 | 北京 | 沈阳 | 上海 | | 武汉 | 广州 | 重庆 | 西安 | 乌鲁木齐 |
|---|---|---|---|---|---|---|---|---|---|
| 北京 | 0.000 | 0.016 | 0.009 | …… | 0.010 | 0.005 | 0.007 | 0.012 | 0.004 |
| 沈阳 | 0.016 | 0.000 | 0.009 | …… | 0.007 | 0.004 | 0.005 | 0.007 | 0.004 |
| 上海 | 0.009 | 0.009 | 0.000 | …… | 0.014 | 0.008 | 0.007 | 0.008 | 0.003 |
| …… | …… | …… | …… | …… | …… | …… | …… | …… | …… |
| 武汉 | 0.010 | 0.007 | 0.014 | …… | 0.000 | 0.012 | 0.013 | 0.016 | 0.004 |
| 广州 | 0.005 | 0.004 | 0.008 | …… | 0.012 | 0.000 | 0.010 | 0.008 | 0.003 |
| 重庆 | 0.007 | 0.005 | 0.007 | …… | 0.013 | 0.010 | 0.000 | 0.017 | 0.004 |
| 西安 | 0.012 | 0.007 | 0.008 | …… | 0.016 | 0.008 | 0.017 | 0.000 | 0.005 |
| 乌鲁木齐 | 0.004 | 0.004 | 0.003 | …… | 0.004 | 0.003 | 0.004 | 0.005 | 0.000 |

由表5-1可知，每个城市间的邻接关系均通过其欧氏距离表示，城市间的空间权重表示的是一种相对位置。以北京市为例，从欧式距离角度而言，与沈阳的地理距离最短，表明与沈阳创新空间效应的空间权重最高；与乌鲁木齐的地理位置最长，创新空间相关性最弱。

**（一）无高速铁路开行的出行时间空间权重**

以公路和铁路为代表的交通基础设施不断完善，使城市间原有的地理阻隔被不断打破。此外，城市间的欧式距离是基于地理坐标，忽视了地理条件的限制程度，相同的地理距离，有可能是平原，也有可能是山川，两种自然条件对创新的空间效应的影响是不一样的。因此，考虑到地理距离的不足，进而又对城市间的出行时间距离权重进行了计算。

由于我国民航旅客周转量仅占全部客运交通方式的10%，且在所研究的175

个城市中，城市间开通飞机航线的数量多集中于直辖市、省会城市等少数城市，因此，计算城市间的通行时间仅包括高速公路和铁路。若城市间未开通高速公路，则按照高速公路和普通公路通勤时间之和的最小值表征，基于高速公路和普通铁路出行时间的空间权重矩阵分别如表 5-2 和表 5-3 所示。

表 5-2　基于高速公路出行时间的空间权重矩阵

| 城市 | 北京 | 沈阳 | 上海 | | 武汉 | 广州 | 重庆 | 西安 | 乌鲁木齐 |
|---|---|---|---|---|---|---|---|---|---|
| 北京 | 0.000 | 0.144 | 0.085 | …… | 0.088 | 0.048 | 0.063 | 0.104 | 0.039 |
| 沈阳 | 0.144 | 0.000 | 0.078 | …… | 0.062 | 0.040 | 0.045 | 0.061 | 0.032 |
| 上海 | 0.085 | 0.078 | 0.000 | …… | 0.130 | 0.073 | 0.062 | 0.075 | 0.028 |
| …… | …… | …… | …… | …… | …… | …… | …… | …… | …… |
| 武汉 | 0.088 | 0.062 | 0.130 | …… | 0.000 | 0.107 | 0.120 | 0.142 | 0.033 |
| 广州 | 0.048 | 0.040 | 0.073 | …… | 0.107 | 0.000 | 0.091 | 0.069 | 0.028 |
| 重庆 | 0.063 | 0.045 | 0.062 | …… | 0.120 | 0.091 | 0.000 | 0.156 | 0.040 |
| 西安 | 0.104 | 0.061 | 0.075 | …… | 0.142 | 0.069 | 0.156 | 0.000 | 0.044 |
| 乌鲁木齐 | 0.039 | 0.032 | 0.028 | …… | 0.033 | 0.028 | 0.040 | 0.044 | 0.000 |

资料来源：城市间通勤时间数据均来自中国铁路客户服务中心、携程网等网站。下表同。

表 5-3　基于普通铁路出行时间的空间权重矩阵

| 城市 | 北京 | 沈阳 | 上海 | | 武汉 | 广州 | 重庆 | 西安 | 乌鲁木齐 |
|---|---|---|---|---|---|---|---|---|---|
| 北京 | 0.000 | 0.156 | 0.065 | …… | 0.095 | 0.047 | 0.055 | 0.085 | 0.031 |
| 沈阳 | 0.156 | 0.000 | 0.052 | …… | 0.053 | 0.034 | 0.025 | 0.038 | 0.020 |
| 上海 | 0.065 | 0.052 | 0.000 | …… | 0.095 | 0.061 | 0.053 | 0.068 | 0.025 |
| …… | …… | …… | …… | …… | …… | …… | …… | …… | …… |
| 武汉 | 0.095 | 0.053 | 0.095 | …… | 0.000 | 0.093 | 0.139 | 0.095 | 0.028 |
| 广州 | 0.047 | 0.034 | 0.061 | …… | 0.093 | 0.000 | 0.089 | 0.132 | 0.021 |
| 重庆 | 0.055 | 0.025 | 0.053 | …… | 0.139 | 0.089 | 0.000 | 0.105 | 0.031 |
| 西安 | 0.085 | 0.038 | 0.068 | …… | 0.095 | 0.132 | 0.105 | 0.000 | 0.036 |
| 乌鲁木齐 | 0.031 | 0.020 | 0.025 | …… | 0.028 | 0.021 | 0.031 | 0.036 | 0.000 |

　　对比表 5-2 和表 5-3 可知，不同的交通方式的出行时间在不同地理距离上的表现存在显著差异。以北京市为例，距离北京相对较近的沈阳等城市的高速公路

出行时间要大于普通铁路出行时间,而对于距离相对较远的广州、重庆、乌鲁木齐等城市,高速公路出行时间小于普通铁路出行时间。原因可能在于,一方面,随着城市间距离增大,地理空间条件发生巨大变化,普通铁路交汇或者避让时间可能会增加,而高速公路则不存在这种情况;另一方面,城市间距离增加,一般性城市间不经转乘直接被铁路网连接的可能性降低,出行中换乘车时间增加,进而导致整个出行时间延长。虽然不同交通方式间存在一定差异,但通过对比不难发现,高速公路与普通铁路间差异有限。

**(二)含高速铁路开行的出行时间空间权重**

随着高铁线路的不断密集,城市间的出行时间被不断压缩,特别是高速铁路网络的形成,城市间的可达性得到极大提升,因此,需要计算高速铁路影响下的城市间出行时间,基于高速铁路开行的出行时间空间权重矩阵,具体结果如表5-4所示。

表5-4　基于高速铁路出行时间的空间权重矩阵

| 城市 | 北京 | 沈阳 | 上海 | | 武汉 | 广州 | 重庆 | 西安 | 乌鲁木齐 |
|---|---|---|---|---|---|---|---|---|---|
| 北京 | 0.000 | 0.250 | 0.222 | …… | 0.088 | 0.048 | 0.063 | 0.104 | 0.039 |
| 沈阳 | 0.250 | 0.000 | 0.103 | …… | 0.062 | 0.040 | 0.045 | 0.061 | 0.032 |
| 上海 | 0.222 | 0.103 | 0.000 | …… | 0.130 | 0.073 | 0.062 | 0.075 | 0.028 |
| …… | …… | …… | …… | …… | …… | …… | …… | …… | …… |
| 武汉 | 0.222 | 0.098 | 0.233 | …… | 0.000 | 0.107 | 0.120 | 0.142 | 0.033 |
| 广州 | 0.125 | 0.066 | 0.147 | …… | 0.107 | 0.000 | 0.091 | 0.069 | 0.028 |
| 重庆 | 0.082 | 0.041 | 0.093 | …… | 0.120 | 0.091 | 0.000 | 0.156 | 0.040 |
| 西安 | 0.222 | 0.095 | 0.167 | …… | 0.142 | 0.069 | 0.156 | 0.000 | 0.044 |
| 乌鲁木齐 | 0.033 | 0.022 | 0.028 | …… | 0.033 | 0.028 | 0.040 | 0.044 | 0.000 |

通过对比表5-2、表5-3和表5-4不难发现,虽然高速铁路的开通增强了城市间联系程度,压缩了出行时间,但不同城市间存在异质性。以北京市为例,随着京沪高铁的通车运行,北京市与上海市的出行时间压缩明显,不管是普通火车还是高速公路,北京市与上海市的出行时间均远少于北京市与沈阳市的出行时间。高速铁路的开通使北京市与这两个城市间的出行时间相差无几,增强了北京市与上海市的联系。然而,北京市与乌鲁木齐市的出行时间并未随着高速铁路的

开通而明显得到压缩，一种解释的原因在于，2016 年北京市到乌鲁木齐市暂未开通直达高铁，需要到西安转乘普通铁路，换乘时间较长，导致高速铁路开通对两城市间的影响有限。从整个研究样本而言，高速铁路开通对城市间出行时间的压缩是明显的。

## 四、基于不同空间权重矩阵的城市创新空间相关性

### （一）城市创新全局空间自相关分析

城市创新存在空间相关性是运用空间计量模型对其进行解释的基本前提。检验城市创新是否存在空间相关性有两种统计量：Moran's I 和 Geary's，其中 Moran's I 在研究中使用更为广泛，具体计算公式如下：

$$I = \frac{\left( \sum_{n=1}^{n} \sum_{j=1}^{n} w_{ij}(x_{it} - \bar{x})(x_{jt} - \bar{x}) \right)}{S^2 \sum_{i=1}^{n} \sum_{j=1}^{n} w_{ij}} \tag{5-12}$$

其中，n 是研究地区数量，$x_{it}$ 和 $x_{jt}$ 分别代表城市 i 和城市 j 的创新能力，$S^2$ 表示 $x_i$ 和 $x_j$ 的协方差，$w_{ij}$ 表示空间权重矩阵 W 中第 i 行第 j 列的元素。Moran's I 的取值规模是 [−1, 1]，正值表示空间正相关，即创新能力相似地在空间上呈现集聚状态；负值表示空间负相关，即呈现分散状态；零值表示不存在空间相关性，即呈现随机分布状态。

考虑到不同的空间权重矩阵对城市创新的空间相关性产生的不同影响，分别基于地理距离、时间距离（高速公路）、时间距离（普通铁路）和时间距离（高速铁路）计算城市创新全局空间相关性。因此，仅展示基于地理距离、时间距离（高速公路）和时间距离（高速铁路）权重所计算的 Moran's I 值，具体结果如表 5-5 所示。

表 5-5　基于不同距离的城市创新 Moran's I 值

| 年份 | 地理距离 | 高速公路出行时间 | 普通铁路出行时间 | 高速铁路出行时间 |
| --- | --- | --- | --- | --- |
| 2009 | 0.331** | 0.290*** | 0.303*** | 0.3835*** |
| 2010 | 0.345** | 0.332*** | 0.322*** | 0.3841*** |
| 2011 | 0.359*** | 0.334*** | 0.362*** | 0.4083*** |
| 2012 | 0.349*** | 0.350*** | 0.343*** | 0.4020*** |

| 年份 | 地理距离 | 高速公路出行时间 | 普通铁路出行时间 | 高速铁路出行时间 |
|------|----------|------------------|------------------|------------------|
| 2013 | 0.323*** | 0.350*** | 0.350*** | 0.3889*** |
| 2014 | 0.300** | 0.360*** | 0.336*** | 0.4068*** |
| 2015 | 0.293*** | 0.335*** | 0.338*** | 0.3978*** |
| 2016 | 0.309*** | 0.364*** | 0.350*** | 0.4164*** |

注：*、** 和 *** 分别表示统计量通过了在 10%、5%和1%显著性水平下检验。下表同。

由表 5-5 可知，根据四种不同的空间权重矩阵所计算的城市创新 Moran's I 值均通过了显著性水平检验，说明城市创新存在显著的空间相关性特征。虽然整体计算结果在不同的空间权重矩阵间存在一定差异，但均显著为正，即城市创新能力较强的邻近城市创新能力也较强。此外，通过对比不同的空间权重矩阵结果不难发现，基于高速铁路出行时间的空间权重矩阵所计算的 Moran's I 值均显著高于其他三种距离，这在一定程度上说明，高速铁路的通车运行强化了城市之间创新活动的空间相关性。

## （二）城市创新全局空间自相关分析

全局空间自相关分析是基于全部样本的空间相关性检验，城市间的联系紧密程度不同，城市创新的局部空间相关性特征可能存在差异。常用的局部空间自相关统计量 Local Moran's I 是 Moran's I 的分解，其表达式为：

$$I_i = Z_i \sum_j w_{ij} Z_j \tag{5-13}$$

其中，$Z_i$ 和 $Z_j$ 分别是城市 i 和城市 j 创新数据标准后的值。局部空间自相关常用 Moran 散点图表示，局部空间自相关存在四种分布模式：HH、HL、LH 和 LL，分别表示高值集聚区、高低孤立区、低高空心区和低值萧索区。

如前分析，基于高速公路和普通铁路的时间距离权重相差不大，而实际计算的城市创新整体空间相关性指数也是如此。在绘制 Moran 散点图时发现，两种空间权重距离下的城市创新局部相关性在空间上是一样的。

不管是基于何种空间权重矩阵计算的局部空间自相关，长三角地区的上海市、南京市、杭州市、苏州市等城市，珠三角地区的广州市、深圳市等城市和京津冀地区的北京市均位于高值集聚区。研究样本中的大多数均位于低值萧索区，这也印证了城市创新向少数城市集中的事实。当以时间距离作为空间权重时，不管是高速铁路还是高速公路，天津市位于高值集聚区，西安市、成都市和重庆市均位于高低孤立区，这在一定程度上说明，当将时间距离纳入分析框架后，更有利于知识传播和创新扩散，进而使创新不仅局限于长三角、珠三角和京津冀地区。

# 第三节　高速铁路影响城市创新的静态效应估计

## 一、理论假设

### (一) 时空压缩下的城市创新空间溢出

如前文分析，高速铁路开通降低了创新要素在城市间的流通成本，增强了城市间面对面交流的机会。而随着面对面交流机会的增加，城市内部创新主体的邻近性关系也得到了加强，促进了知识转移和创新扩散，创新主体创新能力的提高对城市创新的促进作用是显而易见的。此外，城市创新本身空间相关性显著，邻近城市创新能力提高，可能更有利于知识溢出，进而对本地区创新产生积极作用。基于此，提出研究假设：

**假设 5-1：高速铁路开通带来的时空压缩有利于城市间知识溢出，邻近城市创新能力的提高对本地区创新有促进作用。**

### (二) 时空压缩下的影响因素变化对城市创新的作用

研发要素投入、政府财政在科技方面的支出、有效需求等均是影响城市创新的主要因素，而随着城市间可达性的改变，其对创新的影响不同，具体而言：

一是研发要素投入对城市创新产生的影响。研发要素投入是影响城市创新的关键因素，城市创新一方面取决于城市间的可达性程度，另一方面也取决于城市间研发要素投入水平。高速铁路带来的时空压缩最主要的是增加了城市间大规模人员交流的可能性。时空压缩下的可达性提高有利于异质性知识在城市间流动，特别是研发人员之间的交流，提高了 R&D 人员投入对城市创新的贡献。基于此，提出研究假设：

**假设 5-2：高速铁路开通所带来的时空压缩影响 R&D 人员投入及其空间溢出对城市创新的贡献，邻近城市 R&D 人员投入增加有利于本地区创新能力提升。**

二是政府财政在科技方面的支出对城市创新产生的影响。高速铁路开通带来的时空压缩加速了创新要素在城市间的流动，一方面有利于政府了解更多的市场信息，进而对创新型企业进行更加精准的政策支持，促进企业创新；另一方面，高速铁路的开通影响着城市的区位条件，有利于政府引进域外创新企业到本地区从事创新活动。特别是对中西部地区而言，创新要素较为匮乏，随着可达性的提高，增加了产业转移的可能。此外，相较于大城市，中小城市科技资源有限，城市创新高更依赖于财政在科技方面的支出。基于此，提出研究假设：

**假设 5-3：整体而言，高速铁路开通所带来的时空压缩影响政府财政在科技方面的支出对城市创新的贡献，且不同地理位置城市存在差异。**

三是有效需求对城市创新的影响。企业创新的目的在于商业化，满足客户有效需求。高速铁路开通，扩大了市场准入水平，企业间竞争程度增加，有利于企业保护知识产权，进而提高城市创新水平。然而，我国创新性企业主要集中在东部城市，甚至是东部大城市，中西部城市数量较少，因此，有效需求的增加更有利于东部城市企业扩大市场份额，促进企业创新，进而提高城市创新水平。基于此，提出研究假设：

**假设 5-4：高速铁路开通所带来的时空压缩影响城市内企业市场规模的扩大，且不同地理位置城市存在差异。**

## 二、变量选择与模型构建

### （一）变量选择

被解释变量：学界对创新能力的度量一直存在争议，虽然专利并不能完全反映创新活动，但专利对创新的重要性毋庸置疑，正是由于专利的存在使创新活动价值可衡量。[1] 因此，本章使用专利授权量（PAT）作为被解释变量，表征城市创新。

解释变量：研发要素投入，包括资本投入和人力资本投入，分别用 R&D 资本投入（R&DE）和 R&D 人员全时当量（R&DP）表示。在借鉴前人研究的基础上[2]，本章使用 R&D 资本存量代替内 R&D 资本投入，具体计算公式已较为常

---

① 苏屹，安晓丽，王心焕，等.人力资本投入对区域创新绩效的影响研究——基于知识产权保护制度门槛回归 [J].科学学研究，2017，35（5）：771-781.
② 邵汉华，周磊，刘耀彬.中国创新发展的空间关联网络结构及驱动因素 [J].科学学研究，2018，36（11）：2055-2069.

见，此处省略公式表达；政府支持（GOV），政府对创新发展具有重要影响，用各城市政府财政中的科学技术支出表示；有效需求（CON），用人们人均消费支出表示。

控制变量：外商直接投资（FDI），用当年实际利用外商直接投资额表示。

由于研究时间跨度较长[①]（2001~2016 年）、变量较多，在剔除缺值较严重的城市后，以 175 个城市面板数据为样本开展研究。

**（二）模型构建**

本书采用知识生产函数来研究高铁影响下的城市创新空间效应，基本模型形式为：

$$Y = F(X, K, u) \tag{5-14}$$

其中，Y 表示创新产出水平；X 表示投入水平（如资本、劳动力等）；K 表示技术知识水平，主要由技术储备和资本存量决定；u 是随机误差项，表示其他因素对创新产出的影响。

学术界常用空间计量模型主要有三种：空间滞后模型（SLM）、空间误差模型（SEM）和空间杜宾模型（SDM）。SLM 主要解释被解释变量的空间滞后项对被解释变量的影响；SEM 主要解释空间误差项对解释变量的影响；而 SDM 是同时考虑了解释变量和被解释变量的空间自相关性。因此，建立空间杜宾模型展开研究，具体形式如下：

$$Y_t = \alpha + \rho W Y_t + X_t \beta + W X_t \theta + \mu + \xi_t + u_t \tag{5-15}$$

其中，$Y_t$ 表示被解释变量，$WY_t$ 表示被解释变量在空间上的滞后值，$X_t$ 表示解释变量，$WX_t$ 表示解释变量在空间上的滞后值，$u_t$ 为随机误差项，$\xi_t$ 表示固定时间效应，$\mu$ 表示固定空间效应，$\rho$、$\beta$ 和 $\theta$ 均为待估参数。当 $\theta = 0$ 时，SDM 可简化为 SLM；当 $\theta + \rho\beta = 0$ 时，SDM 可简化为 SEM。

**三、实证分析**

**（一）非空间面板模型估计**

为避免因使用非平稳变量而建立起的回归模型所产生虚假回归问题，首先对变量的平稳性进行单位根检验，具体结果如表 5-6 所示。

---

[①] 限于《中国城市统计年鉴》出版时间，本章使用数据来源于《中国城市统计年鉴》（2002~2017）。

表 5-6　单位根检验结果

| 方法 | 统计值 | P 值 |
|---|---|---|
| Levin，Lin & Chu t* | −19.717 | 0.000 |
| Breitung t−stat | −4.701 | 0.000 |
| Im，Pesaran and Shin W−stat | −11.805 | 0.000 |
| ADF − Fisher Chi−square | 191.841 | 0.000 |
| PP − Fisher Chi−square | 234.857 | 0.000 |

由表 5-6 可知，无论是同根检验还是异根检验，其统计值均通过显著性检验，说明可以拒绝模型变量含有单位根，即模型变量是平稳的。因此，建立普通面板模型对研究的问题进行实证分析；同时，为避免因采用普通最小二乘估计（OLS）导致回归结果的有偏性或者无效性，本章使用广义最小二乘法（GLM）对模型进行估计，具体结果如表 5-7 所示。

表 5-7　普通面板模型估计结果

| 变量 | 系数 | | t 值 |
|---|---|---|---|
| C | −5.429*** | | −10.937 |
| R&DP | 0.569*** | | 6.813 |
| R&DE | 0.335*** | | 4.967 |
| FDI | 0.003*** | | 4.691 |
| GOV | 0.001** | | 2.284 |
| CON | 0.395*** | | 5.069 |
| $R^2$ | 0.957 | Durbin−Watson | 1.675 |
| sigma^2 | 0.144 | loglikols | −218.944 |
| LM test no spatial lag | 14.149*** | LM test no spatial error | 9.894*** |
| Robust LM test no spatial lag | 9.238*** | Robust LM test no spatial error | 4.982** |

根据表 5-7 的估计结果，总体上模型拟合良好，解释变量系数均通过显著性水平检验，说明这些变量均是影响城市创新的重要因素。为判断解释变量间是否存在多重共线性问题，进一步对其相关性进行计算，具体结果如表 5-8 所示。

表 5-8　解释变量相关系数分析结果

| | | CON | FDI | GOV | R&DE | R&DP |
|---|---|---|---|---|---|---|
| CON | Covariance | 0.463 | | | | |
| | Correlation | 1.000 | | | | |
| | t-Statistic | | | | | |
| | Probability | | | | | |
| FDI | Covariance | 27.542 | 4169.619 | | | |
| | Correlation | 0.527 | 1.000 | | | |
| | t-Statistic | 17.316 | | | | |
| | Probability | 0.000 | | | | |
| GOV | Covariance | 31.936 | 3290.203 | 4459.623 | | |
| | Correlation | 0.603 | 0.630 | 1.000 | | |
| | t-Statistic | 21.265 | 25.399 | | | |
| | Probability | 0.000 | 0.000 | | | |
| R&DE | Covariance | 0.904 | 78.656 | 74.851 | 3.073 | |
| | Correlation | 0.558 | 0.595 | 0.539 | 1.000 | |
| | t-Statistic | 25.040 | 20.794 | 17.896 | | |
| | Probability | 0.000 | 0.000 | 0.000 | | |
| R&DP | Covariance | 0.575 | 59.073 | 54.335 | 2.335 | 1.948 |
| | Correlation | 0.505 | 0.555 | 0.483 | 0.654 | 1.000 |
| | t-Statistic | 16.352 | 18.673 | 15.437 | 68.795 | |
| | Probability | 0.000 | 0.000 | 0.000 | 0.000 | |

　　由表 5-8 可知，解释变量相关性系数均小于 0.8，且通过了显著性水平检验，结合表 5-7 中的估计结果，回归方程的拟合优度（$R^2$）较高，且解释变量估计系数均通过了显著性水平检验，说明模型不存在多重共线性。此外，通过调整解释变量个数、更换解释变量等方法多次对模型进行估计，发现已有解释变量对城市创新的解释能力更强，因而使用现有变量进行分析。进一步检验后发现，LM test no spatial lag 和 LM test no spatial error 均在 1% 的水平下显著，说明解释变量和被解释变量均存在显著的空间自相关，需同时考虑解释变量的空间滞后项和被解释变量的空间滞后项，故采用空间计量模型进行分析。利用 Wald 统计量和 LR 统计量检验 SDM 是否能简化为 SLM 和 SEM；并通过 Hausman 检验对空间面板数据

模型中的空间效应与时间效应是固定形式还是随机形式进行了判别，具体结果如表 5-9 所示。

表 5-9　LR 和 Wald 检验

| 变量 | 统计值 | 变量 | 统计值 |
|---|---|---|---|
| Wald_spatial_lag | 41.551*** | LR_spatial_lag | 47.715*** |
| Wald_spatial_error | 48.092*** | LR_spatial_error | 52.734*** |
| Hausman test | 24.260** | | |

根据表 5-9 中 LR 和 Wald 的检验结果可知，SDM 不能简化为 SEM 或 SLM；同时，经过改进的空间 Hausman 检验发现空间效应与时间效应都应为固定效应。综上所述，将采用时空固定效应的空间杜宾面板模型进行实证分析。

**（二）静态空间面板模型估计**

本章将 2001~2016 年的数据分为两个研究时段：2001~2008 年和 2009~2016 年。实证估计结果主要包含了基于三种空间权重矩阵下的三个回归结果比较：

（1）中国高铁建成通车前期（2001~2008 年）不含高铁的时间距离与高铁逐渐建成通车（2009~2016 年）含高铁的时间距离两种估计结果进行比较。

（2）2009~2016 年，分别将含高铁的时间距离和不含高铁的时间距离所得到的模型估计结果的比较。

（3）2001~2008 年高铁未建成，以不含高铁时间距离作为空间权重矩阵与 2009~2016 年以不含高铁时间距离纳入模型中所得结果的比较。同时，为刻画由于地理因素所导致的创新溢出效应变化，也列出了基于地理距离的估计结果。为避免由于模型存在滞后项而导致普通最小二乘参数估计结果的有偏或无效，采用极大似然法（ML）对 SDM 进行估计，具体结果如表 5-10 所示。

表 5-10　空间杜宾模型估计结果

| 空间权重 | （1）<br>地理距离 | （2）<br>时间距离<br>（不含高铁） | （3）<br>时间距离<br>（不含高铁） | （4）<br>时间距离<br>（含高铁） |
|---|---|---|---|---|
| 研究时段 | 2001~2016 年 | 2001~2008 年 | 2009~2016 年 | 2009~2016 年 |
| ρ | 0.362***<br>(3.685) | 0.387***<br>(4.592) | 0.397***<br>(4.535) | 0.578***<br>(4.656) |

续表

| 空间权重 | （1）<br>地理距离 | （2）<br>时间距离<br>（不含高铁） | （3）<br>时间距离<br>（不含高铁） | （4）<br>时间距离<br>（含高铁） |
|---|---|---|---|---|
| 研究时段 | 2001~2016 年 | 2001~2008 年 | 2009~2016 年 | 2009~2016 年 |
| R&DP | 0.111**<br>(2.004) | 0.185***<br>(3.295) | 0.265**<br>(1.922) | 0.887***<br>(6.036) |
| R&DE | −0.153***<br>(−2.902) | −0.018<br>(−0.349) | 0.755***<br>(12.643) | −0.004<br>(−0.028) |
| FDI | 0.002***<br>(4.391) | 0.036<br>(1.418) | 0.057*<br>(1.725) | 0.085***<br>(2.767) |
| GOV | −0.000<br>(−0.585) | 0.084<br>(1.244) | 0.382***<br>(5.199) | 0.411***<br>(5.906) |
| CON | 0.108<br>(0.474) | −0.201<br>(−1.075) | 0.179<br>(0.884) | 0.610***<br>(3.024) |
| W × R&DP | 0.738*<br>(1.953) | 0.734**<br>(2.104) | −0.516<br>(−0.985) | −4.264***<br>(−4.723) |
| W × R&DE | −0.395<br>(−0.970) | −0.353<br>(−0.987) | −0.935**<br>(−1.977) | 2.675***<br>(3.090) |
| W × FDI | 0.010**<br>(2.545) | 0.575*<br>(3.787) | 0.110<br>(0.662) | 0.094<br>(0.615) |
| W × GOV | −0.000<br>(−0.002) | 0.265<br>(0.620) | 1.434***<br>(2.726) | 0.299<br>(0.580) |
| W × CON | 3.068*<br>(1.706) | 3.345***<br>(2.951) | 4.954***<br>(4.057) | 3.734***<br>(3.095) |
| R² | 0.984 | 0.968 | 0.962 | 0.968 |
| sigma^2 | 0.059 | 0.080 | 0.110 | 0.093 |
| loglikols | 20.860 | −50.843 | −90.324 | −59.882 |

由表 5-10 的估计结果可知，首先，R²、sigma^2 和 loglikols 的结果比较理想，说明空间计量模型能够准确反映高速铁路对城市创新产出空间溢出效应的影响。无论是地理距离还是时间距离均对创新产出有重要影响，表达了"相对位置"对创新产出的影响，假设 5-1 得到验证。一方面，地理距离是创新性知识溢出重要因素，而由高铁的开通所带来的"时空压缩"效应有利于减少地理限制，促进创新溢出；另一方面，地理邻近对社会、认知等多方面邻近有显著促进作用，进而共同影响城市创新产出空间溢出效应。其次，与其他三个模型相比，模型（4）中

解释变量系数和显著性均得到明显提升，R&D 人员、FDI、政府财政科技支出和人们消费支出的系数均为正，且均通过了显著性检验，表明高铁开通后，增加这些变量的投入水平会提升城市创新产出。特别地，R&D 人员每增加 1%，创新产出增加 0.887%，假设 5-2 得到验证。最后，从解释变量的空间滞后项回归系数看，W × CON 的系数在所有模型中均为显著为正，说明周围地区人们消费支出的提高有利于本地区创新产出增加，且交通设施改善之后，这种正向溢出效应更大。模型（4）中系数整体显著性水平更高，具体而言，W × R&DP 显著为负，周围地区 R&D 人员全时当量增加对本地区创新产出负向空间溢出效应；W × R&DE 系数显著为正，邻近地区 R&D 经费增加可能未产生专利，但是有创新性知识，高铁开通降低了知识的流通成本，有利于从相邻地区中获取创新性知识，进而促进本地区创新产出增加。

### （三）分地区静态空间面板模型估计

如前所述，高铁线路空间分布呈现非均衡性；不同地区城市在要素投入方面存在差异。基于此，分地区分析高速铁路对城市创新产生的影响，具体结果如表 5-11 所示。

表 5-11 分地区模型参数估计结果

| 变量 | 东部城市 | 中部城市 | 西部城市 |
|---|---|---|---|
| ρ | 1.428*** | −0.598*** | 0.113 |
|  | (2.739) | (−3.104) | (1.178) |
| R&DP | 1.702*** | −0.524 | 1.042*** |
|  | (13.581) | (−1.250) | (2.950) |
| R&DE | −0.717*** | 1.948*** | 0.088 |
|  | (−6.360) | (4.447) | (0.287) |
| FDI | 0.007 | −0.008*** | −0.005* |
|  | (1.151) | (2.803) | (−1.884) |
| GOV | −0.001 | 0.001*** | 0.013*** |
|  | (−0.551) | (2.884) | (3.089) |
| CON | 1.001*** | 1.399** | −0.706*** |
|  | (7.599) | (2.503) | (−3.325) |
| W × R&DP | 1.805*** | −8.186*** | −0.195 |
|  | (3.637) | (−4.987) | (−0.143) |
| W × R&DE | −2.614*** | 6.440*** | 0.655 |
|  | (−5.664) | (3.682) | (0.531) |

续表

| 变量 | 东部城市 | 中部城市 | 西部城市 |
|---|---|---|---|
| W × FDI | −0.004<br>(−1.502) | 0.000<br>(−0.017) | 0.032***<br>(3.536) |
| W × GOV | 0.001<br>(0.467) | −0.014***<br>(−3.865) | −0.034**<br>(−2.529) |
| W × CON | 4.810***<br>(7.455) | 0.210<br>(0.203) | −0.920<br>(−0.825) |
| $R^2$ | 0.983 | 0.981 | 0.968 |
| sigma^2 | 0.038 | 0.014 | 0.086 |
| loglikols | 21.979 | 34.001 | −14.775 |

由表 5-11 的估计结果不难发现，高铁通车对我国城市创新的影响存在显著空间差异。具体来看，东部城市创新空间滞后项系数显著为正，城市群整体创新能力较强，特别是长三角、珠三角和京津冀地区，城市间的联系较为密切，而高速铁路开通进一步增强了城市间的联系程度，邻近城市创新水平的提升对本地区有显著的正向促进作用；对中部城市而言，创新空间滞后项系数为负，说明中部城市邻近地区创新水平的提高对城市自身有负向作用，可能的原因在于，中部城市创新的空间溢出效应本身较低，且更容易受周围较大城市，特别是东部大城市的极化效应影响，使空间溢出效应为负；而对西部城市而言，邻近地区创新能力的提升对城市自身的空间效应不显著。目前，高铁线路主要集中于我国的东部地区和中部地区，西部地区较为稀疏，且西部城市间的距离较大，高铁带来时空压缩对城市创新的空间效应不如东部和中部显著。

从东部城市的估计结果来看，R&DP 及其空间滞后项 W × R&DP 的估计系数均显著高于全国平均水平，表明高速铁路的开通，不仅使东部城市 R&D 人员投入对创新能力贡献的增加，周围地区 R&D 人员投入的增加对城市自身创新能力提升具有显著正向作用。由 CON 及 W × CON 的估计结果可知，消费需求对东部城市创新能力的提升越来越重要，特别是邻近城市消费水平的提高，假设 5-4 得到验证。与中西部相比，东部城市消费水平较高，高铁开通之后，城市间的可达性得到进一步提升，消费对创新的正向促进作用得到强化。与全国整体分析所不同的是，FDI 及其空间滞后项 W × FDI 对城市创新的影响并不显著。作为全国的创新高地，东部城市群越来越依靠自主研发提升创新能力，FDI 对东部的影响越来越有限。此外，对东部城市而言，单纯增加 R&D 资本投入和政府财政支出并不会使创新能力得到提升。

从中部城市的估计结果来看，R&DP 及其空间滞后项的估计系数为负，说明本地区 R&D 人员投入的增加并不会提升中部城市创新能力，特别是周围地区科研人员投入的增加会对本地产生显著的负向影响。一方面，高铁的开通显著增强了我国东部和中部及中部地区之间联系，而东部是创新核心区，可达性的提升有助于创新型人才由创新非核心区（中部）向核心区（东部）流动，产生负向溢出效应；另一方面，中部城市并未因时空压缩享受到东部城市的创新溢出，对西部人才的吸引力也有限，导致 R&D 人员简单增加并不会对创新能力提升起正向作用。然而，R&DE 及其空间滞后项 W×RDE 的估计系数显著为正，说明 R&D 资本增加会显著提升本地区创新能力，邻近地区 R&D 资本的增加对本地区创新有显著的促进作用。主要原因在于，与东部相比，中部城市创新能力还不高，具备完全自主研发的企业不多，域内企业主要通过购买或引进域外的技术提升创新能力，因此，对 R&D 资本有更强的依赖性。消费需求的增加有利于中部城市创新能力的提高，与东部不同的是，中部城市更加依赖本地区消费增加对创新的贡献，外部消费需求升级对本地区创新能力的影响不显著。此外，FDI 的估计系数显著为负，表明 FDI 的增加会降低中部城市创新能力。一味地依靠 FDI 并不会增加中部城市的创新能力，一方面是由于中部城市的产业多为劳动和资源密集型产业，这些行业参与国际分工处于价值链的低端，无法很好地获取技术溢出[①]；另一方面，FDI 的大规模流入对城市企业会产生挤出效应，抑制本土企业的发展，进而影响城市创新能力提升。

从西部城市的估计结果来看，R&DP 和 GOV 的估计系数显著为正，说明西部城市更多依靠 R&D 人员投入与政府财政在科学技术方面支出提升城市创新能力，假设 5-3 得到验证；而 FDI 和 CON 估计系数显著为负，表明外商直接投资和消费需求增加与本地区创新能力呈负相关。与东部城市不同，FDI 增加对本地区的挤占效应更大，限制创新能力提升。此外，西部城市产品并未因消费需求的上升而上升，导致本地人们消费需求需要外地市场或产品来满足，进而促进外地

① 原毅军，孙大明. FDI 技术溢出、自主研发与合作研发的比较——基于制造业技术升级的视角 [J]. 科学学研究，2017，35（9）：1334-1347.

创新能力提高，对城市自身有负向作用。从各个解释变量的空间溢出效应看，仅有 FDI 和政府财政在科学技术方面支出通过显著性检验，其他均未通过。

### （四）空间面板模型效应分解

LeSage 和 Pace 指出，使用空间回归模型设定的点估计可能导致错误的结论，并提出使用偏微分方法检验解释存在空间溢出效应。因此，本章采用偏微分方法，估计高铁对城市创新的直接影响及溢出效应。上述的空间杜宾模型可改写为：

$$Y_t = (I - \rho W)^{-1}(X_t\beta + WX_t\theta) + R \qquad (5\text{-}16)$$

其中，R 是包括截距和误差项的剩余项，对于时间上从单位 1 到 N 的第 k 个解释变量 X，其对应被解释变量 Y 的期望值的偏导数矩阵可以写成：

$$\left[\frac{\partial E(Y)}{\partial x_{1k}} \cdots \frac{\partial(Y)}{\partial x_{Nk}}\right] = \begin{bmatrix} \frac{\partial E(y_1)}{\partial x_{1k}} & \cdots & \frac{\partial E(y_1)}{\partial x_{Nk}} \\ \vdots & \vdots & \vdots \\ \frac{\partial E(y_N)}{\partial x_{1k}} & \cdots & \frac{\partial E(y_N)}{\partial x_{Nk}} \end{bmatrix} = (I - \rho W)^{-1} \begin{bmatrix} \beta_k & \omega_{12}\theta_k & \cdots & \omega_{1N}\theta_k \\ \omega_{21}\theta_k & \beta_k & \cdots & \omega_{2N}\theta_k \\ \vdots & \vdots & \vdots & \vdots \\ \omega_{N1}\theta_k & \omega_{N2}\theta_k & \cdots & \beta_k \end{bmatrix}$$

$$(5\text{-}17)$$

直接效应是测度解释变量每变化一个单位对本地区被解释变量的影响程度，由式（5-17）右边偏导数矩阵对角线上元素的均值来度量；间接效应（或称为溢出效应）是测度解释变量每变化一个单位对邻近地区被解释变量的影响程度，由式（5-17）右边偏导数矩阵非对角线上元素的行和或者列和的均值来度量。

运用偏微分法对高铁影响下的城市创新总效应分解为直接效应和间接效应，具体结果如表 5-12 所示。

对比表 5-12 中四种不同模型所得到的估计结果，发现模型（4）解释变量及其滞后项系数的整体显著性水平较高，进一步证实将高铁开通所带来的"时空压缩"纳入研究中的合理性。具体而言：首先，在直接效应的估计结果中，R&DP 估计系数显著为正，且在所有解释变量估计系数中最大，R&D 人员每增加 1% 会使创新产出增加 0.833%；FDI、政府财政在科学技术支出和人们消费支出同样提高 1%，分别会导致 0.087%、0.419% 和 0.654% 的创新产出增加。其次，在间接效应的估计结果中，R&DP、R&DE 和 CON 的估计系数绝对值和显著性水平均高于直接效应，这也说明高速铁路开通主要是增强了创新要素在地区之间的流动性，降低了知识溢出成本，使空间溢出效应显著性更高。R&DP 估计系数显著为

表 5–12　空间杜宾模型效应分解估计结果

| 空间权重 | （1）地理距离 | （2）时间距离（不含高铁） | （3）时间距离（不含高铁） | （4）时间距离（含高铁） |
|---|---|---|---|---|
| 变量 | 2001~2016 年 | 2001~2008 年 | 2009~2016 年 | 2009~2016 年 |
| **直接效应** R&DP | 0.131** (2.192) | 0.173*** (3.051) | 0.287* (1.933) | 0.833*** (5.421) |
| R&DE | −0.162*** (−2.766) | −0.013 (−0.237) | 0.780*** (12.549) | 0.029 (0.216) |
| FDI | 0.003*** (4.415) | 0.025 (0.947) | 0.056* (1.687) | 0.087*** (2.920) |
| GOV | −0.000 (−0.537) | 0.078 (1.181) | 0.354*** (4.754) | 0.419*** (5.809) |
| CON | 0.185 (0.746) | −0.270 (−1.481) | 0.081 (0.405) | 0.654*** (3.129) |
| **间接效应** R&DP | 1.232* (1.897) | 0.496* (1.872) | −0.476 (−1.169) | −4.995*** (−4.367) |
| R&DE | −0.691 (−1.047) | −0.268 (−0.988) | −0.914*** (−2.604) | 3.247*** (−2.992) |
| FDI | 0.018** (2.453) | 0.418*** (3.740) | 0.065 (0.513) | 0.139 (0.765) |
| GOV | −0.001 (0.107) | 0.181 (0.592) | 0.953** (2.439) | 0.477 (0.764) |
| CON | 4.894* (1.682) | 2.551*** (3.026) | 3.569*** (4.162) | 4.574*** (3.083) |
| **总效应** R&DP | 1.362** (2.013) | 0.669** (2.500) | −0.189 (−0.536) | −4.162*** (−3.431) |
| R&DE | −0.854 (−1.234) | −0.281 (−1.034) | −0.134 (−0.397) | 3.276*** (2.898) |
| FDI | 0.021*** (2.683) | 0.443*** (4.045) | 0.121 (0.964) | 0.226 (1.188) |
| GOV | −0.001 (−0.151) | 0.259 (0.844) | 1.307*** (3.456) | 0.896 (1.397) |
| CON | 5.079* (1.651) | 2.281*** (2.637) | 3.651*** (4.087) | 5.228*** (3.345) |

负，说明邻近城市 R&D 人员和人均 GDP 的增加会对本地区产生负向溢出效应，其增加 1% 分别会导致本地区创新产出下降 4.995% 和 4.367%；而 R&DE 和 CON

的估计系数显著为正，人们消费支出的空间溢出效应更明显，其增加 1% 会导致邻近城市创新产出增加 4.574%。最后，在总效应的估计结果中，R&DP、R&DE 和 CON 的估计系数均通过显著性检验，间接效应均大于直接效应，但由于两种效应的方向不同，导致总效应估计系数有别。高铁的开通强化了 R&D 资本投入和人们消费支出对城市创新产出的正向作用；R&D 人员投入的增加对创新产出有显著负向影响。原因在于，现阶段高铁开通后，城市间的沟通成本逐渐降低，更多表现为对创新要素，特别是人才向创新核心区集聚，导致产生的负向溢出效应大于正向直接效应。

## 第四节　高速铁路影响城市创新的动态效应估计

### 一、动态效应识别的重要性

创新是城市持续增长的关键动力，创新过程是动态、持续的，不同影响因素对城市创新的作用和时间存在差异，有必要对这些影响因素的短期和长期效应加以区分，这既是在分析城市创新过程中将时间因素纳入分析框架的重要体现，也是促进城市创新的必要分析过程。在实践中，创新主体既要关注创新过程的短期投入与产出，同时也要考虑在某一方面的创新过程是否该持续下去。对于城市创新而言，短期对应于创新过程的波动性，长期则对应于创新的平衡，是整个城市创新生态系统的平衡。因此，在城市创新短期波动向长期均衡调整的过程中，"时点"的重要性是显而易见的。特别是作为一种新型快速的大规模运输方式，高速铁路的快速发展过程本身是复杂的，其对城市创新空间效应影响的动态性识别因叠加变得更加充满不确定。

高速铁路影响城市的动态性主要体现在：空间和估计方法。从空间方面而言，城市间的交流沟通日益频繁，特别是城市间高速铁路的开通，更是加速了创新要素在城市间的流动，城市间的空间影响也是城市创新增长的重要来源。学界已有研究通过地理距离、时间距离等空间特征识别城市经济发展与空间的关系。诚然，在城市创新动态变化过程中，城市间的空间相关并不一定导致城市创新能力具有一致性，但是城市创新活动的相互依赖关系确实不容忽视。从估计方法角度而言，将时间概念引入高速铁路带来的时空压缩对城市创新产生影响最大的难点在于估计方法的选择，一方面，将时间纳入分析框架的动态模型会因解释变量与随机干扰项的相关而产生内生性问题，虽然广义矩估法具有不依赖随机干扰项服从正态分布的假设的优点，但其最终的系数估计值可能落在参数空间之外；另一方面，对空间计量经济学模型而言，空间权重矩阵 W 不能被估计，需要提前对其设定，使用不同空间权重矩阵所构建的动态面板模型估计结果可能会产生不一致，如何确保空间权重矩阵和动态模型的选择真实反映城市创新的动态过程显得尤为重要。为解决这一问题，使用 MCMC 对空间权重矩阵和动态空间面板模型进行选择，深入探讨高速铁路对城市创新空间动态效应的影响。

## 二、理论假设

### （一）研发要素流动与城市创新

高速铁路开通带来的时空压缩增强了城市间的可达性程度，提高城市创新空间效应主要是通过研发要素的城市流动实现的。作为影响城市创新的一种特殊因素，研发要素的大规模、高频率流动使创新知识在城市间的扩散成为可能，进而提升了本地区研发要素的质量，对城市创新产生积极作用。R&D 人员是知识传播的关键，因此，研发要素流动对城市创新的影响主要是通过 R&D 人员流动实现的，也只有 R&D 人员频繁交互，才能更好地发挥 R&D 资本的使用效率，进而提升研发要素整体使用效率。基于此，提出研究假设：

**假设 5–5：从动态角度而言，研发要素流动对城市创新有重要影响，且不同地理位置和不同规模城市存在差异。**

### （二）其他影响因素与城市创新

研发要素投入、政府财政在科技方面支出、有效需求等因素对城市创新的影响也是动态的，短期和长期的作用并不相同，具体而言：

一是研发要素投入对城市创新产生的影响。虽然城市创新水平的高低很大程度上源于自身研发要素的投入水平，然而，短期和长期的投入，R&D 人员和 R&D 资本投入差异，均对城市创新整个过程产生重要影响。如前所述，R&D 人员是知识的载体，也是形成创新空间效应的重要因素。因此，无论是在短期还是长期的考察中，R&D 人员对城市创新贡献可能会比 R&D 资本更大。此外，对

R&D 人员而言，短期内，自身素质水平的提高有利于城市内部创新能力提升，此时，知识外溢能力有限；而在长期中，随着城市知识存量的不断提升，R&D 人员在长期的空间溢出效应也会逐渐增大，特别是有利于先进地区 R&D 人员将创新知识扩散到落后地区，增加城市创新空间溢出效应。基于此，提出研究假设：

**假设 5-6：从动态角度而言，研发要素投入对城市创新有重要影响，且不同地理位置和不同规模城市存在差异。**

二是政府财政在科技方面的支出对城市创新的影响。创新行为是充满不确定的持续过程，在短期，政府在对企业进行创新支持时更容易受企业或者市场不完全信息的限制，导致企业创新仅是为了获取政府补贴，并非真正适合市场需求，短期内可能增加了专利数量，但是长期来看，创新过程并不能持续，反而可能会因为政府政策误导，对城市创新产生负向作用。基于此，提出研究假设：

**假设 5-7：从动态角度而言，政府财政在科技方面的支出对城市创新的影响并不总是正向的，且不同地理位置和不同规模城市存在差异。**

三是有效需求对城市创新的影响。创新活动最终的目的是用市场检验，是否满足有效需求。短期来看，高速铁路的开通，扩大了企业的市场准入水平，对创新活力较高类的企业的地区而言，有利于扩大产品市场，进而促进城市创新水平；而在长期，随着产品输入地自身创新水平的提高，产品输入地已不再满足于生产简单、附加值低的商品，也会向外输出创新型产品。基于此，提出研究假设：

**假设 5-8：从动态角度而言，有效需求增加对城市创新有重要影响，且不同地理位置和不同规模城市存在差异。**

## 三、变量选择与模型构建

### （一）变量选择

被解释变量仍然使用专利授权量表示城市创新，详细解释如前文所述。解释变量包括研发要素流动、研发要素投入、政府支持、有效需求，控制变量为外商直接投资，其中研发要素流动包括 R&D 人员流动（RPF）和 R&D 资本流动（RCF），具体计算公式如下：

一是关于 RPF 的测度。本书在借鉴王钺和刘秉镰研究的基础上，采用引力模型对城市间 RPF 和 RCF 进行测算，而引力模型的一般表达式为：

$$F_{ij} = G_{ij} \times M_i^{\alpha i} \times M_j^{\alpha i} \times R_{ij}^{-b} \tag{5-18}$$

其中，$F_{ij}$ 为城市 i 对城市 j 的吸引力；$G_{ij}$ 为城市 i 和城市 j 的引力系数，一般取 1；$M_i$ 和 $M_j$ 是社会某种要素的流动（如人口、资本等）；$\alpha^i$ 和 $\alpha^j$ 为引力参数，一般均取 1；$R_{ij}$ 为城市 i 到城市 j 的距离；b 为距离衰减指数，一般取 2。

基于引力模型，选用地区间的工资（wage）差值和房价（house）差值作为吸引力变量，来测度 R&D 人员的流动数量。假设从城市 i 流动到城市 j 的 R&D 人员数量为 $RPF_{ij}$，则：

$$RPF_{ij}=\ln R\&DP_i \times [\ln wage_j / \ln wage_i] \times [\ln house_i / \ln house_j] \times R_{ij}^{-b} \qquad (5\text{--}19)$$

其中，$R\&DP_i$ 为城市 i 的 R&D 人员数量，以 R&D 人员全时当量代替，$\ln wage_i$ 和 $\ln wage_j$ 分别为城市 i 和城市 j 的城镇单位就业人员平均工资，$\ln house_i$ 和 $\ln house_j$ 分别为城市 i 和城市 j 的商品房平均销售价格，$R_{ij}$ 为城市间的时间距离。城市 i 的 R&D 人员流动总量为：

$$RPF_i = \sum_{j=1}^{n} RPF_{ij} \qquad (5\text{--}20)$$

二是关于 RCF 的测度。本章主要选取城市间企业利润率（rate）差值和政府消费支出占 GDP 的比值（C）作为吸引力变量。假设从城市 i 流动到城市 j 的 R&D 资本为 $RPF_{ij}$，则

$$RCF_{ij}=\ln R\&DE_i \times [\ln rate_j / \ln rate_i] \times [\ln C_i / \ln C_j] \times R_{ij}^{-b} \qquad (5\text{--}21)$$

其中，$R\&DE_i$ 为城市 i 的 R&D 资本存量，$\ln rate_i$ 和 $\ln rate_j$ 分别为城市 i 和城市 j 的企业平均利润率，$C_i$ 和 $C_j$ 分别为城市 i 和城市 j 的政府消费支出占 GDP 的比值，$R_{ij}$ 为城市间的时间距离。城市 i 的 R&D 资本流动总量为：

$$RCF_i = \sum_{j=1}^{n} RCF_{ij} \qquad (5\text{--}22)$$

### （二）模型构建

考虑到城市创新本身及其影响因素存在的空间相关性和动态时间性，建立动态空间杜宾模型（Dynamic Spatial Durbin Model，DSDM），以更好研究城市创新跨时期的交互效应，具体模型形式如下：

$$Y_t = \alpha + \tau Y_{t-1} + \eta WY_{t-1} + \rho WY_t + X_t \beta + WX_t \theta + \mu + \xi_t + u_t \qquad (5\text{--}23)$$

其中，$Y_t$ 表示被解释变量，$Y_{t-1}$ 表示被解释变量在时间上的滞后值，$WY_{t-1}$ 表示被解释变量在时间和空间上的滞后值，$WY_t$ 表示被解释变量在空间上的滞后值，$X_t$ 表示解释变量，$WX_t$ 表示解释变量在空间上的滞后值，$u_t$ 为随机误差项，

$\xi_t$ 表示固定时间效应，$\mu$ 表示固定空间效应，$\tau$、$\rho$、$\eta$、$\beta$ 和 $\theta$ 均为待估参数。

为考察高速铁路开通所带来的时空压缩对城市创新及其影响因素的动态效应，需进一步对式（5-23）进行变换，变换后的函数形式为：

$$Y_t = (1-\rho W)^{-1}(\tau I + \eta W)Y_{t-1} + (I-\rho W)^{-1}(X_t\beta + WX_t\theta) + R \tag{5-24}$$

则在特定时点上，从城市 i 到城市 j 中的第 k 个解释变量的变化对被解释变量期望值影响的偏导数矩阵可写为：

$$(I-\delta W)^{-1}[\beta_k I_N + \theta_k W] \tag{5-25}$$

类似地，长期效应可表示为：

$$[(I-\tau)I - (\rho+\eta)W]^{-1}[\beta_k I_N + \theta_k W] \tag{5-26}$$

因此，短期和长期的直接和间接效应的具体表达式分别如式（5-27）、式（5-28）、式（5-29）和式（5-30）所示，其中，$\overline{d}$ 表示计算矩阵对角线元素均值的运算符，$\overline{rsum}$ 表示计算矩阵非对角线元素行和均值的运算符。

短期直接效应：$[(I-\delta W)^{-1}(\beta_k I_N + \theta_k W)]^{\overline{d}}$ $\qquad\qquad$ (5-27)

短期间接效应：$[(I-\delta W)^{-1}(\beta_k I_N + \theta_k W)]^{\overline{rsum}}$ $\qquad\qquad$ (5-28)

长期直接效应：$[((I-\tau)I - (\rho+\eta)W)^{-1}(\beta_k I_N + \theta_k W)]^{\overline{d}}$ $\qquad$ (5-29)

长期间接效应：$[((I-\tau)I - (\rho+\eta)W)^{-1}(\beta_k I_N + \theta_k W)]^{\overline{rsum}}$ $\qquad$ (5-30)

### （三）估计方法

空间计量经济学模型的一个主要缺点就是空间权重矩阵 W 不能被估计，但是需要提前对其进行设定，而且在基本的空间计量经济学应用中的经济理论并没有讨论对空间权重矩阵的设定。例如，对相同的空间计量经济学模型估计 S 次，且使用不同的空间权重矩阵来调查估计的结果对空间权重矩阵 W 的选择是否敏感。贝叶斯 MCMC 估计量的一个优点正是它对选择能最好描述数据的空间权重矩阵提供了一个准则，即贝叶斯后验模型概率。如果模型是非嵌套的（例如，基于不同的空间权重矩阵），则不能进行对数似然函数值之间的显著差异进行正式检验，比如 LR 检验。但是贝叶斯后验模型概率并不需要使用嵌套的模型来执行这些比较。一个基本的想法就是令先验概率等于 1/S，即事前让每一个模型都具有相等的概率，再用贝叶斯法来估计每一个方程，最后再根据数据和这一系列 S 个模型的估计结果来计算后验概率。

　　高速铁路开通对城市创新的影响最显著的是压缩了创新要素的流动成本，进而对城市创新产生影响。为进一步评价不同空间权重矩阵对不同动态模型的影响，首先使用贝叶斯 MCMC 估计量对空间权重矩阵和空间计量模型进行描述，筛选出更符合实际的动态空间计量模型。贝叶斯 MCMC 估计的一个显著优点在于它对选择能最好描述数据的空间权重矩阵和空间计量模型提供了一个准则，即贝叶斯后验概率。贝叶斯 MCMC 的模型选择过程是基于"拟合优度"准则。

## 四、实证分析

### (一) 模型与空间权重矩阵选择

　　基于不同的构建标准，共设置了九个空间权重矩阵，具体如下：

　　一是地理距离空间权重矩阵。基于地理距离的空间权重矩阵，以城市间行政中心地理距离表征，用 $W^D$ 表示。

　　二是基于高铁通勤的时间距离空间权重矩阵。基于高速铁路通勤的时间距离空间权重矩阵，以城市间最短高铁运行时间表征，用 $W^S$ 表示。

　　三是基于高速铁路通勤的时间距离空间权重矩阵。基于高速铁路通勤的时间距离空间权重矩阵，以城市间最短的高速铁路通行时间表征，用 $W^R$ 表示。

　　四是经济距离空间权重矩阵。基于经济距离的空间权重矩阵，以城市间人均 GDP 差的绝对值表征，用 $W^E$ 表示。

　　五是技术距离空间权重矩阵。基于技术距离的空间权重矩阵，以城市间的高技术产业产值占 GDP 比重之差的绝对值表征，用 $W^T$ 表示。

　　六是时间和经济交互作用的空间权重矩阵。考虑基于高速铁路的时间距离和经济距离的交互作用的空间权重矩阵，用 $W^S \times W^E$ 表示。

　　七是时间和技术交互作用的空间权重矩阵。考虑基于高速铁路的时间距离和技术距离的交互作用，用 $W^S \times W^T$ 表示。

　　八是地理和经济交互的空间权重矩阵。考虑地理距离和经济距离的交互作用，用 $W^D \times W^E$ 表示。

　　九是地理和技术距离交互的空间权重矩阵。考虑地理距离和技术距离的交互作用，用 $W^D \times W^T$ 表示。

　　基于不同的空间权重矩阵，运用 Matlab 软件，分析不同空间权重矩阵对空间计量模型的影响，探究高速铁路开通对城市创新影响的动态空间效应模型的可能性，具体结果如表 5–13 所示。

表 5–13　基于贝叶斯 MCMC 的空间计量模型与空间权重矩阵判断

| | 模型 | $W^D$ | $W^S$ | $W^R$ | $W^E$ | $W^T$ | $W^D \times W^E$ | $W^D \times W^T$ | 总概率 |
|---|---|---|---|---|---|---|---|---|---|
| 静态 | SAR | 0.000 | 0.000 | 0.000 | 0.000 | 0.000 | 0.000 | 0.000 | 0.000 |
| | SDM | 0.029 | 0.244 | 0.236 | 0.004 | 0.000 | 0.001 | 0.000 | 0.514 |
| | SEM | 0.000 | 0.000 | 0.000 | 0.000 | 0.000 | 0.000 | 0.000 | 0.000 |
| | SDEM | 0.031 | 0.211 | 0.239 | 0.004 | 0.000 | 0.001 | 0.000 | 0.486 |
| 动态 | SAR | 0.000 | 0.000 | 0.000 | 0.000 | 0.000 | 0.000 | 0.000 | 0.000 |
| | SDM | 0.000 | 0.643 | 0.000 | 0.005 | 0.000 | 0.000 | 0.000 | 0.648 |
| | SEM | 0.000 | 0.000 | 0.000 | 0.000 | 0.000 | 0.000 | 0.000 | 0.000 |
| | SDEM | 0.000 | 0.352 | 0.000 | 0.000 | 0.000 | 0.000 | 0.000 | 0.352 |

由表 5–13 可知，构建动态空间杜宾模型的概率是最高的，为 0.648，说明构建空间动态面板模型是合适的。在影响动态空间杜宾模型的空间权重矩阵中，$W^S$ 的概率最高，为 0.643，说明基于高速铁路构建的空间权重矩阵是合适的。因此，运用基于高速铁路的运行时间所构建的时间距离空间权重矩阵和动态空间杜宾模型研究高速铁路开通对城市创新及其影响因素的动态空间效应，以期更好地促进城市创新。

### （二）动态空间杜宾模型估计结果及分析

根据已构建的动态空间杜宾模型（5–23），采用贝叶斯 MCMC 方法，估计高铁开通对城市创新及其影响因素动态空间效应，具体结果如表 5–14 所示。

表 5–14　动态空间杜宾模型估计结果

| 变量 | 系数 | 短期 | | 长期 | |
|---|---|---|---|---|---|
| | | 直接效应 | 间接效应 | 直接效应 | 间接效应 |
| PAT (−1) | 1.849*** (12.335) | | | | |
| RPF | 3.681** (2.194) | 0.103** (2.126) | 0.314*** (6.780) | 0.053*** (8.152) | 0.039*** (6.174) |
| RCF | 0.672 (0.991) | 0.057 (1.411) | −2.486 (−0.015) | 0.026*** (5.824) | −0.007 (−0.714) |
| R&DP | 0.557*** (2.957) | 0.322*** (7.511) | 0.105* (1.900) | 0.014*** (2.799) | 0.039*** (7.685) |

续表

| 变量 | 系数 | 短期 | | 长期 | |
|---|---|---|---|---|---|
| | | 直接效应 | 间接效应 | 直接效应 | 间接效应 |
| R&DE | 0.015*<br>(1.957) | 0.013*<br>(1.881) | −1.468<br>(−0.121) | 0.005*<br>(1.690) | 0.037<br>(−0.571) |
| FDI | −0.107<br>(−1.152) | −0.107<br>(−0.785) | −0.159<br>(−0.042) | 0.029<br>(1.548) | 0.042<br>(1.241) |
| GOV | 0.182***<br>(3.209) | 0.184***<br>(7.013) | 0.016***<br>(6.953) | 0.014*<br>(1.789) | 0.004<br>(1.095) |
| CON | 0.210**<br>(2.414) | 0.006*<br>(1.928) | 0.110***<br>(2.624) | 0.130***<br>(3.124) | 0.008*<br>(1.924) |
| W×PAT | 1.175***<br>(3.238) | | | | |
| W×PAT（−1） | 0.329*<br>(1.861) | | | | |
| W×RPF | 2.368*<br>(1.886) | | | | |
| W×RCF | −6.947<br>(−1.100) | | | | |
| W×R&DP | 1.432***<br>(4.426) | | | | |
| W×R&DE | 1.926<br>(1.147) | | | | |
| R-squared | 0.996 | | | | |

由表 5-14 可知，在研究高速铁路对城市创新的影响时，应充分考虑其空间相关性和时间相关性，即运用动态空间杜宾模型进行研究是合理的。整体而言，被解释变量及其滞后项和绝大多数解释变量及其滞后项的估计系数均通过了一定水平的显著性检验，说明整个模型的设置能反映所研究的问题。从被解释变量及其滞后项来看，其时间滞后项、空间滞后项及其时间和空间滞后项的系数均显著为正，其中，时间滞后项的系数值和显著性最高，说明虽然创新存在空间效应，但城市创新的发展主要还是依靠自身的前期积累。从解释变量及其滞后项系数来看，R&D 人员流动及其滞后项、R&D 人员投入及其滞后项、R&D 资本投入、外商直接投资、政府财政在科技方面的支出、有效需求等均通过了显著性水平检验，且除外商直接投资之外，其余估计参数均显著为正，说明这些因素对城市创

新有正向促进作用；特别地，R&D 人员流动估计系数最高，进一步印证了其对
城市创新的积极作用。

　　研发要素在城市间的流动对创新产生的影响作用不一致，R&D 人员流动无
论是直接效应还是间接效应均通过了显著性水平检验；短期内 R&D 人员流动所
带来的间接效应要大于直接效应，而长期则是相反，这可能是由于，短期内
R&D 人员流动的变化主要是 R&D 人员间的知识溢出，通过知识溢出影响城市创
新；而在长期中，R&D 人员的大规模流动，一方面有利于知识溢出，另一方面，
城市间的合作越来越多，此时 R&D 流动人员对城市创新的贡献增加；而 R&D 资
本流动对城市创新的影响主要是直接效应，间接效应未通过显著性检验，R&D
资本流动对城市创新的影响程度不如 R&D 资本流动，假设 5-5 得到验证。原因
在于，高速铁路的开通主要是加强了城市间人与人的交往便利性，通过知识传播
影响城市创新，而 R&D 资本流动主要是对本地区的创新提供经费支持，产生的
空间溢出效应有限。从研发要素投入的动态效应看，无论是短期还是长期，R&D
人员投入对城市创新效应均优于 R&D 资本投入。在短期内，R&D 人员投入每增
加 1%会导致城市创新增加 0.332%，邻近城市创新产出增加 0.105%；而 R&D 资
本每增加 1%仅能使城市创新增加 0.013%；而在长期，R&D 人员投入增加所带
来的间接效应超过了直接效应，即假设 5-6 得到验证。一种可能的解释是，随着
高速铁路网络的不断完善，城市间的交流将会进一步密切，而 R&D 投入的增加
不仅使本地区城市创新的增加，更重要的是产生了空间溢出效应，特别是创新能
力较强的区域向创新能力较弱区域的溢出，会显著提升后者的创新水平。

　　由 GOV 的估计系数不难发现，政府财政在科学技术的支出对城市创新的正
向促进作用主要是短期，且直接效应大于间接效应，即假设 5-7 得到验证。在短
期内，政府财政在科技方面的支出每增加 1%，会引起城市创新产出增加
0.184%；同时，使邻近城市创新产出增加 0.016%。从 CON 的估计系数来看，在
短期内，有效需求每增加 1%，城市创新产出增加 0.006%的同时引起邻近城市创
新增加 0.110%，即间接效应大于直接效应；而在长期，有效需求每增加 1%，会
引起本地区创新产出增加 0.130%、邻近城市创新产出增加 0.008%，即直接效应
大于间接效应，假设 5-8 得到验证。一种可能解释是，高速铁路开通带来的时空
压缩，有利于企业扩大市场规模，在短期内，本地区企业并不能满足城市内的有
效需求，导致外地创新性企业市场占有率提高，经营利润增加，进而导致溢出效

应大于直接效应；而在长期，本地企业创新水平会进一步提升，使产生的直接效应高于短期。

此外，外商直接投资对城市创新的估计系数未通过显著性检验，说明外商直接投资对城市创新产生的影响过程是复杂的，单纯改变 FDI 并不会导致城市创新水平的变化。

### （三）分地区动态空间杜宾模型估计结果及分析

如前文分析，我国东中西部地区在高速铁路与城市创新发展差异巨大，由高速铁路带来的时空压缩对创新及其影响因素的空间效应可能存在地理差异。基于此，根据城市所处地理位置将研究对象划分为东部、中部和西部三个地区的城市，并分别估计。

一是以东部城市为研究对象。作为我国创新高值区域，东部城市也是我国高铁线路密集区，特别是像长三角、珠三角等以某个或少数几个城市为核心所打造的城市群交通圈。基于此，采用贝叶斯 MCMC 方法，对东部城市高速铁路开通对城市创新及其影响因素的动态空间效应进行估计，具体结果如表 5-15 所示。

**表 5-15　动态空间杜宾模型估计结果（东部城市）**

| 变量 | 系数 | 短期 | | 长期 | |
|------|------|------|------|------|------|
| | | 直接效应 | 间接效应 | 直接效应 | 间接效应 |
| PAT（-1） | 1.752***<br>(10.701) | | | | |
| RPF | 4.028**<br>(3.656) | 1.689***<br>(4.371) | 1.029***<br>(8.088) | 1.148***<br>(4.713) | 0.157**<br>(2.127) |
| RCF | 0.791*<br>(1.734) | 0.481*<br>(1.689) | 0.245*<br>(1.913) | 0.163***<br>(3.794) | 0.039**<br>(2.371) |
| R&DP | 0.470***<br>(10.723) | 0.414***<br>(8.735) | 0.045***<br>(6.661) | 0.116**<br>(2.173) | 0.039*<br>(1.932) |
| R&DE | 0.115**<br>(2.034) | 0.063**<br>(2.426) | 0.018**<br>(1.988) | 0.087*<br>(1.745) | 0.024*<br>(1.845) |
| FDI | -0.408<br>(-1.385) | -0.147<br>(-1.126) | -0.067<br>(-1.112) | 0.061<br>(1.172) | 0.013<br>(1.426) |
| GOV | 0.102***<br>(3.209) | 0.094***<br>(2.934) | 0.012***<br>(2.742) | 0.005**<br>(2.463) | 0.058<br>(1.426) |
| CON | 0.912***<br>(4.565) | 0.426***<br>(2.928) | 0.310***<br>(3.436) | 0.336***<br>(3.562) | 0.218***<br>(2.924) |

续表

| 变量 | 系数 | 短期 | | 长期 | |
|---|---|---|---|---|---|
| | | 直接效应 | 间接效应 | 直接效应 | 间接效应 |
| W × PAT | 1.634*** (4.021) | | | | |
| W × PAT（−1） | 0.659** (2.261) | | | | |
| W × RPF | 0.892** (2.454) | | | | |
| W × RCF | 0.538 (0.454) | | | | |
| W × R&DP | 0.595*** (5.800) | | | | |
| W × R&DE | 0.352*** (3.443) | | | | |
| R−squared | 0.990 | | | | |

　　由表 5-15 可知，与全样本回归结果类似，采用动态空间杜宾模型估计高速铁路开通对东部城市创新及其影响因素效应是适宜的。整体而言，被解释变量滞后项和绝大多数解释变量及其滞后项的估计系数均通过了一定水平的显著性检验，说明整个模型的设置能反映所研究的问题。从被解释变量滞后项系数来看，其时间滞后项、空间滞后项及其时间和空间滞后项的系数均显著为正，与全样本研究所不同的是，解释变量时间滞后项和空间滞后项系数差别不大，且均通过了1%的显著性水平检验，说明对东部城市而言，创新不仅依赖于自身的知识积累；同样，邻近城市创新能力的提高对本地区创新亦有正向促进作用。原因可能在于，高速铁路的开通带来的城市间联系紧密程度的提升促进了创新的空间溢出效应。从解释变量及其滞后项系数来看，R&D 人员流动及其空间滞后项、R&D 人员投入及其滞后项、R&D 资本投入及其空间滞后项、政府财政在科技方面的支出、有效需求等均通过了显著性水平检验，且多数估计系数显著为正，说明，这些因素对城市创新有显著的促进作用，特别地，R&D 人员流动估计系数和显著性均高于全样本估计结果，进一步证实了高速铁路开通带来的人员流动对东部城市创新贡献作用大于全样本平均水平，这与实际情况是符合的。

　　由 RPF 和 RCP 及其空间滞后项系数的回归结果来看，与全样本估计类似，

R&D 人员流动对城市创新产生的影响更大。研发要素流动对城市创新的动态效应中，无论是 R&D 人员流动还是 R&D 资本流动，对城市创新的直接效应均大于间接效应，且 R&D 人员流动对城市创新产生的影响，总是大于 R&D 资本流动。进一步证明了高速铁路开通带来的时空压缩，主要是增强了城市间人与人的沟通，而人是知识的主要载体，进而促进了 R&D 人员的空间溢出效应。与全样本所不同的是，R&D 资本流动对城市创新的动态效应同样具有显著性，这说明，对东部城市而言，随着 R&D 人员跨城市交流次数的不断增加，有利于 R&D 资本向创新收益更高的城市流动，进而对城市创新产生积极作用。从研发要素投入对城市创新产生的动态效应来看，不管是在短期还是在长期，两种投入要素对城市创新均有正向的促进作用。对于 R&D 人员投入来说，在短期内，直接效应显著大于间接效应；而在长期，则是间接效应大于直接效应。对于 R&D 资本投入而言，则是直接效应始终大于间接效应。原因可能在于，对东部城市来说，在短期，本地区 R&D 要素投入的增加，主要是提升了城市本身的创新产出；而随着城市间的交流日益频繁，创新的空间溢出效应开始增大，特别是由 R&D 人员投入所带来的溢出效应。由 GOV 的估计系数可知，东部城市财政在科技方面的支出对城市创新的动态空间效应主要体现在直接效应上，且短期比长期更显著。在短期内，政府财政在科技方面支出每增加 1%，分别会对本地区和邻近城市提高 0.094% 和 0.012% 的创新产出；而在长期，政府财政支出增加仅有直接效应。GOV 估计系数小于全样本回归结果表明，对东部城市而言，创新对政府在科技方面支出的依赖性更弱。从 CON 的回归结果来看，有效需求对城市创新的动态效应均显著，且无论是在短期还是长期，有效需求对城市创新的直接效应均大于间接效应。在短期，有效需求每增加 1%，会引起本地创新产出增加 0.426%、邻近城市创新增加 0.310%；而在长期，有效需求增加 1%，会导致本地区和邻近城市创新分别增加 0.336% 和 0.218%。东部城市有效需求对城市创新的影响明显高于全样本回归，说明消费对东部城市创新有显著的促进作用。类似地，外商直接投资对东部城市创新动态空间效应估计系数均未通过显著性检验，对东部城市而言，FDI 对城市创新的影响并非简单线性关系。

二是以中部城市为研究对象。作为连接东西部的重要地区，中部城市创新能力的提高对我国整体创新具有重要意义。然而，与东部相比，中部城市无论是创新投入还是创新产出均存在较大差距。高速铁路开通增强了中部同东部城市间联系，时空压缩下的中部城市创新动态效应与全样本有何不同是本部分研究的重点。基于此，对中部城市高速铁路开通对城市创新及其影响因素的动态空间效应进行估计，具体结果如表 5-16 所示。

表 5-16　动态空间杜宾模型估计结果（中部城市）

| 变量 | 系数 | 短期 | | 长期 | |
|---|---|---|---|---|---|
| | | 直接效应 | 间接效应 | 直接效应 | 间接效应 |
| PAT（-1） | 1.544*<br>(1.825) | | | | |
| RPF | 0.771*<br>(1.924) | 0.676*<br>(1.851) | -0.112***<br>(-13.171) | 0.028***<br>(6.410) | -0.054***<br>(22.987) |
| RCF | 1.338<br>(0.566) | 0.253**<br>(2.415) | -0.842<br>(-0.015) | 0.108***<br>(5.701) | -0.053<br>(1.324) |
| R&DP | 0.272***<br>(2.831) | 0.336***<br>(3.686) | -0.172***<br>(-6.132) | 0.094***<br>(4.895) | -0.038***<br>(3.624) |
| R&DE | 0.281***<br>(4.052) | 0.423***<br>(5.347) | -0.168***<br>(-6.132) | 0.369***<br>(5.313) | -0.055***<br>(4.323) |
| FDI | -1.069**<br>(-1.994) | -0.412**<br>(-2.031) | 0.279***<br>(3.093) | 0.009*<br>(1.848) | 0.042<br>(1.534) |
| GOV | 0.215***<br>(3.030) | 0.154***<br>(3.244) | 0.012*<br>(1.823) | 0.157***<br>(9.364) | 0.007*<br>(1.867) |
| CON | 1.328**<br>(2.437) | 0.916**<br>(2.275) | 0.065<br>(0.713) | 0.121*<br>(1.965) | 0.008<br>(1.101) |
| W×PAT | -0.435**<br>(-2.238) | | | | |
| W×PAT（-1） | -0.564<br>(-0.723) | | | | |
| W×RPF | -1.631**<br>(-2.238) | | | | |
| W×RCF | 5.986*<br>(1.856) | | | | |
| W×R&DP | 0.645*<br>(1.915) | | | | |
| W×R&DE | 1.944<br>(0.804) | | | | |
| R-squared | 0.985 | | | | |

由表 5-16 可知，从整体的待估参数回归结果来看，采用动态空间杜宾模型估计高速铁路开通对中部城市创新及其影响因素效应是适宜的。被解释变量时间滞后项系数为正，空间滞后项系数为负，且均通过了显著性水平检验；而被解释变量的时间和空间滞后项未通过显著性检验，这说明，对中部城市而言，前期知识积累对创新有正向促进作用，但邻近城市创新能力的提升会产生负向的空间溢出效应。原因在于，高速铁路的开通增强了中部城市间的联系程度，对中部城市而言，创新能力整体较弱，高速铁路的开通反而可能会引起创新要素向创新能力提高的城市集中，进而产生负向的空间溢出效应。

从解释变量及其滞后项系数来看，R&D 人员流动及其空间滞后项、R&D 资本流动空间滞后项、R&D 人员投入及其滞后项、R&D 资本投入、政府财政在科技方面的支出、有效需求等均通过了显著性水平检验，除 R&D 人员流动和 R&D 人员投入的空间滞后项系数为负之外，其余估计系数均为正，说明这些因素对城市创新有显著的促进作用。对中部城市而言，在研发要素流动对城市创新的动态空间效应中，不管是 R&D 人员流动还是 R&D 资本流动，在短期和长期的直接效应均显著为正，创新要素在城市间的流动对本地区创新能力提升有重要作用。然而，与全样本和东部城市回归结果不同的是，中部城市 R&D 人员流动对邻近城市创新具有负向空间溢出效应，R&D 人员流动每增加 1%，邻近城市创新产出在短期和长期分别下降 0.112% 和 0.054%，原因可能在于，高速铁路的开通，增强了城市间的可达性程度，可能会导致创新要素向某城市集中，造成其周围城市创新产出下降，进一步印证了高速铁路开通带来的时空压缩导致 R&D 人员流动的负向空间溢出效应。

从研发要素投入的动态效应看，不管是短期还是长期，R&D 资本投入产生的直接效应均显著高于 R&D 人员投入对城市创新的影响，且均为正向促进作用；R&D 人员投入产生的负向空间溢出效应均显著大于 R&D 资本投入。与全样本和东部城市估计结果的一个显著不同在于，R&D 资本对城市创新的直接效应显著为正，在短期，R&D 资本投入每增加 1%，城市创新产出增加 0.423%；而在长期，R&D 资本投入每增加 1%，城市创新产出增加 0.369%，原因可能在于，中部城市创新主要依靠 R&D 资本投入，这一结果与静态空间杜宾模型得出的结论相一致。虽然高速铁路开通增强了城市间的可达性程度，提升了要素流动水平，但正向的空间溢出效应尚未显现。类似地，中部城市创新对政府财政的依赖性要高于东部。由 GOV 的估计系数可知，政府财政在科学技术方面的支出对城市创新的影响显著为正，不管是在短期还是在长期，直接效应和间接效应均为正。从短期来看，政府财政在科技方面的支出每增加 1%，会引起城市创新增加 0.154%，并使邻近城市创新增加 0.012%；从长期来看，政府财政在科技方面的支出每增加 1%，本地区和邻近城市创新产出分别增加 0.157% 和 0.007%，政府财政在科技方面的支出对城市创新的促进作用在时间上几乎未发生明显变化。对中部地区而言，有效需求对城市创新有正向促进作用，均体现为直接效应。具体而言，在短期和长期，有效需求每增加 1%，分别会引起城市创新产出增加 0.916% 和 0.121%，即短期直接效应大于长期直接效应。

此外，外商直接投资对城市创新产生的影响在短期表现为负向直接效应和正向间接效应；在长期，则只表现为正向直接效应。一种可能的解释在于，对中部地区而言，FDI 的增加在短期更多的是对本地区创新要素的挤占，甚至是创新要素的流失，产生正向的空间溢出效应；而在长期，随着城市创新能力的提升，增加的 FDI 与本地区创新要素相互融合，共同促进城市创新发展。

三是以西部城市为研究对象。除重庆、西安和成都等少数城市之外，西部城市创新能力整体偏弱，高速铁路开通对西部城市的影响可能与东中部城市存在差异。基于此，对西部城市高速铁路开通对创新及其影响因素的动态空间效应进行估计，具体结果如表 5-17 所示。

表 5-17　动态空间杜宾模型估计结果（西部城市）

| 变量 | 系数 | 短期 | | 长期 | |
|---|---|---|---|---|---|
| | | 直接效应 | 间接效应 | 直接效应 | 间接效应 |
| PAT（-1） | 0.340**<br>(2.417) | | | | |
| RPF | 0.315**<br>(2.270) | 0.188**<br>(2.512) | 0.007*<br>(1.837) | 0.153***<br>(6.950) | 0.005*<br>(1.780) |
| RCF | 2.893***<br>(3.431) | 2.907***<br>(3.331) | 3.210<br>(1.025) | 0.271***<br>(7.085) | 0.055***<br>(2.901) |
| R&DP | 0.736*<br>(1.958) | 0.325***<br>(4.336) | 0.130*<br>(1.889) | 0.113*<br>(1.967) | -0.054**<br>(-2.147) |
| R&DE | 1.136**<br>(2.445) | 0.442*<br>(1.881) | -1.468<br>(-0.010) | 0.275***<br>(2.591) | 0.053*<br>(1.831) |

续表

| 变量 | 系数 | 短期 | | 长期 | |
|---|---|---|---|---|---|
| | | 直接效应 | 间接效应 | 直接效应 | 间接效应 |
| FDI | 0.056** (2.189) | 0.107* (1.785) | 0.113 (0.731) | 0.093** (2.038) | 0.023 (1.534) |
| GOV | 0.865*** (3.209) | 1.184*** (4.137) | 0.008 (1.569) | 0.203** (1.991) | 0.091 (1.291) |
| CON | 0.706*** (3.325) | 0.031 (0.287) | 0.410*** (2.731) | 0.013* (1.824) | 0.002* (1.751) |
| W × PAT | 0.175 (1.238) | | | | |
| W × PAT (−1) | 0.035 (0.034) | | | | |
| W × RPF | 0.375** (2.368) | | | | |
| W × RCF | 2.551* (1.873) | | | | |
| W × R&DP | 1.083*** (2.401) | | | | |
| W × R&DE | −0.038 (−0.679) | | | | |
| R−squared | 0.988 | | | | |

由表 5−17 可知，从被解释变量滞后项回归系数及显著性来看，仅时间滞后项系数显著为正，空间滞后项和时间空间滞后项均未通过显著性检验，说明对西部城市而言，空间效应并不显著，城市创新的提高依赖于前期的知识积累，这一结果与东部和中部城市均不相同。从解释变量及其空间滞后项系数来看，R&D人员流动及其空间滞后项、R&D资本流动及其空间滞后项、R&D人员投入及其空间滞后项、R&D资本投入、GOV、CON等因素均对城市创新有重要影响，除R&D人员流动滞后项和CON系数为负之外，其余影响因素的回归系数均显著为正；其中，RCF估计系数最高，说明，对西部城市而言，R&D资本流动对城市创新贡献作用最大。

从影响因素的空间效应来看，研发要素流动对城市创新影响显著。就整体而言，R&D资本流动对城市创新的影响大于R&D人员流动，短期作用大于长期作用，直接效应大于间接效应。R&D 资本流动增加 1%所产生的直接效应在短期和长期分别为 2.907%和 0.271%，分别高于 R&D 人员流动的 0.188%和 0.153%。此外，对西部城市而言，高速铁路开通带来的可达性提高对城市创新的空间效应有限，R&D 人员流动每增加 1%，在短期和长期分别会导致邻近城市创新增加 0.007%和 0.005%。一方面，高速铁路线路在西部城市间较为稀疏，对整体可达性的提升不如东部城市明显，使 R&D 人员流动量过低，产生的空间效应偏小；另一方面，西部城市创新能力普遍较弱，即使高速铁路将城市连接，城市间的空间溢出效应也有限。无论是在短期还是在长期，研发要素投入对城市创新的影响主要体现在直接效应，即研发要素投入主要是对本地区产生影响。R&D 资本投入每增加 1%，在短期，城市创新产出会增加 0.442%；在长期，本地区和邻近城市创新产出分别增加 0.275%和 0.053%。对 R&D 人员投入来说，短期来看，随着高速铁路的开通，城市间的交流密切，R&D 人员投入的增加在短期会引起本地区和邻近城市创新产出的增加，而长期，则会产生负向空间溢出效应。一种可能的解释是，随着高速铁路的完善，在长期，邻近城市 R&D 人员投入的增加是本地区 R&D 人员流失的结果，因此，不利于本地区城市创新的提升。

由 GOV 的估计系数不难发现，不管是在短期还是长期，政府财政在科技方面的支出主要是直接效应，空间效应不显著。政府财政每增加 1%，在短期会引起城市创新产出增加 1.184%；而在长期，会导致城市创新增加 0.203%，邻近城市财政在科技方面的支出对本地区影响效果不明显的一个原因在于，对西部城市而言，创新主要受到本地区因素的影响，空间相关性较弱，有效需求在短期主要是间接效应；而在长期，则是直接效应和间接效应，且前者大于后者。在短期内，有效需求每增加 1%，可引起邻近城市创新增加 0.410%；而在长期，有效需求每增加 1%，会引起本地区创新产出增加 0.013%、邻近城市创新产出增加 0.002%，即直接效应大于间接效应。原因在于，高速铁路开通带来的时空压缩，有利于企业扩大市场规模，在短期内，西部城市本地企业并不能满足城市内的有效需求，导致外地创新性企业市场占有率提高，经营利润增加，进而产生正向溢出效应；而在长期，本地企业创新水平会进一步提升，使产生的直接效应高于短期，促进城市创新产出增加。

此外，与上述回归结果均不相同的是，外商直接投资对西部城市创新的估计系数显著为正，无论在短期还是长期，FDI 对城市创新的影响主要是直接效应。

具体而言，外商直接投资增加 1%，在短期会引起城市创新增加 0.107%，在长期，则会增加 0.093% 的城市创新产出。原因在于，对西部城市而言，城市创新要素较为稀缺，外商直接投资的增加可能对城市创新挤出效应不显著，反而因 FDI 进入促进城市创新能力提升。

### （四）分城市规模动态空间杜宾模型估计结果及分析

除地理位置外，城市自身规模可能也是影响城市创新的重要因素，一方面，城市规模较大意味着各种经济资源的集中，集聚效应降低了创新成本[1]，使大城市创新活动更为频繁；另一方面，创新要素总量是有限的，资源较为集中，大城市的创新活动并不总是有效率[2]，中小城市在某些方面可能存在对大城市的创新空间溢出。基于此，根据城市规模，将研究对象分为大城市、中城市和小城市，分别估计因高速铁路开通带来的城市创新空间效应。

一是以大城市为研究对象。大城市是信息、技术、知识等科技资源的主要集聚地，也是引领区域经济发展的中坚力量。高速铁路开通带来的时空压缩既有利于大城市向中小城市的创新空间溢出，也有可能加速创新要素由中小城市向大城市集中，进一步扩大城市间的创新差距。因此，高速铁路对大城市创新及其影响因素的动态空间效应与全样本分地区估计可能存在差异。基于此，采用贝叶斯 MCMC 方法，对大城市高速铁路开通影响城市创新的动态空间效应进行估计，具体结果如表 5-18 所示。

表 5-18　动态空间杜宾模型估计结果（大城市）

| 变量 | 系数 | 短期 | | 长期 | |
| --- | --- | --- | --- | --- | --- |
| | | 直接效应 | 间接效应 | 直接效应 | 间接效应 |
| PAT （-1） | 1.452***<br>(8.037) | | | | |
| RPF | 5.276***<br>(2.698) | 2.124***<br>(3.505) | 2.101***<br>(3.025) | 2.482***<br>(4.235) | 2.571***<br>(3.759) |
| RCF | 3.191***<br>(2.652) | 1.481**<br>(2.029) | 1.245***<br>(2.954) | 1.615***<br>(3.102) | 1.394**<br>(2.454) |

---

① 马静，邓宏兵，蔡爱新. 中国城市创新产出空间格局及影响因素——来自 285 个城市面板数据的检验 [J]. 科学学与科学技术管理，2017，38（10）：12-25.

② 常晓然，周全，吴晓波. 我国 54 个城市的创新效率比较研究：基于包含非期望产出的 SBM-NDEA 模型 [J]. 管理工程学报，2016，30（1）：9-18.

续表

| 变量 | 系数 | 短期 | | 长期 | |
|---|---|---|---|---|---|
| | | 直接效应 | 间接效应 | 直接效应 | 间接效应 |
| R&DP | 1.168*** (3.912) | 1.016*** (2.735) | 1.041*** (2.657) | 1.162*** (2.730) | 1.393*** (3.581) |
| R&DE | 1.105** (2.257) | 0.987*** (2.726) | 0.862** (2.402) | 0.897*** (3.745) | 1.208** (2.045) |
| FDI | −0.607 (−1.054) | −0.097 (−1.206) | −0.075 (−1.332) | 0.042 (1.102) | 0.023 (1.313) |
| GOV | 0.087** (2.102) | 0.096** (1.984) | 0.043** (2.121) | 0.092** (2.023) | 0.045*** (3.426) |
| CON | 1.508*** (3.023) | 1.037*** (2.928) | 1.310*** (3.136) | 1.036*** (3.562) | 1.218*** (3.324) |
| W × PAT | 1.108*** (3.875) | | | | |
| W × PAT (−1) | 0.959** (2.032) | | | | |
| W × RPF | 2.034** (2.239) | | | | |
| W × RCF | 1.671** (1.984) | | | | |
| W × R&DP | 1.074*** (2.901) | | | | |
| W × R&DE | 0.892*** (2.703) | | | | |
| R-squared | 0.986 | | | | |

　　由表 5-18 可知，整体来看，被解释变量和多数解释变量及其滞后项回归系数均通过了不同程度的显著性水平检验，说明采用动态空间杜宾模型估计高铁开通对大城市创新及其影响因素效应是适宜的，整个模型设置能反映所研究的问题。从被解释变量滞后项系数来看，其时间滞后项、空间滞后项和时空滞后项均为正，且通过了显著性检验，说明大城市创新能力的提升一方面是自身投入的增加；另一方面可能是邻近城市创新能力提升带来的空间溢出，这与多数回归结果相一致。从解释变量及其空间滞后项估计系数来看，除 FDI 外，RPF、RCP、R&DP、R&DE、GOV、CON 等解释变量均对城市创新有正向作用，特别地，研

发要素流动对城市创新效应和显著性均高于其他变量，也高于东部城市估计结果，说明高铁开通带来的时空压缩促进创新要素在城市间流动，特别是 R&D 人员流动对城市创新贡献，这与之前得出结论是一致的。

由 RPF 和 RCF 及其空间滞后项对城市创新的影响效应来看，与 R&D 资本流动相比，R&D 人员流动对城市创新影响更大。R&D 人员流动和 R&D 资本流动对城市创新无论是在短期还是长期对城市创新均有促进作用，且前者产生的效应更大，再一次证明高铁开通带来的时空压缩对提升了 R&D 人员流动对城市创新的影响。对 R&D 人员流动而言，其对城市创新的长期影响大于短期。在短期内，R&D 人员流动直接效应略大于间接效应；而在长期，间接效应大于直接效应，原因可能在于随着高速铁路建设的持续推进，不断优化的路网建设进一步增强了大城市与邻近中小城市联系，有利于创新的空间溢出，使间接效应大于直接效应。对 R&D 资本而言，虽然长期直接效应和间接效应均高于短期，但直接效应总是大于间接效应，原因可能在于，一方面，高铁开通增强了城市间人们面对面交流，有利于知识、技术等创新要素流动，但这种流动相对于人员流动而言偏弱，对城市创新的显著性较低；另一方面，影响 R&D 资本流动的因素众多，高铁开通为城市间资本流动奠定了坚实基础，但城市间规模、产业结构、技术水平等存在差异，影响 R&D 资本在城市间的流动，使对城市创新效应偏低。

从 R&D 投入估计结果来看，与研发要素流动类似，R&D 人员对城市创新的影响更大。对大城市而言，R&D 人员投入对城市创新的长期效应大于短期，且在长期，R&D 人员投入每增加 1%，会产生 1.162% 的直接效应和 1.393% 的间接效应，对大城市而言，随着以高铁为代表的基础设施不断完善，其与周围联系程度进一步增强，使城市自身 R&D 投入增加产生的空间溢出效应超过直接效应，在一定程度上也说明，长期而言，高铁建设有利于中小城市通过创新空间溢出提升城市创新能力。对大城市而言，在短期，R&D 投入对城市创新的影响主要体现在直接效应；而在长期，则主要体现在间接效应。在长期，大城市 R&D 资本每增加 1%，不仅是城市自身创新产出增加 0.897%，还使邻近城市创新产出增加 1.208%，如同 R&D 人员投入类似，随着城市间联系程度日益增强，特别是以大城市为核心的区域协同创新建设，有利于邻近中小城市接受创新空间溢出。

由 GOV 估计结果可知，相比于其他影响因素，政府财政在科技方面的支出对大城市创新主要是直接效应。在短期内，政府财政在科技方面支出每增加 1%，会产生 0.096%的直接效应和 0.043%的间接效应。对大城市而言，增加财政对创新活动的经费支持虽然有助于提升城市创新能力，但产生的效应偏弱，原因可能在于，对大城市而言，创新要素较为集中，政府财政支出增加可能会对私有创新要素产生"挤出效应"，使其对创新的影响偏弱。由 CON 估计结果来看，无论是短期还是长期，有效需求均显著促进大城市创新能力提升，且间接效应大于直接效应。长期而言，大城市有效需求每增加 1%，会产生 1.306%的直接效应和1.218%的间接效应，相比于短期，间接效应有所下降。原因在于，随着城市联系程度不断增强，大城市向中小城市创新空间溢出效应越来越大，使中小城市创新能力不断提升，削减了中小城市对大城市高质量商品和服务需求，更多依靠城市自身创新能力提升满足有效需求，导致间接效应偏低。

此外，与之前估计结果类似，无论是短期还是长期，FDI 估计系数均未通过显著性检验，原因可能在于，一方面，随着我国自主创新能力的不断提升，特别是大城市创新实力进一步增强，削弱了对外商直接投资的依赖；另一方面，外商直接投资对城市创新的影响可能是非线性的，单纯增加 FDI 并不会对城市创新产生显著影响。

二是以中等城市为研究对象。与大城市相比，中等城市在创新要素集聚程度上还有待提升，城市规模偏小可能会使高铁对城市创新影响效应存在差异。随着高速铁路的开通，一方面，有利于大城市向中等城市创新空间溢出，提升城市创新；另一方面，也可能导致创新要素向大城市集聚，进而对中等城市产生负向作用。基于此，采用贝叶斯 MCMC 方法，对中等城市高速铁路开通影响城市创新动态空间效应进行估计，具体结果如表 5-19 所示。

表 5-19　动态空间杜宾模型估计结果（中等城市）

| 变量 | 系数 | 短期 | | 长期 | |
| --- | --- | --- | --- | --- | --- |
| | | 直接效应 | 间接效应 | 直接效应 | 间接效应 |
| PAT (−1) | 1.653** (1.975) | | | | |
| RPF | 2.234* (1.875) | 1.852* (1.903) | −1.825*** (−3.263) | 2.913*** (2.679) | −0.691*** (−3.524) |
| RCF | 1.183** (1.972) | 1.109** (2.313) | −0.934* (−1.791) | 1.084*** (3.028) | −0.068 (−1.013) |

续表

| 变量 | 系数 | 短期 | | 长期 | |
|------|------|------|------|------|------|
| | | 直接效应 | 间接效应 | 直接效应 | 间接效应 |
| R&DP | 0.893*** (3.331) | 1.054*** (2.861) | −0.832*** (−3.217) | 0.951*** (2.836) | −0.038* (1.674) |
| R&DE | 0.623*** (4.137) | 0.723*** (2.721) | −0.109** (−2.023) | 0.742*** (3.426) | −0.035*** (2.821) |
| FDI | 0.864** (2.032) | 0.835*** (2.743) | −0.279* (−1.693) | 0.901*** (3.483) | −0.042** (2.203) |
| GOV | 1.093*** (2.764) | 1.154** (2.464) | 0.713* (1.936) | 1.036*** (4.832) | 0.067* (1.734) |
| CON | 1.405*** (3.342) | 1.312*** (2.645) | 0.635* (1.749) | 1.408* (1.965) | 0.008 (1.101) |
| W × PAT | −0.874*** (−2.751) | | | | |
| W × PAT (−1) | −0.605* (−1.832) | | | | |
| W × RPF | −2.241*** (−2.679) | | | | |
| W × RCF | 2.054 (1.025) | | | | |
| W × R&DP | −0.723* (−2.214) | | | | |
| W × R&DE | 0.983 (1.047) | | | | |
| R-squared | 0.992 | | | | |

由表 5-19 可知，被解释变量和多数解释变量及其滞后项回归系数均通过了不同程度的显著性水平检验，拟合优度 R-squared 为 0.992，说明采用动态空间杜宾模型估计高铁开通带来的时空压缩对城市创新及其影响因素效应是有效的。从被解释变量滞后项系数来看，时间滞后项、空间滞后项和时空滞后项均通过显著性水平检验；但滞后项所起的作用与大城市有明显不同。被解释变量空间滞后项和时空滞后项系数均为负，其时间滞后项系数为正，对中等城市而言，前期的创新要素积累对城市创新有促进作用，而邻近城市创新能力提升不利于中等城市创新提升。原因可能在于，一方面，高铁开通增强了城市间联系程度，特别是大

城市与中等城市，可能导致中等城市创新要素向大城市集中，进而对中等城市创新产生负向作用；另一方面，高速铁路也促进了中等城市间的联系，促进了城市内企业竞争程度，而创新要素是有限的，邻近创新能力提高也不利于城市自身创新能力提高。从解释变量回归系数来看，RPF、RCF、R&DP、R&DE、FDI、GOV、CON 等解释变量均对中等城市创新有促进作用；与大城市回归结果不同，研发要素流动对中等城市影响有所减弱，相比而言，其他因素对城市创新效应增强，这在一定程度上说明，时空压缩在促进创新空间溢出的同时，可能也存在大城市对中等城市创新要素的"虹吸"效应。

由 RPF 和 RCF 及其空间滞后项对城市创新影响效应来看，与 R&D 资本流动相比，无论是直接效应还是间接效应，R&D 人员流动对城市创新更具影响。在短期，R&D 人员流动每增加 1%，产生 1.852% 的直接效应和 -1.825% 的间接效应，时空压缩下 R&D 人员流动对中等城市有显著的抑制作用；在长期，相同的增加则会产生 2.913% 的直接效应和 -0.691% 的间接效应。高速铁路开通增强城市间的联系，也增强大城市的"虹吸"效应，使研发要素产生负向溢出效应；随着高铁网络的不断优化和城市创新的不断提升，大城市对中等城市的"虹吸"效应下降，对其正向空间溢出效应增加，有利于提升中等城市创新水平。另外，由于知识、技术等创新要素在城市间不断流动，提升中等城市 R&D 流动人员知识资本，进而增加其对城市创新贡献。与 R&D 人员流动类似，R&D 资本流动对城市创新直接效应为正，间接效应为负。在短期，R&D 资本流动直接效应高于间接负效应；在长期，间接效应并未通过显著性检验，研发要素流动对城市创新正向促进作用主要是通过直接效应实现的。通过对比研发要素间接效应发现，R&D 资本流动间接效应较小，说明与 R&D 资本相比，高速铁路开通主要是通过 R&D 人员流动对城市创新产生影响，这与大城市所得估计结果是一致的。与研发要素流动类似，R&D 投入对城市创新的直接效应为正，间接效应为负。在短期，R&D 人员投入每增加 1%，会产生 1.054% 的直接效应和 -0.832% 的间接效应；在长期，两种效应大小分别为 0.951% 和 -0.038%。无论是在短期还是长期，直接效应相差无几；而间接效应则在长期负向作用大幅收窄。与 R&D 人员投入类似，R&D 资本对城市创新的影响也主要是直接效应，在短期，R&D 资本每增加 1%，会产生 0.723% 的直接效应和 -0.109% 的间接效应；在长期，直接效应和间接效应则分别为 0.742% 和 -0.035%。可见，高速铁路带来的时空压缩有利于创新空间溢出，长期来看，有助于降低大城市对中等城市的虹吸，对缩小城市创新差距，推动城市协同创新具有重要意义。

与大城市回归结果不同，FDI 对城市创新具有显著影响，无论是短期还是长期，FDI 产生的直接效应均为正，间接效应均为负。具体来看，在短期，外商直接投资每增加 1%，会使城市创新增加 0.835% 和邻近城市创新下降 0.279%；而在长期，城市创新会增加 0.901%，邻近城市创新产出则下降 0.042%，直接效应略有增长，负向间接效应进一步收窄。这说明 FDI 是影响中等城市创新提升的重要因素，且邻近城市在短期竞争激烈程度高于长期。随着高速铁路的不断完善，城市间联系程度增强带来的创新要素频繁交互流动有助于降低 FDI 产生的负向空间溢出效应。从 GOV 回归结果来看，中等城市创新对政府财政支持依赖性更高。在短期，政府财政在科技方面支出每增加 1%，会产生 1.154% 的直接效应和 0.713% 的间接效应；在长期，两种效应大小分别为 1.036% 和 0.067%。对中等城市而言，政府财政在科学技术方面支出对城市创新产生的影响主要是直接效应，在长期，间接效应下降明显，可能的解释是，一方面，政府财政对创新活动的支持本身地理属性要求较高，空间溢出效应较低；另一方面，随着城市联系增强，创新要素在更大范围内进行优化配置，竞争激烈的市场环境进一步降低政府支持对城市创新的空间溢出。由 CON 估计结果来看，有效需求每增加 1%，短期会产生 1.312% 的直接效应和 0.635% 的间接效应，且均通过了显著性水平检验；而在长期，仅直接效应通过显著性检验。对中等城市而言，有效需求增加在短期，不仅促进城市自身创新能力提升，也有利于邻近城市创新产出增加；而在长期，直接效应有所增加，间接效应并未通过显著性检验。随着中等城市创新能力提升，有效需求越来越容易被城市内部创新满足，对外依赖程度降低，这也与大城市回归结果相一致。

三是以小城市为研究对象。与大中城市不同，创新要素在小城市集聚程度较低，时空压缩带来的城市创新及其影响因素空间效应变化与大中城市可能存在差别。基于此，采用贝叶斯 MCMC 方法，对小城市创新及其影响因素动态空间效应进行估计，具体结果如表 5-20 所示。

由表 5-20 可知，整体来看，被解释变量和多数解释变量及其滞后项回归系数均通过了不同程度的显著性水平检验，说明采用动态空间杜宾模型估计高铁开通对小城市创新及其影响因素效应是合适的，模型设置较好地反映了需要研究的

表 5-20 动态空间杜宾模型估计结果（小城市）

| 变量 | 系数 | 短期 | | 长期 | |
|---|---|---|---|---|---|
| | | 直接效应 | 间接效应 | 直接效应 | 间接效应 |
| PAT（-1） | 1.108* (1.856) | | | | |
| RPF | 0.334** (-2.036) | 0.945** (2.028) | -1.346*** (3.372) | 0.852** (2.357) | -0.395** (-2.153) |
| RCF | 0.193** (2.132) | 0.671** (2.364) | -1.011* (1.925) | 0.704*** (3.581) | -0.055*** (3.127) |
| R&DP | 1.036** (2.148) | 0.925*** (4.017) | -0.094* (1.906) | 0.913** (2.073) | -0.047** (-2.134) |
| R&DE | 1.461** (2.026) | 1.401** (1.975) | -0.097* (-1.745) | 1.501*** (3.105) | -0.031* (1.924) |
| FDI | 0.156** (2.376) | 0.143** (1.982) | -0.083** (-2.193) | 0.151** (2.329) | -0.041 (-1.075) |
| GOV | 1.153*** (2.865) | 1.104*** (3.374) | -0.017* (-1.953) | 0.765** (2.356) | 0.008 (1.252) |
| CON | -0.089*** (-2.976) | 0.018* (1.783) | -0.110*** (2.952) | 0.034*** (1.966) | -0.023* (1.684) |
| W × PAT | -0.273*** (-3.831) | | | | |
| W × PAT（-1） | -0.035* (-1.759) | | | | |
| W × RPF | -0.308** (2.234) | | | | |
| W × RCF | -0.287* (1.783) | | | | |
| W × R&DP | -1.042** (-2.251) | | | | |
| W × R&DE | -0.078 (-1.015) | | | | |
| R-squared | 0.991 | | | | |

问题。从被解释变量滞后项系数来看，其时间滞后项为正，空间滞后项与时空滞后项均为负，且通过了显著性水平检验，与中等城市类似，小城市前期知识积累对城市创新起到显著促进作用，而邻近城市创新能力提升对本地区产生负向空间溢出效应。然而，与中等城市相比，负向空间溢出效应较小，一种可能的解释

是，一方面，小城市创新要素较少，向大中城市流出量有限；另一方面，相较于大中城市，小城市交通设施亟待提升，特别是中西部小城市，虽然高速铁路增强了城市间的可达性程度，但城市间距离较大，市场竞争程度并不激烈，使负向空间溢出效应较低。从解释变量回归系数来看，RPF、RCF、R&DP、R&DE、FDI、GOV、CON 等解释变量均对小城市创新有促进作用；与中等城市回归结果类似，研发要素流动对小城市影响进一步减弱，相比而言，其他因素对城市创新效应增强，特别是 R&D 投入对城市创新的影响。这在一定程度上说明，与高铁通车较为紧密的大中城市相比，其对小城市的影响较低，小城市创新主要依靠自身创新要素投入。

由 RPF 和 RCF 及其空间滞后项对小城市创新影响效应来看，研发要素流动对城市创新均有显著影响，在短期，负向间接效应大于正向直接效应；而在长期，则是相反。具体来看，对 R&D 人员流动而言，在短期，每增加 1% 会产生 0.945% 的直接效应和−1.346% 的间接效应；而在长期，对应效应值分别为 0.852% 和−0.395%。一方面，相较于大中城市，高铁开通带来的时空压缩对小城市影响较弱，使 R&D 人员流动对城市创新影响较小；另一方面，与中等城市不同，邻近城市流动量的增加对小城市产生的负向空间溢出效应较小。与 R&D 人员流动类似，在短期，R&D 资本流动对城市创新的正向直接效应小于负向间接效应；在长期，则是直接效应更强。在其他条件不变情况下，在短期 R&D 资本流动每增加 1%，会引起城市创新增加 0.671%、邻近城市创新产出下降 1.011%；而在长期，则会引起城市创新增加 0.704%、邻近城市下降 0.055%。这说明时空压缩带来的知识流动一方面增加了 R&D 资本流动对城市创新的影响；另一方面也通过创新要素流动降低了负向空间溢出效应，有利于缩小城市间创新差距。与大中城市回归结果不同的是，研发要素投入对小城市影响更大，且 R&D 资本系数高于 R&D 人员投入。从 R&D 人员投入估计结果来看，在短期，小城市每增加 1%，会产生 0.925% 的直接效应和−0.094% 的间接效应；而在长期，两种效应分别为 0.913% 和−0.047%。R&D 人员投入对城市创新的直接效应在短期和长期变化不大，但时空压缩显著降低了 R&D 人员投入对城市创新负向空间溢出效应。与 R&D 人员估计结果相类似，无论是在短期还是在长期，R&D 资本对城市创新的直接效应均为正，间接效应均为负。在短期，R&D 资本每增加 1%，会引起城市创新增加 1.401%、邻近城市创新产出下降 0.097%；在长期，会引起城市创新增加 1.501%、邻近城市创新产出下降 0.031%。

通过对比发现，对小城市而言，R&D 资本投入对创新的贡献更大。与中等城市估计结果类似，FDI 对小城市亦产生重要影响。具体来看，短期内，外商直接投资每增加 1%，会引起城市创新增加 0.143%、邻近城市创新下降 0.083%；而在长期，城市创新会增加 0.151%，邻近城市创新产出则下降 0.041%，但未通过显著性检验。长期而言，外商直接投资对城市创新的影响主要体现在直接效应上。与中等城市不同，小城市在发展阶段、产业基础等方面存在差距使其在吸引外资方面缺乏足够竞争力，进而导致 FDI 对城市创新影响有所减弱。与中等城市估计结果类似，小城市创新活动对政府财政在科技方面的支出也有很强依赖性。

在短期，政府财政在科技方面支出每增加 1%，会引起城市创新增加 1.104%、邻近城市创新产出下降 0.017%；在长期，两种效应大小分别为 0.765% 和 0.008%，而后者并未通过显著性水平检验。与中等城市类似，时空压缩有助于降低小城市创新对政府财政的依赖，然而，限于政府财力，其对城市创新的影响不如中等城市显著。与大中城市估计结果不同，小城市有效需求每增加 1%，短期会产生 0.018% 的直接效应和 -0.110% 的间接效应；而在长期，两种效应大小分别为 0.034% 和 -0.023%。一种可能的解释是，对中小城市而言，在短期内，有效需求需要依靠城市外部力量提供，使其对城市创新活动产生的影响有限，且小城市并不能满足邻近城市有效需求，产生负向空间效应；而在长期，随着小城市创新水平不断提升，有效需求因城市内部创新而被满足，其对小城市创新活动贡献增加，负向空间效应减弱。

## 本章小结

本章首先分析了城市创新空间相关性产生的原因，包括创新活动本身的空间相关性、影响因素的空间相关性和交互相关。其次，根据不同的空间相关性动因对空间计量模型进行了介绍，并绘制空间计量模型谱系。再次，对空间权重矩阵的作用进行了详细阐述，提出了本书构建的空间计量模型，并计算了基于地理距离和时间距离的多种空间权重矩阵，分析了高速铁路开通对时间距离的影响。进一步地,对城市创新的空间相关性进行计算,证明了城市创新存在显著空间相关性。最后,对高速铁路影响城市创新的静态和动态空间效应进行估计,从静态空间效应估计结果来看,高铁开通后,城市创新及其影响因素的空间相关性更强,即邻近城市创新水平的提升对本地区有显著的促进作用,且东部城市受高速铁路影响更明显,说明高速铁路开通主要是增强了创新要素在地区之间的流动性,降低了知识溢出成本,使空间溢出效应显著性更高;从动态空间效应估计结果来看,创新存在空间效应,但城市创新的发展主要还是依靠自身的前期积累,从解释变量及其滞后项系数来看,R&D 人员流动及其滞后项、R&D 人员投入及其滞后项、R&D 资本投入、外商直接投资、政府财政在科技方面的支出、有效需求等均通过了显著性水平检验,且除外商直接投资之外,其余估计参数均显著为正,说明这些因素对城市创新有正向促进作用;特别地,R&D 人员流动估计系数最高。对东部城市而言,在研发要素流动对城市创新的动态效应中,无论是R&D 人员流动还是 R&D 资本流动,对城市创新的直接效应均大于间接效应,而且 R&D 人员流动对城市创新的影响,总是大于 R&D 资本流动;对中部城市而言,虽然高速铁路开通增强了城市间可达性程度,提升了要素流动水平,但正向的空间溢出效应尚未显现;对西部城市而言,在短期,随着城市间的交流密切,R&D 人员投入的增加会引起本地区和邻近城市创新产出增加,而在长期,则会产生负向空间溢出效应。一种可能的解释是,随着高速铁路的完善,邻近城市R&D 人员投入增加是本地区 R&D 人员流失的结果,不利于本地区创新产出提升。从分城市规模估计结果来看,高铁开通增强了城市间联系程度,特别是大城市与中等城市,导致创新要素向大城市集中,特别是邻近的中等城市,产生极化效应;从长期来看,高铁开通带来的时空压缩降低负向空间溢出效应,且因知识溢出增加提升了本地投入对城市创新贡献,促进中小城市创新能力的提高,为缩小城市间创新差距、促进区域协同创新提供可能。

# 第六章
# 高速铁路对城市创新的网络效应检验

　　高速铁路的迅速发展极大增强了城市间的联系程度，与飞机、高速公路相比有着更加明显的优势。特别是，随着高速铁路线路的不断密集和优化，城市沟通更加密切，城市竞争力不再仅由城市自身创新要素决定，而是扩展到网络层面的城市群间的竞争，城市创新由域内创新主体自主研发逐渐转向依靠各种关系网络，获取更多创新要素，进而提升城市创新能力。作为我国重要交通基础设施，高速铁路发展不仅有利于创新要素大规模、快速、频繁在城市间流动，还有利于城市关系网络形成，网络资本对城市创新有重要影响。本章运用社会网络分析法（Social Network Analysis，SNA）研究高速铁路发展对城市创新产生的网络效应。第一，基于社会网络方法，介绍了网络的基本概念与表达形式；第二，分析高速铁路网络的基本特征，并阐述基于网络视角研究高速铁路影响城市创新的必要性；第三，基于高速铁路网络的城市连接关系测量指标进行公式化表达，明确各指标的具体含义；第四，对高速铁路网络相关指标进行测度，并对相关属性结果进行分析；第五，将高速铁路网络属性指标与城市创新进行回归分析，并对城市按地理位置和城市规模进行分类研究，深入探讨基于高速铁路连接的城市联系网络对城市创新产生的影响。

# 第一节　网络的概念与表达形式

## 一、网络的概念

研究高速铁路对城市创新的网络效应，首先要对网络的概念进行界定。网络总体上可以分为有形网络和无形网络，前者是指有形的基础设施、通信载体等之间所形成的关联关系，网络中的参与主体按照一定的规则在网络中进行资源交换或者信息传导；后者是指基于一定规则或者协议所形成的无形的关联关系，包括人际关系网络、产学研合作网络、协同创新网络等。事实上，不管是有形的网络还是无形的网络，从广义角度来说，都是有节点和关系连线所构成的图。结合本研究实际情况，本章认为，由城市（节点）和城市间的高速铁路通车情况（关系）所构成的图就是网络，可以表示基于高速铁路发展的城市间错综复杂的相互联系。

## 二、网络的构成要素

社会网络分析法主要是通过分析网络指标属性值、将网络关系进行可视化表达和构建相关模型分析网络关系，重点研究网络参与主体间的关系而非参与主体本身。由前文分析可知，城市创新空间溢出效应明显，而随着高速铁路的不断完善，有利于城市间不同创新主体建立社交圈，而社交圈中的成员在信息传递、资源分享以及知识与技术创新过程中获得不可言喻的优势[1]，高速铁路网络效应对城市创新的影响将会更加重要。基于社会网络分析法的思想，高速铁路网络构成要素主要包括：节点城市、连接关系、联系频率和网络，具体如下：

一是节点城市。城市是创新的重要空间载体，也是高速铁路站点的所在地。随着高速铁路网络的形成与优化，使城市内包括个人、企业、科研机构、高校等

---

① 李建成，王庆喜，唐根年.长三角城市群科学知识网络动态演化分析 [J].科学学研究，2017，35（2）：189–197.

创新主体频繁、快速交流成为可能，创新要素的大规模流动与城市创新密切相关。通过分析城市在高速铁路网络中的位置与城市创新之间的相关性，研究高速铁路网络属性对城市创新产生的影响。

二是连接关系。连接关系是指在高速铁路网络中节点城市间的连接，城市间存在连接关系表示高速铁路将城市连接。城市被高速铁路连接必然会对城市的经济发展产生重要的影响，既可能相互促进，也可能相互制约。连接关系一旦确立，表示城市间的联系是双向的，包括知识、信息等资源，有利于城市内创新主体的信息交换，进而促进城市创新。此外，关系具有方向性，可以分为有向和无向两种。高速铁路线路将城市以发车站（Origin）和到达站（Destination）相互连接，因此，基于高速铁路所建立起的城市网络是一种有向图，本章以最短路径形成的 O–D 联系分析城市网络属性，探讨城市间复杂的相互作用关系。

三是联系频率。基于高速铁路网络的城市间联系是通过高铁线路将城市一对一对连接起来。城市间的联系通过高速铁路线路实现联结，城市间的联结关系可能是一对一，也有可能是一对多。城市间的联系程度有强有弱，主要取决于城市间高铁动车组开行数量、上座率等。基于高速铁路的网络联结主要是政府行为，与市场自发形成的各种网络（企业合作网络、资源共享网络等）在联结机制、利益分摊机制、风险共担机制等方面存在诸多不同。然而，城市间开通高铁动车组频率的提高，增加了人们面对面交流的机会，特别是从事创新活动的人才，有利于对创新性活动进行更好的管理，降低逆向选择和道德风险发生的概率。基于高速铁路的城市联系网络有利于城市间创新要素的流动、创新空间溢出、增强城市内创新主体的信任程度等，有利于其他城市联系网络的形成，进一步促进城市创新。

四是网络。高速铁路网络是众多高铁线路的集合，用来描述城市间连接关系。在社会网络分析中，将网络分为个体网络、局域网络和整体网络。个体网络是指以某一个节点城市为中心，与其连接的多个城市所形成的网络，包括城市和城市间的关系。局域网络是指由一定数量的个体所组成的城市联系网络，这种网络界定比较松散，但无论是城市数量还是城市间关系数量，它要比整体网络少，比个体网络多。整体网络是在研究规模内的所有城市所形成的关系，包括了城市的全部网络数据。

## 三、表达形式

基于高速铁路连接的城市网络是许多城市和城市间的关系属性的集合，城市间复杂的网络关系是需要一定形式展现出来，以更好分析所研究的问题。结合现有研究，将网络的表达形式分为图形表达和矩阵表达。

### (一) 图形表达

图是图论的基本研究对象，也是一种有效的、简单的和系统的建模方式之一。图论中的图主要用于描述事物之间的某种特定关系，由点和线构成，具有概括性、系统性和严谨性。图论视角下的网络是抽象的节点和边的集合所构成的图形。其中，点可以是企业、组织，也可以是单独个人；边则表示点与点之间的关系，如合作、交流、附属等。因此，本章基于图论视角对网络定义为：网络是由节点集和边集所构成的图，记为 $G=(V，E)$；其中，节点集 $V=\{v_1，v_2，\cdots，v_n\}$ 表示该网络共有 n 个节点，边集 $E=\{e_1，e_2，\cdots，e_m\}$ 表示网络中有 m 条边。用图表示网络的形式是多种多样的，可以根据边的方向和权重分为无向无权图、无向有权图、有向无权图和有向有权图四种；也可以根据研究对象之间联系的紧密程度分为完备图和非完备图。所谓完备图是指图中任意两点都能通过一定关系连接的图，否则为非完备图。

### (二) 矩阵表达

图形表达的网络概括性强，且表示更为直观，但是当研究对象较多、网络中的关系较为复杂时，用图形难以辨析出研究对象之间的关系结构，此时，通常用矩阵表示关系网络。在矩阵中，节点之间的关系属性通过位置表示，即某一位置对应行和列的节点间关系由该位置中的格值表示。网络关系由矩阵可表示为：

$$X=\begin{bmatrix} x_{11} & x_{12} & \cdots & x_{1n} \\ x_{21} & x_{22} & \cdots & x_{2n} \\ \vdots & \vdots & \vdots & \vdots \\ x_{m1} & x_{m2} & \cdots & x_{mn} \end{bmatrix} \tag{6-1}$$

式中，$x_{ij}$ 表示节点 i 和 j 之间的关系，$i=1，2，\cdots，m$；$j=1，2，\cdots，n$。若两节点存在一定形式的关系，则非零；若不存在连接关系则为零。在社会网络分析中，常用的矩阵包括邻接矩阵、发生矩阵、隶属关系矩阵、有向关系矩阵和多值关系矩阵。具体而言，邻接关系矩阵中的要素是"0"或者"1"，分别表示存在关系和不存在关系，是二值矩阵；发生阵矩表达的是两节点间通过哪条线（传输路径）连接的矩阵，一般来说，行表示节点，列表示各条线；隶属关系矩阵表示研究对象之间隶属关系的矩阵，行代表节点或者行动者，列表示隶属的团体或者组织；有向关系矩阵是非堆成矩阵，表示节点之间的相互关系不是对称结构；多值关系矩阵是对邻接关系矩阵的补充，若节点间的关系不仅有"0"或者"1"而是多值，则用多值关系矩阵表达。

## 第二节　高速铁路网络的基本特征

从高速铁路网络影响城市创新的过程来看，首先，高速铁路网络强化了城市间的联系，降低了创新要素在城市间的流动成本；其次，随着创新要素流动成本的降低，创新主体在城市间的流动日益频繁，并随着路网的不断优化而得到强化；再次，虽然高速铁路网络具有一定的稳定性，但基于交通设施的创新活动却是动态的，在时空压缩条件下，企业、高校、科研院所、风险投资、政府等创新活动参与者可以在更大规模内进行交流合作，打破了原有的地理边界；最后，创新要素在更大规模内进行配置使创新网络关系不必局限于特定城市或城市内，跨城市创新活动更加频繁。高速铁路网络的不断优化也促进了创新网络的完善。

### 一、网络的连通性

连通性是高速铁路网络的基本特征，也只有城市被高铁线路连接才能融入规模庞大的高铁网络。正是因为城市能被一条条高铁线路连接，进而建立各种关系，才使复杂的高铁系统抽象成为一个网络。基础设施建设主要是政府主导，高速铁路也不例外，高铁线路按照《中长期铁路网规划》将城市相互连接。高速铁路网络中的连通性反映的就是任意两城市是否实现了高铁动车组列车的开行。如前所述，基于高速铁路网络建立的城市联系是有方向的，即从城市 A 到城市 B 的高铁动车组开行数量并不总是等于从城市 B 到城市 A 的开行数量，因此，高速铁路网络是一种有向网络。

## 二、网络的非等级性

高速铁路网络反映的是城市间的连接关系，其较为明显的特征就表现为非等级性。虽然高速铁路规划、选址和建设可能存在对城市等级的考量，然而，一旦城市纳入高速铁路网络，其与网络中的其他城市建立起的联系是非等级的。城市间的创新要素在网络中的流动也不是基于城市等级，而是创新活动本身。随着高铁网络的形成，城市间创新主体的沟通、交易、监督等成本进一步降低，创新要素在更大规模内得到配置，创新模式和成果空间溢出效应更加显著。一般意义上的网络更多的是指企业、高校、科研机构等组织自发形成的关系网络，这种关系网络是介于市场机制和等级之间的一种组织形式，自发形成的网络更类似于一种灵活的协调机制，并带有一定程度的激励机制，网络成员的流动性较强。诚然，高速铁路网络不同于这种网络，体现更多的可能是政府行为，然而，高速铁路网络的形成，有利于城市间创新主体的大规模、高频率、快速的面对面沟通，这种网络效应会加速其他形式的城市联系网络的形成，进而促进城市创新。

## 三、网络的整体性

高速铁路网络并不是孤立存在的，高速铁路本身也是城市经济系统中的一部分，整个网络是全国经济社会系统的重要组成部分，具有显著的整体性特征。城市间的创新性活动因为高速铁路网络的不断优化而得到加强，城市间沟通不断增多，城市间的共性方面也越来越多，城市创新越来越依靠城市间协同而不是城市本身，主要表现在：首先，一个城市的创新同周围城市的互动程度密切相关，高速铁路的开通，使城市间的创新要素更加快速地流动，城市间的创新主体相互信任程度大大提高，创新行为更容易趋于相同的价值考量。其次，在城市联系网络中，每个城市拥有的资源禀赋不同，创新方向和分工也各有差异，高速铁路的开通有利于城市间创新人才相互交流，有利于优化城市内部创新主体的知识结构，进而推进城市间深层次合作，高铁动车组列车开行数量也更高，网络整体性进一步增强。再次，高铁动车组列车开行除了城市间的客流量，还要兼顾整个路网的其他线路、运输成本等，这也同一般意义上的网络有所不同，高速铁路线路营运管理的统一性是网络整体性的重要保障。最后，信息通信技术和互联网平台的发展不仅增强了城市之间的联系程度，也有利于高速铁路的调度和指挥，增强了网络整体性。

## 四、网络的开放性

　　高速铁路系统并不是一个封闭的系统，而是不断优化和完善的开放式复杂系统。因此，由高速铁路系统抽象出来的高速铁路网络也是开放式网络。虽然高速铁路线路一旦建成就固定不变，但是城市间联系主要依赖开行的高铁动车组班次数量，而并非简单的线路数量。随着城市经济发展和外部其他环境的变化，城市间的高铁动车组开行数量会发生一定的变化，有些节点城市会得到强化，有些会弱化，甚至仅是高铁动车组通行经过城市。高速铁路网络的开放性主要受城市资源拥有程度的变化影响，在网络中，每个城市在一定时间拥有一定的资源，但这并不是固定不变的，特别是创新性资源，流动性较强，城市间的交流互动取决于知识结构的互补性。城市创新也是开放式的，仅从城市内部难以获得足够的创新要素。因此，城市内部创新主体有积极寻找外部创新要素的需求，实现知识互补，增强创新能力。外部环境和城市自身经济发展的变化会导致城市间的互动频率和规模发生变化，这会影响高铁动车组列车开行数量。只有高速铁路网络是开放式，才能不断优化资源配置，实现创新知识优势互补，提升城市创新水平。

　　高速铁路网络所具有的开放性特征也意味着网络是动态的、演化的。事实上，我国高铁发展也是由单线、多线到最后的成网，由简单到复杂的过程。随着时间推移和城市发展，高铁网络涵盖城市数量不断增多，空间规模也不断增大，越来越多的异质性创新要素通过高速铁路网络实现交换，创造出更多的新产品、新模式甚至是新业态。

## 五、网络的外部性

　　作为重要的基础设施，高速铁路是公共物品，具有显著的外部性。高速铁路网络形成后，城市都可以通过网络与其他城市在更低的成本条件下实现各种形式的互动。城市间的创新主体面对面交流更多，知识共享，特别是隐性知识传递变得更为容易。网络结构本身也加速了知识、信息、资源、创新性成果在城市间的扩散，知识共享和创新扩散可以是通过正式的组织间合作，也可以是非正式的交流、沟通，两种方式均有利于城市间创新主体获取外部创新性资源，进而提升城市创新能力。随着网络规模的逐渐扩大，城市间相互联系的数量也会越多，单个城市从网络中获取的创新性资源也会越丰富,高速铁路网络外部效应越大。此外,对于未纳入高铁网络的城市而言,虽然没有直接与网络内部城市产生直接联系,但可以通过增强与邻近的高铁网络节点城市间的联系,获取创新要素,提升城市创新能力。

## 六、网络的复杂性

高速铁路网络的复杂性是指网络本身的复杂性和网络外部的复杂性,前者是高速铁路网络运行本身的复杂性,包括建设、投资、调度等;而后者是高铁网络内嵌于城市发展,而城市创新本身就是复杂的,基于高速铁路网络的城市创新的复杂性程度进一步增强。高速铁路网络本身具有复杂网络的小世界特性和无尺度特征,具体而言,小世界特性是指在网络中大部分节点城市并不是彼此直接连接,但大部分城市可以经由任意其他点连接其他城市,使城市间特征路径长度小,聚合系数较大,有利于降低创新要素远距离运输的时空成本;同时,也提高了创新扩散效率和知识结构互补的精确程度,提升城市创新水平。无尺度特征是指在高速铁路网络中,少数的枢纽城市对整个网络的运行起主导作用,一般节点城市的连接关系变化不会引起整个网络的不稳定,但如果枢纽城市发生变化,会对整个网络产生重要影响。这也符合高速铁路网络的实际情况,在网络中,直辖市或省会城市是网络中的枢纽,一旦省会城市被纳入网络,则该省内的一般城市也会通过省会城市中转与全国其他城市连接。同样,一旦枢纽城市退出网络,则可能导致城市内其他城市的退出,有一定的脆弱性。网络外部的复杂性主要是城市创新外部环境的复杂性和创新本身充满的不确定性。每个城市都有一定的创新要素,城市内部创新主体都在某些方面有处理、加工和创造新知识的优势;同时,创新主体对互补性知识的需求不尽相同,高速铁路开通带来的时空压缩对城市间创新要素的交互配置过程是复杂的,对城市创新有异质性影响。由于这些异质性影响,导致城市间开行的高铁动车组数量会发生变化,进而使该网络更具复杂性。外部环境的复杂性主要是指经济全球化、信息技术的发展、客户需求的多样化和个性化、超常规的激烈竞争等,它们都增强了城市经济运行环境的复杂性。城市经济网络就是在对这些外部环境适应的过程中,不断诱发节点间自我重组、快速调整的组织能力,形成复杂的网络关系。同时,由于网络节点都具有信息加工、处理能力,节点本身就具有较高的异质性,决策特征不同,节点间连接方式多种多样，连接效果也不完全相同，这些都导致了城市经济网络具有复杂性。

# 第三节 基于高速铁路连接的城市网络结构度量

不断优化和完善高速铁路网络不仅压缩了城市间的时空距离，加速了创新要素流动，还通过重塑城市间联系对城市空间格局产生重要影响。基于"流动空间"视角的社会网络分析法可以将城市间的相互联系通过关系数据进行表达。在网络分析中，既可以对整体网络属性进行分析，也可以对单个节点特征进行讨论。基于城市间高速铁路联系强度与方向，本节运用社会网络分析法分别从整体、局域和个体网络拓扑结构三个层面考察我国城市高速铁路网络节点关系及其属性。

## 一、高速铁路整体网络结构指标

整体网络结构分析是揭示整个网络的结构特征，整体网络的结构或多或少会对其中的节点行为产生影响或者是反映局域网的一些特征，也为研究个体的各种关系研究提供参考。选取网络密度、平均路径长度和集聚系数来分析基于高速铁路的城市关系网络结构。

### （一）网络密度

网络密度是反映网络中节点联系紧密程度的指标，网络密度越大，表示节点间的关系越密切。网络密度等于网络中实际存在的关系数量除以理论上可能产生的最大关系数量，具体计算公式如下：

$$D = \frac{\sum_{i=1}^{n}\sum_{j=1}^{n}x_{ij}}{n(n-1)} \tag{6-2}$$

式中，n 为网络中节点数，$x_{ij}$ 为节点 i 和节点 j 是否有连接关系，若存在连接关系则为 1；否则为 0。网络密度的大小表面上反映了城市间相互沟通、联系的紧密程度；从深层次来说，则是城市在网络中获取各种资源的可能性。结合本研究来说，网络密度越大，说明城市获取创新要素、信息等的可能性就越大，创新扩散也就越快，对城市创新的影响也越大。[1] 同时，网络密度也会限制节点的发展，密度过大可能会有大量的冗余信息，产生信息泛在，反而不利于创新要素的流动。

### (二) 平均路径长度

平均路径长度是反映网络整体可达性的指标，表示节点间"距离"的大小。平均路径长度等于所有节点最短距离的平均值，具体计算公式如下：

$$L = \frac{2}{n(n-1)} \sum_{i \neq j} d_{ij} \qquad (6-3)$$

式中，n 为网络中的节点数，$d_{ij}$ 为节点 i 到 j 的最短距离。节点间的平均路径越长，表明网络的可达性越差。对创新活动而言，平均路径越长表示知识、信息等创新要素传播的路径就越长，时效性越差，信息失真的可能性也越大，越不利于创新扩散；反之，如果平均路径长度越短，则越有利于创新扩散。

### (三) 集聚系数

集聚系数是反映网络中节点聚类情况的指标，网络集聚系数是单个节点集聚系数的平均值，单个节点集聚系数是所有相连节点间实际连边数目占最大连边数目的比例。网络集聚系数 (C) 和单个节点集聚系数 ($C_i$) 计算公式如下：

$$C = \frac{1}{n} \sum_{i=1}^{n} C_i \qquad (6-4)$$

$$C_i = \frac{E_i}{C_{k_i}^2} = \frac{2E_i}{k_i(k_i-1)} \qquad (6-5)$$

式中，n 为网络中节点数，$k_i$ 为节点 i 所连接的节点数，$E_i$ 为节点 i 所连接的所有节点实际存在的边数总和。平均路径长度反映了节点间可达性程度，而集聚系数则直接表明了网络节点间的凝聚性，如果一个网络拥有较高的集聚系数和较小的平均路径长度，则该网络符合小世界特性。

## 二、高速铁路网络城市结构方法

整体网络结构指标主要是分析网络整体特征，但对于网络中的局部节点之间的关系刻画有限。在网络中，有些城市间的联系紧密，是一定属性下的集合，满

---

[1] 牛欣，陈向东. 城市间创新联系及创新网络空间结构研究 [J]. 管理学报，2013，10 (4)：575-582.

足凝聚子群特征。凝集子群分析主要用于揭示和刻画城市网络内部小规模城市群的连接方式，包含城市成员等具体情况，是城市维度下的网络分析。

在网络分析中，常用 CONCOR（Convergent Correlation）法进行凝集子群分析。[①] CONCOR 法主要是矩阵间的迭代计算，大致步骤为：首先，计算矩阵各行（或者各列）间的相关系数，得到矩阵 $C_1$；其次，将 $C_1$ 作为输入矩阵计算相关系数，得到矩阵 $C_2$，经过多次迭代计算之后，CONCOR 利用树形图表达各个位置之间的结构对称程度，并对网络成员所处的子群进行划分。

### 三、高速铁路个体网络结构指标

网络位置是基于节点间的相互关系形成的，节点的位置能够反映该点在整个网络中的重要性，也决定着其拥有网络资本的多少。结合现有研究，选取度数中心度、接近中心度、中介中心度、特征向量中心度、有效规模和限制度来表征各节点在高速铁路网络中的地位。

#### （一）中心性指标——度数中心度

度数中心度是反映网络中某节点网络地位最直观的指标，其值越大说明与其连接的节点越多，越接近网络中心地位。度数中心度可以分为两类：绝对中心度和相对中心度，前者是一个节点的度数，后者是前者的标准化形式。

绝对度数中心度等于网络中与某节点直接相连的其他节点的个数，具体计算公式如下：

$$C_{AD_i} = \sum_{j=1}^{n} x_{ij} \tag{6-6}$$

式中，n 为网络中节点数，$x_{ij}$ 为节点 i 和节点 j 是否有连接关系，若存在连接关系则为 1；否则为 0。绝对中心度仅是在同一个图的不同个体或者同等规模的图之间比较才有意义，当图的规模不同时，个体间的绝对度数中心度是不可比的，并没有考虑到图的结构特征，此时，应该用相对度数中心度进行度量。

若是有向网络，则计算公式为：

$$C_{RD_i} = (x_入 + x_出)/(2n-2) \tag{6-7}$$

---

① 苏屹，韩敏睿，雷家骕. 基于社会网络分析的区域创新关联网络研究 [J]. 科研管理，2018，39（12）：78-85.

式中，n 为网络中节点数，$x_入$ 是点入度，表示网络其他节点到达节点 x 的关系总数，$x_出$ 是点出度，表示节点到达其他节点的关系总数。

若是无向网络，则式（6-7）可简化为：

$$C_{RD_i} = \sum_{j=1}^{n} x_{ij} / (n-1) \tag{6-8}$$

式中，n 为网络中节点数，$x_{ij}$ 为节点 i 和节点 j 实际连接关系数。无论是绝对度数中心度还是相对度数中心度，所反映的都是网络中某个节点与其他节点的连接关系，是该节点在网络中位置和权利的最直接表达。一个节点的点度中心度在网络中是最大的，说明该点位于网络的核心位置，有最多的网络权力。

**（二）中心性指标——接近中心度**

接近中心度表示网络中某个节点与其他所有节点的接近程度，接近中心度越高，说明该节点对其他节点的依赖性越低。接近中心度也分为绝对中心度和相对中心度两类，分别为式（6-9）和式（6-10），具体计算公式如下：

$$C_{AP_i} = 1 / \sum_{j=1}^{n} d_{ij} \tag{6-9}$$

$$C_{RP_i} = (n-1) / \sum_{j=1}^{n} d_{ij} \tag{6-10}$$

在式（6-9）和式（6-10）中，$d_{ij}$ 为节点 i 和节点 j 之间的距离，n 为网络中节点数。绝对接近中心度及其标准化值反映的均是网络中某个节点与其他节点的联系紧密程度，具有较高接近中心度的节点同其他节点的关系就越密切，对该节点的限制也就越少。城市接近中心度越大，说明该城市同其他城市联系越密切，受控制越少，在创新要素流动和扩散过程中影响越大，因而对城市创新的影响也越大。

**（三）中心性指标——中介中心度**

中介中心度是反映网络中某个节点对网络资源的控制程度，中介中心度值越大，说明其控制或者影响网络资源传递的能力也就越高。将绝对中介中心度和相对中介中心度分别记为 $C_{AB_i}$ 和 $C_{RB_i}$，绝对中介中心度具体计算公式如下：

$$C_{AB_i} = \sum_{j}^{n} \sum_{k}^{n} b_{jk}(i) \tag{6-11}$$

$$b_{jk}(i) = g_{jk}(i)/g_{jk} \tag{6-12}$$

式中，$g_{jk}$ 表示节点 j 和节点 k 之间存在的最短路径数，$g_{jk}(i)$ 表示节点 j 和节点 k 经过节点 i 的最短路径数，n 为网络中节点数，$j \neq k \neq i$ 且 $j < k$。

类似地，相对中介中心度计算公式为：

$$C_{RB_i} = \frac{2C_{AB_i}}{n^2 - 3n + 2} \tag{6-13}$$

式中，$C_{RB_i}$ 为相对中介中心度，n 为网络中节点数。

中介中心度反映的是一个节点在多大程度上能够控制或者影响其他节点间的交往，较高中介中心度意味着该节点可以通过控制信息的流转途径来影响整个网络性能，具有"桥梁"的连接作用。若节点中介中心度为 0，意味着该点不能影响其他节点间的交流，处于网络的边缘；若中介中心度为 1，则意味着该点可以完全控制其他节点的互动，处于网络的核心。

### （四）特征向量中心度

在较复杂的网络结构中，可能节点 i 和节点 j 拥有相近的接近中心度，两节点同其他节点间的关系可能差异很大，如节点 i 可能与所有的节点距离都不远，而节点 j 则是与在一定规模内的成员距离较近，网络中的其他节点距离较远。节点 i 更处于网络中心地位，而这在中心性指标中并不能充分说明。

实际上，一个节点的中心度与其邻接节点的中心度息息相关，一个节点同较高中心度的节点相连接，则该节点的中心度也将提高。特征向量分析的主要目的在于找到网络中的核心节点，并不关注比较"局域"的结构。特征向量分析方法通过运用因子分析找出各节点间的距离维度，每个节点的维度上的位置就是特征值，一系列这样的特征值就是特征向量，具体计算方法如下：

令 A 为关系矩阵，其中元素 $a_{ij}$ 为节点 i 对节点 j 的网络地位（或者权力、中心度等）贡献量。令 x 表示中心度值向量，节点的中心度可表示为其他节点的中心度函数，具体表达式为：

$$\lambda x_i = a_{1i} x_1 + a_{2i} x_2 + \cdots + a_{ni} x_n \tag{6-14}$$

则由上述等式构成的方程组的矩阵式表达如下：

$$A^T \cdot x = \lambda x \tag{6-15}$$

式中，$\lambda$ 为各个特征根构成的对角线矩阵。

### （五）结构洞指标——有效规模

结构洞是指网络中的两个节点只能通过另外一个节点才能相互沟通，那么另外这个节点的位置就属于结构洞位置。结构洞的存在使处于网络中间位置的节点居于重要的联络地位，可以在很大程度上控制资源流动。在结合李瑞龙等的（2017）研究基础上，本章从有效规模和限制度两方面考量结构洞。

有效规模是反映节点 i 关系网络的非冗余部分指标，有效规模越大说明非冗余联系度越低，等于个体网络规模减去网络的冗余度，具体计算公式如下：

$$ES_i = \sum_{j=1}^{n} \left(1 - \sum_{q=1}^{n} p_{iq} m_{jq}\right) \tag{6-16}$$

式中，$p_{iq}$ 表示节点 i 的所有关系中，节点 q 所占比例，$m_{jq}$ 表示节点 j 和节点 q 之间的边际强度，等于两节点连接数除以节点 j 与其他节点连接中的最大值，$q \neq i$，j；n 为网络中节点数。有效规模反映的是单个节点在网络中获取异质性资源的能力，结合本研究，城市创新是创新主体通过相关资源的获取、投入所产生的结果，创新活动也不仅局限于创新主体或者组织内部。基于高速铁路的城市联系有效规模越大，表明城市内创新主体，特别是联系城市内外协作组织获取异质性资源的可能性越高，越有利于促进知识在城市间的流动，完善创新主体知识结构，从而推动城市创新能力提升。

### （六）结构洞指标——限制度

限制度是表示网络中节点运用结构洞能力的大小，限制度越小，表示节点运用结构洞的能力越强。限制度的具体计算公式如下：

$$C_i = \sum_{j=1}^{n} \left(p_{ij} + \sum_{q=1}^{n} p_{iq} p_{qj}\right)^2 \tag{6-17}$$

式中，$p_{ij}$ 表示节点 i 的所有关系中，节点 j 所占比例；$p_{iq}$ 表示节点 i 的所有关系中，节点 q 所占比例；$p_{qj}$ 表示节点 q 的所有关系中，节点 j 所占比例；n 为网络中节点数。有效规模刻画了网络中节点联系的冗余程度，而限制度则强调节点运用结构洞获取异质性资源的能力。基于高速铁路网络联系的城市限制度越低，说明该城市同多个相互隔离的城市或城市群的发生非冗余联系的能力就越强，越有利于城市内组织同这些城市内创新组织产生联系，进而促进城市创新。

# 第四节　基于高速铁路连接的城市网络结构分析

## 一、高速铁路网络空间格局

基于高速铁路网络的人口流动载体是高铁动车组列车，城市间列车日开行数量可直接反映城市间联系，有利于识别"流空间"城市联系网络。通过运用Ucinet 软件，城市联系数据以城市间日开行高铁动车组数量的均值表示，并根据经停情况对城市间联系强度进行筛选，分别绘制图 6-1、图 6-2、图 6-3 和图6-4，分别表示城市间联系强度大于 100、50、20 和 0。将日均开行高铁动车组数量大于 100 的称为第一等级城市联系；大于 50 但小于 100 的称为第二等级城市联系；大于 20 且小于 50 的称为第三等级城市联系；大于 0 且小于 20 的称为第四等级城市联系；小于 0 的称为无城市联系。

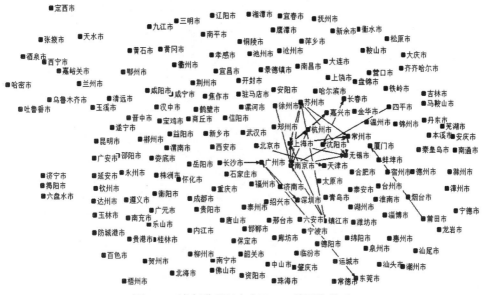

**图 6-1　城市联系强度大于 100 的网络关系**

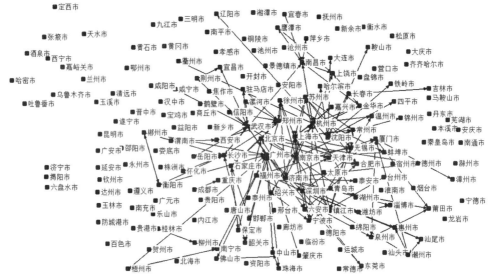

图6-2　城市联系强度大于50的网络关系

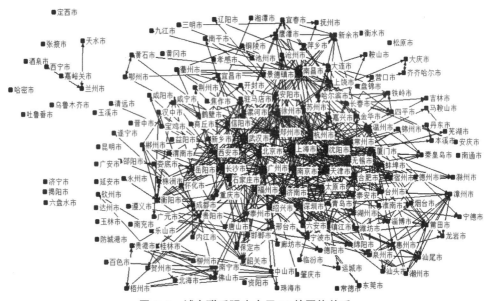

图6-3　城市联系强度大于20的网络关系

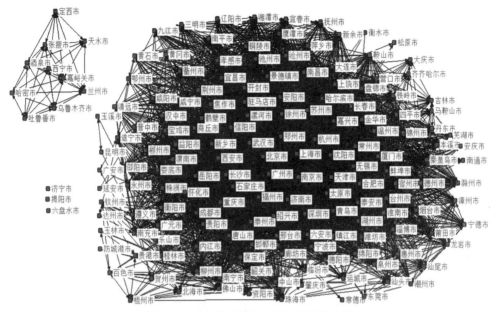

图6-4　城市联系强度大于0的网络关系

### （一）网络层级特征明显

综合分析图6-1、图6-2、图6-3和图6-4不难发现，虽然我国大多数城市间已实现高速铁路联系（仅有济宁市、揭阳市和六盘水市未与其他城市建立联系），但是城市联系层级特征明显，受经济发展、地理环境等因素的影响，城市联系网络的空间形态与分布密度存在较大差异。

第一，城市联系空间分布不均，第一层级城市联系主要分布在东部地区。整体来看，第一层级城市联系主要集中在东部地区，空间分布失衡。长三角城市群第一层级城市联系最多，主要包括上海—南京、上海—杭州、上海—苏州、上海—嘉兴、南京—杭州、南京—徐州等；珠三角城市群中，主要包括广州—深圳、广州—东莞；东北城市群中，沈阳—长春、沈阳—四平也是第一层级城市联系；厦门—莆田则是东南沿海城市群的代表；此外，北京—天津、长沙—广州也同属第一层级城市联系。由第一层级城市联系的空间分布可知，高强度的城市联系主要集中在经济较为发达的城市间，快速、便捷和频繁的高速铁路动车组加速了城市间资源流动。

第二，第二层级城市联系主要以直辖市、省会城市或副省级城市为核心，城市联系带基本形成。与第一层级城市联系局部小规模分布特征不同，第二层级城市联系主要呈现以中心城市为核心带状分布，例如，北京—保定—石家庄、沈阳—长春—哈尔滨、南昌—鹰潭—上饶、上海—杭州—金华、广州—深圳—惠州—汕尾联系带等。随着城市联系带的不断形成，我国高速铁路"四纵四横"骨架基本形成，高速铁路联系带产生了明显的"廊道效应"，加速创新要素向联系带上城市集中。此外，对比分析图6-1和图6-2不难发现，西部地区第二层级联系匮乏，虽然西安—渭南、重庆—成都均属于第二层级联系，但位于周边其他城市形成联系带，创新要素集聚能力有限。

第三，第三层级城市联系依托核心城市，局部城市联系网络基本形成。与第一、第二层级城市联系不同，第三层级城市联系在局部形成了联系网络。以东北地区为例，形成了以沈阳、长春和哈尔滨为核心的城市联系网络，将大连、盘锦、四平、铁岭、营口、大庆、齐齐哈尔等城市纳入城市联系网络，有条件的核心城市正在形成"一小时交通圈"，甚至是"两小时交通圈"，拓展高速铁路网络，增强与其他核心城市的联系。局部城市联系网络的优化和完善，是城市带不断增多的结果，因此，局部联系网络的形成，加强了联系带与联系带之间的沟通，更有利于发挥高速铁路的"廊道效应"。此外，西北和西南地区局部联系带和联系网基本形成，但与东中部地区还有一定差距。

第四，第四层级城市联系东中部与西部差异明显。由图6-4可知，虽然在第四层级城市联系中，西部地区城市网络已经形成，特别是西南地区，通过城市中心城市接入全国高速铁路网络，但是网络联系强度与其他城市相比还有一定差距，跨区域的城市联系不足。尤其是西北地区的兰州、乌鲁木齐、西宁等省会城市，虽然形成了局部城市联系网络，但并未与全国高速铁路网络相连，创新要素向该城市集中的渠道有限。

**（二）城市等级与城市联系层级并不完全一致**

根据城市人口规模，可将城市进行等级划分：国际城市、国家中心城市、城市重点城市和一般性城市。具体而言，国际城市为北京、上海、广州和深圳；国家中心城市为：天津、重庆、沈阳、南京、武汉、成都、西安、杭州、青岛、郑州、厦门；城市重点城市是除国际城市和国家中心城市之外的省会城市、副省级城市或者经济社会发展指标位列全国前40的城市，包括济南、哈尔滨、长春、大连、苏州、石家庄等城市；其余城市均为一般性城市。城市间高铁动车组开行数量反映了城市间联系强度，不同层级的城市联系在一定程度上表达了城市间不同的等级，但城市层级联系与其空间等级并不严格相匹配。以第一层级城市联系为例，第一层级城市联系以国际城市为主，但也将其他等级城市连接。如前所述，在第一层级城市联系中，高速铁路动车组主要将北京、上海、广州、深圳、天津、南京、杭州、沈阳等国际城市或者国家中心城市相联系，但也有苏州、常州、嘉兴、东莞、四平等中心城市外围的一般城市与其连接。这些城市往往是同中心城市地理邻近，在产业转移、技术扩散、创新协作等方面联系密切的城市，这些城市等级不高，但也同属第一层级城市联系。

城市联系层级与城市等级不完全一致，从中心城市角度来看，中心城市之间存在地理距离，高速铁路的开通必然要经过非中心城市，在这些城市中，有些城市与中心城市沟通密切，形成高于城市等级的层级联系；从非中心城市来看，积极建立与中心城市的联系是增强自身竞争力的关键举措，例如长三角城市群中的"苏锡常"、珠三角城市群"佛肇莞惠"等，都是通过与其周边中心城市建立密切联系，提升自身竞争力。特别是对创新活动来说，增强同中心城市的联系，有利于创新要素，特别是人才的跨城市流动，通过与中心城市形成创新分工，促进城市创新发展。

## 二、高速铁路整体网络结构分析

### （一）网络整体联系强度

按照自然断裂法，把基于高速铁路的城市网络联系总量和网络联系边强度划分为五个等级，运用 ArcGIS 软件，将其网络拓扑结构投影到地理空间上，绘制中国城市联系图谱，结合城市联系网络拓扑结构（见图 6-1、图 6-2、图 6-3、图 6-4）可知：

一是城市网络联系边强度和联系总量空间差异显著。从城市网络联系边强度来看，排名前 10 的分别是：广深、宁沪、沪苏、宁苏、沪锡、宁锡、京津、沪常、宁常、苏常，除广深位于珠三角城市群和京津位于京津冀城市群之外，其余城市联系均位于长三角城市群，核心城市为上海和南京，强度较弱的地区主要集中在中西部地区。从城市网络联系总量来看，城市联系排名前 10 的城市为：南京、上海、广州、杭州、武汉、长沙、郑州、北京、苏州和徐州，联系总量均高于 1300，其中东部地区城市有 7 个，中部有 3 个，无西部地区城市；创新联系总量排名后 35 位的城市联系总量均低于 100，位于东北、东、中、西部地区的城市数量分别为 3、6、7 和 19 个。

二是"四纵四横"城市联系网络形成。依托北京、上海、南京、深圳、广州、武汉等核心城市的城市联系网络已经形成。在纵向上，沿京哈高速铁路分布的北京—沈阳—长春—哈尔滨沿线城市联系、沿京港高速铁路分布的北京—郑州—武汉—广州—香港沿线城市联系、沿沪高速铁路分布的北京—天津—济南—徐州—南京—上海沿线城市联系和沿杭福深高速铁路的杭州—福州—深圳沿线城市联系无论是边强度还是总量，均高于非沿线城市。在横向上，沿沪汉蓉高速铁路分布的上海—南京—武汉—成都沿线城市联系、沿徐兰高速铁路分布的徐州—郑州—西安—兰州沿线城市联系、沿沪昆高速铁路分布的上海—杭州—南昌—昆明和沿青太高速铁路青岛—济南—石家庄—太原沿线城市在联系强度和城市联系总量上强于非沿线城市，并于纵向交织，形成网络中心城市。

三是无论是城市联系边强度还是联系总量，整体的空间分布大致上还是以胡焕庸线为界，地区分化显著。从纵向上看，"四纵"中，京哈高速铁路沿线城市全部为北方城市，杭福深沿线城市全部为南方城市，京沪和京港为连接南北的两条大动脉，南方城市联系强度和总量高于北方。从横向看，"四横"均是连接我国东部和西部的桥梁，但从联系边强度和城市联系总量来看，东部地区明显高于西部地区。具体而言，东部地区城市联系密切，且城市边强度较大，特别是以长三角、珠三角、京津冀等为代表的典型城市群；但在西部，城市间联系强度普遍较弱，仅有西安、成都、重庆等少数节点城市为城市联系纽带，城市联系网络还很不完善。此外，限于宝兰高速铁路的未开通，西北城市群局部城市联系网尚未与全国城市联系网连接。

四是城市网络密度差异巨大。通过 Ucinet 软件分别计算全国、东北、东部、中部和西部地区城市联系网络属性值（见表 6-1）。分析发现，全国城市联系密度仅为 2.495，说明从全国角度看，虽然我国高速铁路建设规模和速度一直处于高值水平，但城市间整体联系并不密切。分地区来看，东部地区网络密度最高，东北地区次之，中部地区第三，西部地区最低，网络密度值分别为 14.717、12.303、6.305 和 3.913。中西部地区远落后于东部和东北地区，特别是西部地区城市联系网络密度不及东部的 1/3。此外，从平均路径长度来看，东部和东北地区路径长度均低于全国平均水平；中部和西部地区均高于全国平均水平。平均路径长度的差异反映了地区之间城市联系的便利程度，以东部和西部地区为例，平均最短距离分别为 1.245 和 3.618，这表明对东部地区来说，任意两城市平均通过 1.245 条线即可实现联系；而对西部地区来说，需要 3.618 条，城市间联系便利程度不及东部。

表 6-1　高铁网络联系强度

| 地区 | 网络规模 | 网络密度 | 平均路径长度 | 集聚系数 | 标准差 |
|------|---------|---------|------------|---------|-------|
| 全国 | 175 | 2.495 | 1.756 | 0.467 | 9.673 |
| 东北 | 17 | 12.303 | 1.394 | 0.681 | 20.514 |
| 东部 | 70 | 14.717 | 1.245 | 0.823 | 16.607 |
| 中部 | 44 | 6.305 | 2.463 | 0.475 | 13.716 |
| 西部 | 44 | 3.913 | 3.618 | 0.392 | 8.211 |

### （二）网络整体集聚强度

城市网络联系的拓扑结构及其空间分布是基于连接性的可视化表达，城市联系平均路径长度反映了城市间的可达性程度。为进一步分析城市间整体联系集聚程度，运用 Ucinet 对全国、东北、东部、中部和西部的集聚系数进行计算，研究基于高速铁路网络的城市联系集聚强度，具体结果如表 6-1 所示。

由表 6-1 可知，我国地区间城市联系集聚系数差异显著，东部集聚系数最高，东北地区次之，中部第三，西部地区集聚性最弱。经过分析发现：

一是不仅城市间的差异大，城市内部的差异也很明显。东部地区整体集聚程度最高，但主要集中在以北京和天津为主的京津冀城市群，以上海、南京和杭州为主的长三角城市群和以广州和深圳为主的珠三角城市群，广东西部城市集聚性较低。东北地区整体集聚性仅次于东部沿海地区，但集聚性较高的城市主要是沈阳、长春和大连，哈尔滨、大庆、吉林等城市联系集聚程度还不及西南地区的成都。对中部地区而言，城市联系集聚程度较高的城市主要集中在京港高速铁路"一纵"沿线城市和沪昆、沪蓉、徐兰"四横"沿线城市，而且中部地区城市纵向集聚明显高于横向。西部地区整体集聚性较差，特别是西北地区的兰州、西宁、乌鲁木齐等城市，对创新要素集聚能力十分有限。

二是核心城市向外辐射效应明显。虽然我国不同地区的集聚系数差异明显，但城市内均有明显的核心城市辐射效应。具体来看，对东部地区而言，最明显的就是形成了以上海、南京和杭州向外辐射的长三角城市群，同中部地区的武汉、郑州、长沙等枢纽城市均有较强联系；以广州和深圳为主的珠三角城市群则主要沿京港高铁向北和沿杭福深高铁向东方向辐射，向西和西北方向辐射能力偏弱。对东北地区来说，沈阳的辐射效应最明显，处于京哈和哈大高速铁路的中心位置，提升了城市群整体集聚性；中部地区的武汉、郑州和长沙城市联系网络枢纽地位突出，除了承接连接东西和南北的交通桥梁作用之外，也向周围城市辐射。以武汉为例，作为中部唯一的特大型城市和交通枢纽，武汉不仅同上海、南京、广州等域外城市联系密切，对城市内的黄石、鄂州、孝感、咸宁等城市辐射效应明显。西部地区虽然整体联系较弱，城市间联系网络还不完善，但成都、西安、贵阳等城市也存在辐射效应。

三是城市联系在空间上符合距离衰减规律，且横向衰减更显著。受经济发展水平、高铁线路布局等因素影响，整体来看，城市间的城市联系集聚性空间分异特征明显。联系集聚性较高的城市主要集中在京沪、京港、沪汉蓉和沪昆这四条高速铁路沿线，形成了以北京、上海、广州、南京、武汉、沈阳、郑州、长沙等城市为枢纽的城市联系网络。通过分析城市联系形成的圈层结构不难发现，城市联系网络符合距离衰减规律，离中心城市距离越远，城市联系越稀疏，距离越近，城市联系越密切。此外，通过对比发现，城市横向联系衰减程度比纵向要快，这进一步说明，我国东中西地区之间的差异大于南北差异。

**（三）小世界网络特性**

如前分析，若一个网络的集聚程度较高且平均路径长度较低，则该网络符合小世界特性，说明基于高速铁路连接的城市联系网络具有一定网络拓扑特征，有利于创新要素在城市间流动，从某种程度而言，城市联系网络的创新要素流动突破了地理空间限制。通过对比表6-1中不同地区的集聚系数和平均路径长度，结果显示，基于高铁动车组开行数量的全国整体城市创新联系网络的集聚系数为0.467，平均路径长度为1.756，城市间平均通过1.756条线即可实现联系，而我国东部和东北地区平均路径长度仅为1.245和1.394，集聚系数分别为0.823和0.681，平均路径长度低于全国平均值，而集聚系数明显高于全国平均值，说明东部和东北地区城市联系网络具有较小的平均路径长度和较大集聚性，符合小世界网络特性；而中部和西部地区，网络平均路径较长，且集聚程度较低，不符合小世界网络特性。根据小世界理论，度数中心度（计算结果如表6-2所示）较高的南京、上海、广州、杭州、武汉、长沙、郑州、北京等城市是网络中的关键节点，影响着城市联系总量、边强度和整个网络的稳定性；中介中心度（计算结果如表 6-2 所示）较高的北京、长沙、广州、成都、上海、南京、重庆、沈阳等城市有助于降低城市间的平均路径长度，降低知识转移和创新溢出的成本；此外，也有利于城市间创新主体间沟通，增强彼此间信任关系，有利于创新效率提高。

表 6-2　城市联系核心-边缘结构

| 地区 | 拟合系数 | 核心城市数 | 边缘城市数 | 核心区密度 | 边缘区密度 |
|------|---------|-----------|-----------|-----------|-----------|
| 全国 | 0.478 | 79 | 96 | 5.577 | 2.842 |
| 东北 | 0.738 | 7 | 10 | 57.556 | 18.500 |
| 东部 | 0.727 | 32 | 38 | 81.952 | 22.659 |
| 中部 | 0.559 | 23 | 21 | 26.771 | 6.514 |
| 西部 | 0.382 | 17 | 27 | 13.792 | 3.021 |

### （四）核心-边缘结构

基于高速铁路的城市联系空间分布不均衡，映射着地区之间、地区内部，存在核心-边缘结构，而其分析本身也是整体网络结构研究的重点内容。通过核心-边缘结构分析，明确网络中的核心区与外围区，有利于城市采取差异化政策。因此，运用 Ucinet 中的离散型核心外围分析模型，测度核心-边缘结构，具体结果如表 6-2 所示。

由表 6-2 可知，从全国层面来看，基于高速动车组开行次数的城市联系空间分布不均，存在核心-边缘结构，包括北京、上海、广州、南京等在内的 79 个城市位于核心区，芜湖、九江、咸宁、吐鲁番等 96 个城市位于外围城市，联系密度分别为 5.577 和 2.842，前者大约是后者的两倍，核心边缘结构明显。

分地区来看，东北地区核心边缘结构拟合系数最高，达到 0.738，说明形成了十分明显的核心边缘结构，包括沈阳、哈尔滨、长春等在内的 7 个城市为城市核心城市，齐齐哈尔、大庆等在内的 10 个城市为边缘城市，核心区城市联系密度为 57.556，远高于边缘区的 18.500。东部地区拟合系数值为 0.727，形成了以北京、上海、广州等 32 个中心城市和以德州、蚌埠、潮州等 38 个外围城市所组成的核心边缘结构，核心区密度为 81.952，边缘区密度为 22.659，均为所有城市对应的最高值。中部地区拟合系数相对较低，但仍然高于全国平均水平，中部地区核心区由武汉、郑州、长沙等 23 个城市构成，外围区由咸宁、衡阳等 21 个城市构成，核心区和边缘区城市联系密度分别为 26.771 和 6.514，核心区密度是边缘区的 4 倍多，但均比东北和东部地区对应值低。西部地区核心边缘结构拟合系数最低，仅为 0.382，低于全国平均值，主要原因在于，西部地区整体联系密度较低，城市间联系差距不像其他地区那么巨大，导致城市内核心边缘结构特征不显著。

### 三、局部网络结构分析

整体网络联系边强度、联系总量、集群程度、小世界网络特性、核心边缘结构等网络结构指标主要用于分析整体网络结构特征，我国地域辽阔，高速铁路线路空间分布不均，整体网络的结构分析对局部网络结构特征的刻画与描述程度有限。因此，借助 Ucinet 软件，采用 CONCOR 法将城市联系网络划分为五个凝集子群，进一步揭示城市间网络联系关系，具体结果如图 6-5 所示。

由图 6-5 可知，基于高铁动车组开行数量的城市联系网络整体上是以省级行政区地理边界来划分局部城市联系网络，但也有例外。依据凝集子群分布特点，将全国城市联系分为：华北城市子群、晋陕城市子群、东北城市子群、山东城市子群、长三角城市子群、东南城市子群、华中城市子群、华南城市子群、西北城市子群和西南城市子群 10 个子群，具体来看：华北城市子群主要由京、津、冀、豫等地区城市所构成，形成了以北京、石家庄和郑州为核心，连带周围城市所组成的大型空间地理单元。晋陕城市子群以太原和西安为核心，涵盖了山西省和陕西省其他城市，该城市群内部联系较为紧密，与城市群之外的联系主要偏向华北城市群。东北城市子群依托京沈和哈大高速铁路，以沈阳、长春和哈尔滨为核心形成城市联系网络，但不仅局限于行政区划，河北省的唐山和秦皇岛同辽宁省的锦州、盘锦联系较为紧密；同时，齐齐哈尔和大庆虽然在东北城市群中，但是与群中的其他城市联系较小，两城市间的联系较为紧密。山东城市子群主要以济南、青岛为核心，以德州、潍坊、烟台等城市为边缘的城市联系网络，受京沪高铁影响，城市群内部还包括了沧州和廊坊这两个跨行政区的城市，城市群向外联系主要集中在徐州、蚌埠等苏北和皖北地区城市。长三角城市子群大体上同长三角城市群相一致，子群核心是上海、南京、杭州，城市子群北部主要是连接鲁南和豫西地区城市，南部则是向福建方向延伸；在子群内部，沪宁苏锡常城市间联系更为紧密，杭州则是与温州、绍兴等浙江省内城市联系频繁。东南城市子群主

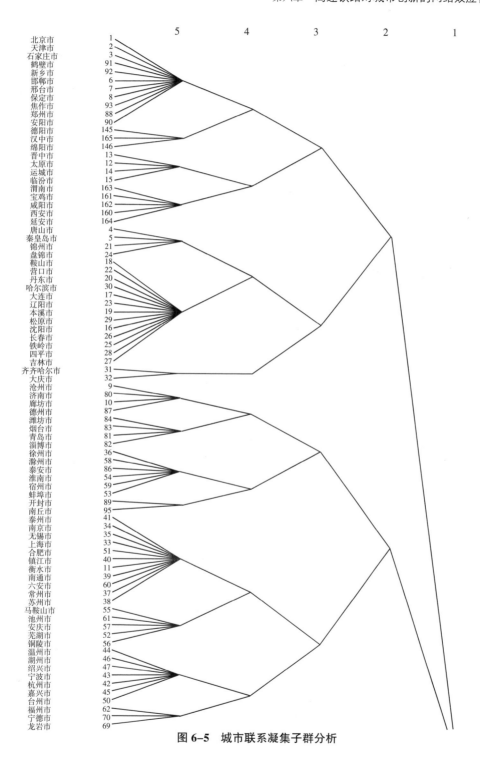

图 6-5　城市联系凝集子群分析

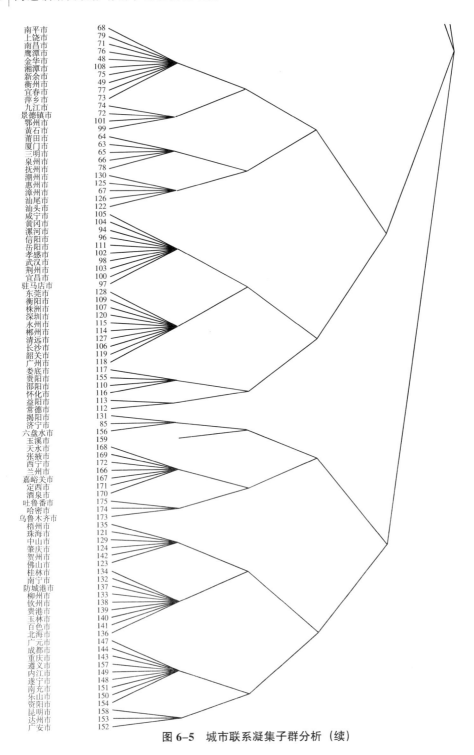

图 6-5　城市联系凝集子群分析（续）

要由福建和江西两省城市组成，还有粤西、鄂西部分城市；在子群内部，因地理位置邻近性，福建的南平与江西的上饶、鹰潭等省内城市群联系较为紧密；江西省内的九江、景德镇与湖北的黄石、鄂州联系密切；粤东的惠州、潮州、汕尾等城市属于东南城市子群，但与子群内其他城市联系较少，主要联系还是集中在城市之间。华中城市子群城市构成相对简单，武汉是子群核心，主要是湖北省内城市，也包括了漯河、信阳、岳阳、驻马店等省外城市，子群内部联系紧密，没有显著行政区划差异。华南城市子群主要由广东和湖南两省内城市构成，广州、深圳和长沙是城市子群核心，城市间的联系频繁；而子群中的娄底、贵阳、邵阳、怀化、益阳和常德与核心城市联系较少，特别是常德和益阳两市仅城市间联系紧密。西北城市子群全部由西北城市构成，与行政区划一致，这是由西北城市联系网络未与全国高速铁路网络连接所决定的；受地理、经济发展等条件影响，子群内的乌鲁木齐、吐鲁番和哈密更多的是城市间联系，与子群其他城市联系较少。西南城市子群主要是广西、四川、重庆、贵州、云南等地区城市，城市子群地理邻近性特征明显，以重庆和成都为核心的川渝城市群、以南宁为核心的北部湾城市群内部联系密切；也有少部分城市联系与行政区划不一致，如四川的广安和达州均与昆明联系密切，广西的梧州、贺州则更偏向粤西和粤南地区。

通过凝集子群分析发现，虽然多数城市间联系与行政区划一致，但也有一些城市关系是基于地理空间或是多种因素的综合影响，说明城市间联系与城市空间结构有一定的耦合性，但并非完全一致。

## 四、网络个体属性分析

### (一) 中心性度量指标

中心性度量指标主要包括度数中心度、接近中心度、中介中心度和特征向量中心度四个方面，具体分析如下：

一是度数中心度的测算。依据式（6-7）计算城市个体相对度数中心度（DRMD），表征城市在网络中的位置，具体结果如表6-3所示。

由表6-3可知，南京、上海、广州、杭州、武汉、长沙、郑州、北京、苏州和济南为度数中心度排名前十的城市，特别是南京和上海中心度值分别为6.389和6.304，明显高于其他城市。从度数中心度排名来看，绝大多数城市位于东部和中部，西部地区只有成都、重庆、西安、贵阳和德阳五个城市，西北的兰州、

表 6-3　城市网络度数相对中心度

| 排名 | 城市 | DRMD | 排名 | 城市 | DRMD |
|---|---|---|---|---|---|
| 1 | 南京 | 6.389 | 21 | 镇江 | 2.640 |
| 2 | 上海 | 6.304 | 22 | 上饶 | 2.630 |
| 3 | 广州 | 4.921 | 23 | 合肥 | 2.504 |
| 4 | 杭州 | 4.867 | 24 | 金华 | 2.317 |
| 5 | 武汉 | 4.726 | 25 | 宁波 | 2.158 |
| 6 | 长沙 | 4.628 | 26 | 莆田 | 2.140 |
| 7 | 郑州 | 4.341 | 27 | 温州 | 2.135 |
| 8 | 北京 | 4.079 | 28 | 泉州 | 2.096 |
| 9 | 苏州 | 3.823 | 29 | 嘉兴 | 2.078 |
| 10 | 济南 | 3.689 | 30 | 蚌埠 | 2.055 |
| 11 | 徐州 | 3.684 | 31 | 衡阳 | 1.978 |
| 12 | 沈阳 | 3.435 | 32 | 德州 | 1.942 |
| 13 | 无锡 | 3.366 | 33 | 贵阳 | 1.891 |
| 14 | 常州 | 3.346 | 34 | 信阳 | 1.888 |
| 15 | 深圳 | 3.112 | 35 | 绍兴 | 1.888 |
| 16 | 南昌 | 2.943 | 36 | 重庆 | 1.863 |
| 17 | 福州 | 2.702 | 37 | 西安 | 1.801 |
| 18 | 石家庄 | 2.679 | 38 | 岳阳 | 1.781 |
| 19 | 天津 | 2.666 | 39 | 鹰潭 | 1.683 |
| 20 | 厦门 | 2.640 | 40 | 成都 | 1.639 |

注：限于篇幅，表 6-3、表 6-4、表 6-5、表 6-6、表 6-7 和表 6-8 均只列出指标排名前 40 的城市。

西宁等排名靠后，受地理位置、经济发展等因素影响，西部地区城市在高速铁路网络中的位置不佳，网络地位偏低，拥有的网络资本较少，不利于从域外获取创新要素。

二是接近中心度的测算。接近中心度是反映某城市与其他城市的接近性程度的指标，依据式（6-10）计算城市个体相对接近中心度（OTCC），具体结果如表 6-4 所示。

表6-4　城市网络接近中心度

| 排名 | 城市 | OTCC | 排名 | 城市 | OTCC |
|---|---|---|---|---|---|
| 1 | 上海 | 7.025 | 21 | 信阳 | 6.924 |
| 2 | 北京 | 7.022 | 22 | 泰安 | 6.918 |
| 3 | 南京 | 7.008 | 23 | 商丘 | 6.916 |
| 4 | 郑州 | 6.996 | 24 | 无锡 | 6.915 |
| 5 | 济南 | 6.982 | 25 | 上饶 | 6.910 |
| 6 | 徐州 | 6.980 | 26 | 沈阳 | 6.909 |
| 7 | 武汉 | 6.977 | 27 | 深圳 | 6.908 |
| 8 | 长沙 | 6.974 | 28 | 贵阳 | 6.905 |
| 9 | 苏州 | 6.966 | 29 | 漯河 | 6.902 |
| 10 | 杭州 | 6.965 | 30 | 邯郸 | 6.897 |
| 11 | 常州 | 6.944 | 31 | 合肥 | 6.896 |
| 12 | 广州 | 6.943 | 32 | 蚌埠 | 6.895 |
| 13 | 石家庄 | 6.941 | 33 | 温州 | 6.894 |
| 14 | 重庆 | 6.938 | 34 | 嘉兴 | 6.893 |
| 15 | 南昌 | 6.936 | 35 | 鹰潭 | 6.894 |
| 16 | 驻马店 | 6.932 | 36 | 岳阳 | 6.891 |
| 17 | 天津 | 6.930 | 37 | 安阳 | 6.888 |
| 18 | 镇江 | 6.927 | 38 | 福州 | 6.886 |
| 19 | 金华 | 6.926 | 39 | 成都 | 6.884 |
| 20 | 西安 | 6.925 | 40 | 新乡 | 6.883 |

由表6-4可知,上海、北京和南京位列接近中心度前三名,且值均大于7。与中介中心度不同,接近中心度城市间的差距并非特别明显,排名第一的上海与排名第40的新乡相差不到0.15。接近中心度反映的是城市间的可达性程度,这在一定程度上说明,高速铁路的开通不仅对网络核心城市,对一般性城市可达性提升作用也是显著的,有利于知识的快速流动和创新要素的频繁交互。另外,从城市地域分布来看,西部的重庆和西安均位于前20名,西安和重庆虽然不处于网络核心位置,但高速铁路开通也提升了其城市可达性程度,有利于创新要素向城市集聚,促进城市创新。

三是中介中心度的测算。中介中心度主要用于衡量城市在网络中所起的桥梁作用的大小，根据式（6-13），计算城市相对中介中心度（NBET），具体结果如表 6-5 所示。

表 6-5　城市网络中介中心度

| 排名 | 城市 | NBET | 排名 | 城市 | NBET |
|---|---|---|---|---|---|
| 1 | 北京 | 2.945 | 21 | 徐州 | 0.994 |
| 2 | 长沙 | 2.881 | 22 | 镇江 | 0.942 |
| 3 | 广州 | 2.697 | 23 | 石家庄 | 0.874 |
| 4 | 成都 | 2.431 | 24 | 遵义 | 0.776 |
| 5 | 上海 | 2.420 | 25 | 无锡 | 0.757 |
| 6 | 南京 | 2.066 | 26 | 南昌 | 0.714 |
| 7 | 重庆 | 1.992 | 27 | 金华 | 0.703 |
| 8 | 沈阳 | 1.814 | 28 | 驻马店 | 0.636 |
| 9 | 西安 | 1.800 | 29 | 温州 | 0.632 |
| 10 | 苏州 | 1.504 | 30 | 信阳 | 0.628 |
| 11 | 桂林 | 1.466 | 31 | 合肥 | 0.622 |
| 12 | 南宁 | 1.457 | 32 | 漯河 | 0.621 |
| 13 | 深圳 | 1.437 | 33 | 邵阳 | 0.604 |
| 14 | 柳州 | 1.390 | 34 | 嘉兴 | 0.600 |
| 15 | 贵阳 | 1.327 | 35 | 天津 | 0.594 |
| 16 | 武汉 | 1.316 | 36 | 保定 | 0.559 |
| 17 | 郑州 | 1.254 | 37 | 厦门 | 0.512 |
| 18 | 济南 | 1.239 | 38 | 南充 | 0.510 |
| 19 | 常州 | 1.197 | 39 | 泰安 | 0.484 |
| 20 | 杭州 | 1.191 | 40 | 上饶 | 0.462 |

由表 6-5 可知，从排名上看，虽然东部城市位置靠前也数量居多，但与点度中心度和接近中心度相比，中介中心度西部城市数量和排名均有了大幅提升，成都、重庆、西安、桂林、南宁、柳州、贵阳等这些西部城市排名均位于前 20 位，特别地，成都中介中心度值超过了上海，柳州超过了武汉。这也说明，城市发挥的桥梁作用与其所处的网络位置并非一致，即网络位置核心城市，未必是城市间知识流动和创新扩散的关键城市。与东中部地区相比，西部高铁动车组发行数量

偏少，城市间的联系程度不密切，但西部地区已开通高速铁路的城市对其他城市的影响不可忽视，以贵阳为例，除了与省内其他城市建立联系，贵阳还是"四横"之一的沪昆高速铁路的重要节点城市，由上海开来的高铁动车组列车，正是经由贵阳到达昆明，桥梁作用十分显著。

四是特征向量中心度的测算。为分析网络中核心城市位置，运用特征向量计算中心度（EIVT），具体结果如表6-6所示。

**表6-6　城市网络特征向量中心度**

| 排名 | 城市 | EIVT | 排名 | 城市 | EIVT |
|------|------|------|------|------|------|
| 1 | 上海 | 53.214 | 21 | 绍兴 | 13.987 |
| 2 | 南京 | 52.894 | 22 | 德州 | 13.512 |
| 3 | 苏州 | 39.404 | 23 | 上饶 | 13.460 |
| 4 | 无锡 | 36.163 | 24 | 南昌 | 12.549 |
| 5 | 常州 | 35.303 | 25 | 福州 | 12.237 |
| 6 | 杭州 | 32.684 | 26 | 广州 | 11.551 |
| 7 | 镇江 | 27.708 | 27 | 六安 | 11.465 |
| 8 | 徐州 | 26.403 | 28 | 湖州 | 11.264 |
| 9 | 济南 | 23.596 | 29 | 宿州 | 10.520 |
| 10 | 北京 | 21.507 | 30 | 厦门 | 10.514 |
| 11 | 武汉 | 21.005 | 31 | 泰安 | 10.509 |
| 12 | 合肥 | 20.549 | 32 | 深圳 | 9.704 |
| 13 | 长沙 | 17.406 | 33 | 石家庄 | 9.624 |
| 14 | 郑州 | 17.196 | 34 | 莆田 | 9.320 |
| 15 | 嘉兴 | 17.164 | 35 | 泉州 | 8.956 |
| 16 | 宁波 | 15.807 | 36 | 台州 | 8.835 |
| 17 | 蚌埠 | 15.703 | 37 | 沧州 | 8.797 |
| 18 | 温州 | 14.936 | 38 | 沈阳 | 8.743 |
| 19 | 金华 | 14.758 | 39 | 鹰潭 | 8.736 |
| 20 | 天津 | 14.681 | 40 | 衢州 | 8.584 |

由表6-6可知，上海是基于高速铁路联系的城市网络核心，其特征向量中心度值远高于排名第40的衢州，是所有中心性指标中差距最大的。受地理位置影

响，在特征向量中心度排名前10的城市中，仅第8名徐州和第10名北京是长三角城市群之外的城市，特别地，与上海紧密联系，南京中心性仅次于上海，说明长三角地区城市因与网络核心城市——上海的联系密切，提升了城市自身的中心性程度。

**（二）结构洞度量指标**

结构洞度量指标主要包括度数有效规模和限制度两方面内容，具体分析如下：

一是有效规模的测算。有效规模反映的是某城市个体网络中非冗余情况，根据式（6-16）计算城市联系的有效规模（SHES），结果如表6-7所示。

表6-7　城市网络联系有效规模

| 排名 | 城市 | SHES | 排名 | 城市 | SHES |
|------|------|------|------|------|------|
| 1 | 北京 | 107.144 | 21 | 南昌 | 80.228 |
| 2 | 上海 | 107.058 | 22 | 西安 | 78.035 |
| 3 | 南京 | 103.726 | 23 | 无锡 | 76.078 |
| 4 | 郑州 | 101.733 | 24 | 漯河 | 75.042 |
| 5 | 济南 | 96.110 | 25 | 金华 | 74.079 |
| 6 | 武汉 | 95.216 | 26 | 商丘 | 72.951 |
| 7 | 徐州 | 93.298 | 27 | 深圳 | 71.617 |
| 8 | 长沙 | 91.178 | 28 | 蚌埠 | 71.091 |
| 9 | 苏州 | 90.668 | 29 | 合肥 | 70.097 |
| 10 | 重庆 | 88.834 | 30 | 贵阳 | 69.923 |
| 11 | 杭州 | 86.813 | 31 | 上饶 | 69.037 |
| 12 | 常州 | 86.719 | 32 | 邯郸 | 68.814 |
| 13 | 广州 | 85.105 | 33 | 温州 | 68.789 |
| 14 | 镇江 | 85.024 | 34 | 成都 | 68.281 |
| 15 | 沈阳 | 84.212 | 35 | 德州 | 67.780 |
| 16 | 泰安 | 82.874 | 36 | 新乡 | 66.954 |
| 17 | 驻马店 | 82.413 | 37 | 安阳 | 66.664 |
| 18 | 信阳 | 81.534 | 38 | 福州 | 66.183 |
| 19 | 石家庄 | 80.763 | 39 | 嘉兴 | 65.223 |
| 20 | 天津 | 80.652 | 40 | 岳阳 | 65.004 |

由表 6-7 可知，北京、上海、南京和郑州四个城市的有效规模均超过 100，说明这些城市网络联系的冗余度很低，有利于获取异质性创新知识。此外，不难发现，城市网络有效规模城市排名中省会城市明显增多，郑州、济南、武汉、长沙、南昌等网络中心性较弱的城市的有效规模很高，这在一定程度上说明，虽然城市联系强度不高，但是城市联系的互补性强。高速铁路开通所形成的 O-D 城市联系网络主要是将大城市连接，特别是省会城市，一方面通过高铁主线路增强与域外城市联系；另一方面，通过发展辅线，增强城市内部之间的联系。随着高速铁路的不断完善，对处于网络边缘地位的城市而言，可获取的异质性资源会变得更多，城市间创新主体交流互动变得更容易，有利于完善知识结构，促进城市创新。

二是限制度（SHCT）的测算。限制度表征城市运用结构洞的能力，根据式（6-17）计算，具体结果如表 6-8 所示。

**表 6-8 城市网络联系限制度**

| 排名 | 城市 | SHCT | 排名 | 城市 | SHCT |
|------|------|------|------|------|------|
| 1 | 郑州 | 0.067 | 21 | 天津 | 0.106 |
| 2 | 武汉 | 0.070 | 21 | 上海 | 0.106 |
| 3 | 长沙 | 0.080 | 23 | 福州 | 0.107 |
| 4 | 北京 | 0.081 | 24 | 秦皇岛 | 0.109 |
| 5 | 南昌 | 0.087 | 24 | 漯河 | 0.109 |
| 6 | 重庆 | 0.089 | 24 | 成都 | 0.109 |
| 6 | 西安 | 0.089 | 27 | 蚌埠 | 0.110 |
| 8 | 徐州 | 0.091 | 28 | 孝感 | 0.111 |
| 9 | 杭州 | 0.091 | 29 | 唐山 | 0.113 |
| 10 | 济南 | 0.094 | 29 | 金华 | 0.113 |
| 11 | 商丘 | 0.095 | 31 | 合肥 | 0.114 |
| 12 | 贵阳 | 0.095 | 32 | 渭南 | 0.115 |
| 13 | 广州 | 0.096 | 33 | 新乡 | 0.117 |
| 14 | 上饶 | 0.097 | 34 | 宿州 | 0.118 |
| 15 | 石家庄 | 0.101 | 34 | 安阳 | 0.118 |
| 16 | 泰安 | 0.102 | 36 | 邯郸 | 0.119 |
| 17 | 沈阳 | 0.103 | 36 | 德州 | 0.119 |

| 排名 | 城市 | SHCT | 排名 | 城市 | SHCT |
|------|------|------|------|------|------|
| 18 | 南京 | 0.104 | 38 | 温州 | 0.121 |
| 19 | 信阳 | 0.105 | 39 | 湘潭 | 0.121 |
| 20 | 驻马店 | 0.103 | 40 | 怀化 | 0.121 |

由表 6-8 可知，郑州城市联系网络限制度最低，仅为 0.067，也是唯一一个低于 0.070 的城市，前 10 名的剩余城市包括武汉、长沙、北京、南昌、重庆、西安、徐州、杭州和济南。由城市联系限制度排名可以发现，长三角城市群城市排名明显靠后，徐州是城市群中排名最靠前的城市，列第 8 位，杭州列第 9 位、南京列第 18 位、上海列第 22 位。网络位置较好的城市限制度高，原因可能在于，在长三角城市群内部联系紧密，城市间高速铁路联系频繁，往往是城市间的直接联系，结构洞本身数量少，导致限制度较高。对一般城市而言，其限制度越低，说明运用结构洞获取同其他城市建立联系的能力就越强，越有利于获取差异化的创新要素。

## 第五节　高速铁路网络对城市创新产生影响的效应估计

在开放式创新的时代背景下，城市内部创新主体仅依靠自有知识和资源从事创新活动的局限性越来越大，企业对外部资源的获取与占有的能力变得越来越重要。学界研究表明，创新的空间格局正在由等级化向网络化转变，传统的"地方空间"正在向"流动空间"转变，城市作为创新主体的空间载体，城市拥有的信息与资源总量与质量对创新主体的影响是毋庸置疑的。因此，城市在网络中所处的位置与作用将对域内企业搜寻、获取、占有或利用创新要素产生重要影响。基于以上分析，本节通过构建基于流空间视角下的多元回归模型，估计城市网络位置、网络有效规模等网络资本对城市创新的影响效应。

## 一、理论假设

### (一) 中心性与城市创新

基于高铁动车组开行数量形成的城市联系网络不仅从根本上改变了创新组织相互交流的时间和空间，更重要的是可以利用该网络进行更大规模的信息搜寻与资源利用，增强跨城市组织间的信任程度，进而进行更高水平的创新协作，提升城市创新能力。[①] 有利的网络位置对域内企业或其他创新组织而言，更容易进行创新要素空间再配置，提升创新能力。因此，城市节点中心性对城市创新有重要影响，主要从度数中心性、接近中心性和中介中心性三个方面考察。

一是度数中心性对城市创新的影响。城市度数中心性是衡量城市在网络中的主要指标，城市内部创新主体从城市联系网络中获得的异质性知识和创新成果在很大程度上取决于城市在联系网络中的位置。如果城市度数中心度较低，则意味着城市在网络中的地位较差，域内企业同外部进行资源交换的阻隔较大，不利于提升城市创新能力；而度数中心度较高的城市意味着在联系网络中的位置较好，该城市与其他城市连接程度越高，有利于城市间创新知识溢出和成果扩散。城市度数中心度越高，则知识在该城市转移的时效性、完整性和可能性越高，知识在传播过程中发生扭曲的概率越低，越有利于城市创新。

二是接近中心性对城市创新的影响。接近中心性衡量的是城市在联系网络中的可达性程度，其值越高，表示该城市对外联系程度越强。如前所述，创新要素的获取和利用是城市内组织创新成功的关键，而交通基础设施的完善有利于创新要素的获取。高铁动车组的开行极大增强了城市间的可达性程度，为城市内的创新组织提供了更多接触异质性创新要素的机会，进而导致大规模、快速的和频繁的创新要素共享与交换。城市间可达性的提高，一方面有利于创新要素集中的城市同周围城市开展创新分工，优势互补，提升城市创新能力；另一方面，对创新要素匮乏的城市而言，可达性的提高有利于同创新要素集中的城市开展协作，通过创新空间溢出，促进城市创新。

三是中介中心性对城市创新的影响。中介中心性测量的是某城市在多大程度

---

[①] 程开明，王亚丽. 城市网络激发技术创新的机理及证据 [J]. 科学学研究，2013，31 (9)：1399-1411，1440.

上位于网络中其他城市的"中间",衡量了该城市在城市间联系的桥梁作用。对基于高铁动车组开行数量的城市联系网络而言,城市中心性的不同往往意味着城市内企业获取知识、信息的机会不同,中心性越高,城市在知识流动过程中发挥的桥梁作用越突出,城市内企业越有机会获得创新知识。中介中心性较高的城市往往是资金流、信息流、数据流等创新要素的集中地,一方面,位于网络中心位置的城市内创新组织能以更低成本和更快速度获取有价值信息,进而提升组织核心能力;另一方面,创新要素集聚也有利于企业对现有生产条件进行技术改造,通过产业转型升级促进城市创新能力提高。因此,提出研究假设:

基于上述分析,提出:

**假设6-1:城市网络中心性促进城市创新水平提高。**

**(二)结构洞与城市创新**

结构洞的存在使处于网络中间位置的节点可以在很大程度上控制创新要素的流动,进而对城市创新产生重要影响,特别是对网络位置不佳的地区。因此,我们认为,结构洞会影响城市创新,主要从有效规模和限制度两方面考察。

一是有效规模对城市创新的影响。有效规模是城市联系网络中冗余量的表征,有效规模越大说明城市对外冗余联系越低。城市并非知识获取与利用的直接联系体,但城市间的联系为创新组织扩散、获取和利用知识与信息提供了重要载体和平台。创新组织间的相互沟通、协作依赖于城市本身属性。因此,在联系网络中,城市的有效规模越大,城市对外联系的冗余度越低,越有利于城市内部创新组织或者个人对信息进行筛选,增强知识的互补性,提升创新能力。特别是,现有高速铁路主要是大城市相互连接,城市间经济发展、产业结构、创新要素等方面均不相同,导致知识结构千差万别。城市间联系的建立,有利于异质性资源在城市之间流动,而有效规模越大的城市,异质性资源的流量就越大,城市内部创新组织获取异质性创新要素的能力和可能性就越大,从而促进城市创新。

二是限制度对城市创新的影响。限制度是某城市在网络中运用结构洞的能力,城市限制度越低,其与其他城市或城市网络发生非冗余联系的能力就越强,越有利于差异化和异质性知识在该城市流动,进而促进城市创新。因此,提出研究假设:

基于上述分析,提出:

**假设6-2:城市拥有的结构洞数量促进城市创新水平提高。**

此外，由于我国高铁线路在空间上呈均衡分布，区域间差异较大，不同区域内城市网络对创新的影响可能不同；同时，城市网络对不同规模的城市影响也可能存在一定的差异。因此，在假设 6-1 和假设 6-2 的基础上，进一步提出假设 6-3 和假设 6-4：

**假设 6-3**：不同地区的城市网络特征对创新活动的影响存在差异。

**假设 6-4**：不同规模的城市网络特征对创新活动的影响存在差异。

## 二、变量选择与模型构建

为了验证假设，本节以 175 个城市为研究对象，以 2012~2016 年城市间高速动车组开行数量（包括 G、D 和 C 开头的列车）为城市联系数据，构建城市联系关系网络。在计算城市联系网络节点属性的基础上，构建多元回归线性模型，探究网络资本对城市创新的影响。

### （一）变量选择

一是被解释变量的选择。创新过程会有新知识、新技术或者新模式的产生，虽然专利并不能代表全部的创新过程，但是专利的数量仍然在很大程度上代表了知识创新过程，也是因为专利使创新可衡量，进而保护创新活动。因此，用专利申请量（PAT）代表城市创新。

二是解释变量的选择。解释变量包括两部分：中心性指标和结构洞指标，前者是度数中心度、中介中心度和接近中心度；后者是有效规模和限制度，相关指标计算公式和详细解释详见本章第三节，计算结果均由 Ucinet 软件直接得到。

三是控制变量的选择。为进一步对城市创新影响因素分析，本部分选取 R&D 经费支出（R&DE）和政府财政在科技方面的支出（GOV）作为控制变量进入模型，相关指标的计算与说明详见第五章相关内容。

### （二）模型构建

除城市网络属性外，已有研究表明，R&D 投入和政府财政在科技方面的支出也是影响城市创新的重要因素，故将其作为控制变量引入模型。因此，本模型的基本形式为：

$$PAT_{it} = \alpha + \beta_1 DRMD_{it} + \beta_2 OTCC_{it} + \beta_3 NBET_{it} + \beta_4 SHES_{it} + \beta_5 SHCT_{it} + \beta_6 R\&DE_{it} + \beta_7 GOV_{it} + \varepsilon_{it} \tag{6-18}$$

其中，PAT 表示专利申请数量，DRMD 表示度数中心度，OTCC 表示接近中心度，NBET 表示中介中心度，SHES 表示城市联系有效规模，SHCT 表示城市联系限制度，R&DE 表示 R&D 经费支出，GOV 表示政府财政在科技方面的支出，i 表示城市，ε 为随机误差项，下标 i 和 t 分别表示城市和年份。实证分析城市联系数据来源于 2013~2017 年《中国铁道年鉴》，根据高铁定义，统计车次类型为：G（高铁）、C（城际）和 D（动车），其他数据来源于历年《中国科技统计年鉴》《中国城市统计年鉴》和各城市统计公报。鉴于部分城市数据缺失严重，本节以"四纵四横"高速铁路网络中 175 个城市为研究对象，分析城市网络对创新活动的影响。另外，考虑到创新活动具有一定的滞后性，以因变量延后一年的数据进行实证研究。

## 三、实证分析

### （一）相关性分析

随着创新范式与空间尺度的变化，新时代下的城市创新更强调创新要素的空间互动，而基于高铁动车组开行数量的城市联系是创新要素相互流动的重要载体。而由前面分析可知，城市联系网络对城市创新产生重要影响。因此，选取网络中心性和结构洞等相关指标，测度城市联系网络资本，进而分析其与城市创新的相关性，具体结果如表 6-9 所示。

表 6-9　城市联系网络与城市创新相关性分析

| 地区 | 度数中心度 | 接近中心度 | 中介中心度 | 有效规模 | 限制度 |
|---|---|---|---|---|---|
| 相关性系数 | 9.291 | 8.235 | 7.998 | 7.789 | −5.794 |
| P 值 | 0.000 | 0.000 | 0.000 | 0.000 | 0.000 |

由表 6-9 可知，城市联系网络资本均与城市创新能力呈显著相关性，且均通过了 1% 水平下的显著性检验，说明网络资本是影响城市创新的重要因素。如前分析，网络位置是影响城市获取异质性创新性资源的重要因素，网络位置较好的北京、上海、南京、广州等城市拥有较多的对外联系，有利于城市内部创新主体以更低成本获取异质性外部资源，完善组织知识结构，提升创新效率，进而促进城市创新；而对于处于城市联系网络边缘的地区，与创新要素集聚地联系较少，创新空间溢出规模和效应有限，城市创新能力较弱。

根据网络资本与城市创新能力相关性进行排序，依次为度数中心度、接近中心度、中介中心度、有效规模和限制度（如表6-9排序）。由城市联系网络资本排列顺序可知，网络中心性指标的相关系数要高于网络结构洞指标，意味着城市创新组织利用城市联系网络获取知识和信息从事创新活动时，城市所处的网络位置所带来的优势要高于因网络的控制能力带来的优势。一种可能的解释是，一方面，中心性指标侧重城市在网络中的权力，而结构洞则更强调第三方在城市间的沟通作用，创新活动本身依赖于参与体之间的交流互动，控制资源的流动性很重要，但是与建立联系相比，可能要弱一些；另一方面，我国高速铁路虽然发展很快，但仍有很多地区尚未形成城市内城市联系网络，网络的不完善可能导致结构洞优势不能充分发挥。

### （二）回归结果分析

一是全样本回归分析。与空间效应建模分析类似，为避免因使用非平稳变量而建立起的回归模型所产生虚假回归问题，首先对变量的平稳性进行单位根检验，具体结果如表6-10所示。

表6-10　单位根检验结果

| 方法 | 统计值 | P 值 |
| --- | --- | --- |
| Levin，Lin & Chu t* | −22.039 | 0.000 |
| Breitung t−stat | −6.197 | 0.000 |
| Im，Pesaran and Shin W−stat | −40.548 | 0.000 |
| ADF−Fisher Chi−square | 126.845 | 0.000 |
| PP−Fisher Chi−square | 331.548 | 0.000 |

由表6-10可知，无论是同根检验还是异根检验，其统计值均通过显著性检验，说明可以拒绝模型变量含有单位根，即模型变量是平稳的。

因此，建立普通面板模型对研究的问题进行实证分析。为了得到更稳健的回归结果，首先利用Stata 13.0进行Hausman检验，结果显示P值为0.000，故拒绝原假设，采用固定效应模型进行估计。

在机理分析和相关性分析的基础上，本节首先对2012~2016年175个城市网络与创新的面板数据进行估计，具体结果如表6-11所示。

表 6-11　总体回归估计结果

| 变量 | (1) | (2) | (3) | (4) | (5) | (6) |
|------|-----|-----|-----|-----|-----|-----|
| DRMD | 0.017*** | 0.020*** | 0.017*** | | | 0.014*** |
| OTCC | 0.031*** | 0.028*** | 0.021*** | | | 0.019*** |
| NBET | 0.020*** | 0.015** | 0.009 | | | 0.006 |
| SHES | | | | 0.031*** | 0.022*** | 0.010*** |
| SHCT | | | | −0.008*** | −0.005** | −0.004** |
| R&DE | | 0.164*** | 0.151*** | 0.163*** | 0.142*** | 0.148*** |
| GOV | | | 0.231*** | | 0.324*** | 0.218*** |
| C | 6.728*** | 4.765*** | 2.697*** | 4.475*** | 1.647*** | 2.605*** |
| $R^2$ | 0.539 | 0.715 | 0.812 | 0.463 | 0.694 | 0.740 |
| F | 78.11 | 81.97 | 80.24 | 59.50 | 77.67 | 59.92 |
| P 值 | 0.000 | 0.000 | 0.000 | 0.000 | 0.000 | 0.000 |
| RHO | 0.929 | 0.905 | 0.881 | 0.927 | 0.893 | 0.890 |
| OBS | 875 | 875 | 875 | 875 | 875 | 875 |

整体来看，所有模型回归拟合优度均大于 0.88，F 值较大，表明模型拟合良好，多数模型的估计系数均通过了显著性水平检验，且网络中心性系数大于结构洞，说明城市网络中心性与结构洞对创新活动具有一定的影响，前者效应更大，这与相关性分析结果是一致的，假设 6-1 和假设 6-2 均得到验证。从中心性回归系数来看，接近中心度对城市创新的影响高于度数中心度和中介中心度，表明相较于城市网络地位和控制力，城市可达性提高有利于知识流动和创新要素集聚，对创新活动的影响效应更大；从结构洞回归系数来看，有效规模对创新活动影响更具显著性，这意味着城市间非冗余联系有利于异质性创新要素的流动，进而对创新活动产生影响。

此外，模型中控制变量估计系数均高于城市网络属性系数，且当控制变量引入模型后，多数网络属性估计系数变小，说明相较于 R&D 投入和政府财政在科技方面的支出，高铁开通带来的网络效应对创新活动影响有限，城市创新水平的提升主要依赖于相关要素投入增加。为判断解释变量间是否存在多重共线性问题，进一步对其相关性进行计算，具体结果如表 6-12 所示。

表 **6-12** 解释变量相关系数分析结果

| | | SHCT | DRMD | SHES | GOV | NBET | OTCC | R&DE |
|---|---|---|---|---|---|---|---|---|
| SHCT | Covariance | 0.120 | | | | | | |
| | Correlation | 1.000 | | | | | | |
| | t-Statistic | | | | | | | |
| | Probability | | | | | | | |
| DRMD | Covariance | −0.210 | 1.636 | | | | | |
| | Correlation | −0.475 | 1.000 | | | | | |
| | t-Statistic | −15.953 | | | | | | |
| | Probability | 0.000 | | | | | | |
| SHES | Covariance | −6.843 | 29.375 | 794.443 | | | | |
| | Correlation | −0.602 | 0.715 | 1.000 | | | | |
| | t-Statistic | −29.091 | 41.538 | | | | | |
| | Probability | 0.000 | 0.000 | | | | | |
| GOV | Covariance | −0.148 | 1.018 | 20.525 | 1.758 | | | |
| | Correlation | −0.324 | 0.600 | 0.549 | 1.000 | | | |
| | t-Statistic | −10.104 | 22.175 | 19.419 | | | | |
| | Probability | 0.000 | 0.000 | 0.000 | | | | |
| NBET | Covariance | −0.073 | 0.544 | 11.428 | 0.441 | 0.335 | | |
| | Correlation | −0.366 | 0.635 | 0.600 | 0.575 | 1.000 | | |
| | t-Statistic | −11.627 | 32.009 | 28.985 | 20.757 | | | |
| | Probability | 0.000 | 0.000 | 0.000 | 0.000 | | | |
| OTCC | Covariance | −0.456 | 0.918 | 28.141 | 0.500 | 0.289 | 8.509 | |
| | Correlation | −0.451 | 0.246 | 0.342 | 0.129 | 0.171 | 1.000 | |
| | t-Statistic | −14.950 | 7.498 | 10.763 | 3.850 | 5.140 | | |
| | Probability | 0.000 | 0.000 | 0.000 | 0.000 | 0.000 | | |
| R&DE | Covariance | −0.169 | 1.175 | 23.774 | 1.847 | 0.498 | 0.466 | 2.451 |
| | Correlation | −0.311 | 0.487 | 0.539 | 0.690 | 0.550 | 0.102 | 1.000 |
| | t-Statistic | −9.683 | 21.423 | 18.893 | 57.604 | 19.449 | 3.029 | |
| | Probability | 0.000 | 0.000 | 0.000 | 0.000 | 0.000 | 0.003 | |

由表 6-12 可知，解释变量相关性系数均小于 0.8，且通过显著性水平检验，结合表 6-11 中的估计结果，回归方程的拟合优度（$R^2$）较高，且绝大多数解释

变量估计系数均通过了显著性水平检验，说明模型不存在多重共线性。与空间效应建模类似，在考察网络效应过程中，同样也通过调整解释变量个数、更换解释变量等方法多次对模型进行估计，发现已有解释变量对城市创新的解释能力更强。因此，采用固定效应模型对高速铁路影响城市创新网络效应进行研究是科学的，估计结果有效性进一步提升。

二是分地区回归分析。前面分析证明了基于高铁连接的城市网络对创新活动具有显著影响，而高铁线路在空间上并非均质分布，高铁网络在地区间存在较大差异。因此，为探究城市所处地理位置不同而导致联系网络对创新活动产生的差异影响，本节将研究样本按东部、中部和西部三类分别进行回归，具体结果如表6-13所示。

表 6-13    分地区回归估计结果

| 变量 | 东部城市 | | 中部城市 | | 西部城市 | |
|---|---|---|---|---|---|---|
| | （7） | （8） | （9） | （10） | （11） | （12） |
| DRMD | 0.001 | 0.001 | 0.006*** | 0.004*** | 0.017*** | 0.016*** |
| OTCC | 0.033*** | 0.023*** | −0.009*** | −0.007*** | 0.013*** | 0.013** |
| NBET | 0.004 | −0.003 | 0.038** | 0.019 | 0.002 | 0.001 |
| SHES | 0.031*** | 0.027*** | 0.032*** | 0.023*** | −0.016** | −0.016** |
| SHCT | −0.001 | −0.001 | −0.017 | −0.004 | −0.018*** | −0.017*** |
| R&DE | 0.136*** | 0.158*** | 0.136*** | 0.098*** | 0.322*** | 0.313*** |
| GOV | | 0.183*** | | 0.399*** | | 0.574*** |
| C | 4.811*** | 2.817*** | 4.265*** | 0.913*** | 3.215*** | 2.763*** |
| R² | 0.642 | 0.773 | 0.548 | 0.622 | 0.841 | 0.866 |
| F | 20.04 | 30.46 | 18.72 | 26.58 | 28.87 | 24.85 |
| P 值 | 0.000 | 0.000 | 0.000 | 0.000 | 0.000 | 0.000 |
| RHO | 0.959 | 0.948 | 0.942 | 0.890 | 0.856 | 0.846 |
| OBS | 385 | 385 | 270 | 270 | 220 | 220 |

由表6-13可知，相较于其他城市网络结构指标，接近中心度和有效规模在所有模型的回归系数均通过了显著性水平检验，说明城市可达性和非冗余联系对城市创新有一定影响。将控制变量引入模型之后，东部城市网络特征对创新活动

的影响效应虽然有所减弱，但接近中心性和有效规模系数仍显著为正，且高于总体回归结果；中部城市虽然有效规模系数为正，但接近中心性系数显著为负；而西部城市接近中心性系数显著为正，但有效规模估计系数显著为负，说明城市联系网络资本对创新活动的影响在东中西地区存在显著差异，假设6-3得到验证。对东部城市而言，一方面，高铁开通增强城市间可达性程度，促进了知识、信息、技术等在城市间的流动，使网络结构对城市创新的贡献增加；另一方面，高铁开通也提升了市场准入，有利于市场竞争，使创新更依赖于创新主体R&D投入，对政府财政的依赖相对有所弱化。高铁开通使中部城市对外联系程度增加，有利于获取异质性创新要素，进而提升城市创新水平。然而，由于地理位置、经济发展等存在差异，可达性的提升也使中部城市创新要素向东部集聚，特别是东部大城市，导致对创新产生负向影响。一方面，随着创新要素向东部城市集聚，中部城市R&D资本投入对创新的贡献下降；另一方面，创新要素的转移导致市场竞争激烈程度下降，对政府在科技方面支出的依赖度提高。

与东中部城市相比，西部城市创新对R&D资本和政府财政在科技方面支出的依赖程度更高。西部城市可达性提高对创新活动有显著的促进作用，而非冗余联系的增加却不利于城市创新，原因在于，一方面受地理位置影响，东部城市对西部城市的直接"虹吸"效应有限，可达性的提高有利于西部城市内部创新要素的集聚，使城市创新产出增加；另一方面，西部省会城市或直辖市拥有结构洞数量较多，但受自身经济发展等多方面影响，非冗余联系增加带来的知识流动可能并不能促进城市创新，反而会引起创新要素向中东部集聚，对城市创新产生负向影响。

三是分城市规模回归分析。城市规模的不同体现城市间要素集聚能力的差异，城市内知识、人才、信息等创新要素的集聚有利于知识溢出和创新组织互动学习，进而促进城市创新水平提升。因此，为探索城市规模不同而导致联系网络对创新的差异影响，本节将175个城市分为大城市、中城市和小城市三类分别进行回归，具体结果如表6-14所示。

在分城市规模回归估计结果中，对创新活动有较强显著性的城市网络中心性和结构指标仍是接近中心度和有效规模，这与之前的分析是一致的。将控制变量纳入分析框架后，对比模型（14）、模型（16）和模型（18）发现，接近中心度显著促进大城市创新能力提升，对中小城市则是相反；结构洞对大城市未通过显

表 6-14 分城市规模回归估计结果

| 变量 | 大城市 | | 中城市 | | 小城市 | |
|---|---|---|---|---|---|---|
| | (13) | (14) | (15) | (16) | (17) | (18) |
| DRMD | 0.053*** | 0.048*** | 0.000 | 0.006 | 0.016 | 0.074 |
| OTCC | 0.075*** | 0.068*** | −0.040*** | −0.034*** | −0.044*** | −0.042*** |
| NBET | 0.012** | 0.011** | 0.008 | 0.011 | −0.078** | −0.073** |
| SHES | 0.001 | 0.000 | 0.032*** | 0.025*** | 0.063*** | 0.054*** |
| SHCT | 0.005 | 0.005 | −0.005* | −0.003 | −0.012** | −0.010* |
| R&DE | 0.298*** | 0.289*** | 0.046*** | 0.055** | 0.325*** | 0.302*** |
| GOV | | 0.183*** | | 0.275*** | | 0.199*** |
| C | 4.183*** | 3.401*** | 6.068*** | 3.244*** | 1.514*** | 0.220 |
| R² | 0.695 | 0.746 | 0.629 | 0.739 | 0.712 | 0.745 |
| F | 32.34 | 28.23 | 27.40 | 29.32 | 36.47 | 34.40 |
| P 值 | 0.000 | 0.000 | 0.000 | 0.000 | 0.000 | 0.000 |
| RHO | 0.931 | 0.922 | 0.951 | 0.936 | 0.945 | 0.932 |
| OBS | 170 | 170 | 445 | 445 | 260 | 260 |

著性检验，但对中小城市有显著影响，特别是有效规模，说明城市网络结构对创新能力的影响因城市规模不同而存在差异，假设 6-4 得到验证。

对比模型（6）、模型（8）和模型（14）发现，接近中心度对大城市创新的影响更大，一方面，大城市创新要素集聚程度较高，有利于从知识流动中获益，提高城市创新水平；另一方面，创新要素集聚有利于市场竞争，相比较来看，R&D 资本投入更能促进大城市创新的提升。对中等城市而言，高铁开通提高了城市对外联系程度，使城市内部创新主体接触异质性创新要素的可能性增加，但也有利于创新要素向大城市集中，产生"虹吸"效应，对城市创新产生不利影响。从控制变量估计系数来看，中等城市创新能力提高主要依赖财政在科技方面的支出，R&D 资本投入对城市创新的作用明显偏小，原因可能是政府支持有利于城市创新的提升，但存在较大的挤出效应。[①] 对小城市而言，城市网络中心性对创新能力产生显著负向影响，特别是对处于网络"桥梁"位置的小城市，进一步增强大中

① 赵庆. 产业结构优化升级能否促进技术创新效率？[J]. 科学学研究，2018，36（2）：239-248.

城市对其"虹吸"效应。

# 本章小结

　　本章首先介绍了网络的概念与表达形式，介绍了网络的构成要素、图形表达和矩阵表达。其次，归纳总结了高速铁路网络具有连通性、非等级性、整体性、开放性、外部性和复杂性六个显著特征。再次，从高速铁路整体网络结构指标、区域城市网络结构和个体网络结构指标三个方面对基于高速铁路开行动车组数量城市联系的网络结构进行分析。最后，对城市网络资本与城市创新的相关性进行检验，并建立回归模型进行分析。结果表明，全国范围内基本建立了以直辖市、副省级城市、省会城市等城市联系网络，产生了明显的"廊道效应"；城市联系空间分布不均，高强度的城市联系主要集中在长三角城市群、珠三角城市群和京津之间。从区域角度来看，城市间的联系基本上以省级行政区划作为联系网络边界，形成了华北城市子群、东北城市子群、山东城市子群、长三角城市子群、华中城市子群、华南城市子群和西南城市子群等 10 个子群。从个体网络属性来看，东部地区城市中心性明显高于中西部；城市联系网络资本与城市创新通过了显著性检验，城市所处的网络位置优势要高于对网络控制能力的优势；回归结果表明，城市在网络中拥有较好的位置，有利于城市内组织的跨城市联系、沟通，进而获取异质性创新知识，进而促进城市创新。从分地区回归结果来看，与全国及其他城市所不同的是，东部接近中心度对城市创新有显著正向影响，说明知识和信息的频繁交互有利于城市间开展创新分工，进而促进城市创新；中西部高铁线路相对稀疏，这一效应暂时还不明显。从中部地区的回归结果来看，中介中心度的回归系数最大，显著性也最高，说明高速铁路开通使中部城市将东部、东北部与西部地区相连，在知识跨城市流动过程中发挥着桥梁作用；对西部地区而言，限于高速铁路网络的不完善，城市联系并未对城市创新产生显著影响。从分城市规模回归结果来看，城市网络特征对创新影响存在显著的城市规模差异：城市网络对大城市创新的促进作用明显大于中小城市。对大城市而言，一方面，大城市创新要素集聚程度较高，有利于从知识流动中获益，提高城市创新水平；另一方面，集聚效应产生在一定程度上有利于市场竞争，相比较于政府财政在科技方面的支出，R&D 资本投入更能促进大城市创新提升。对中小城市而言，高铁开通提高了城市对外联系程度，使城市内创新主体接触异质性创新要素可能性增加，但也有利于创新要素向大城市集中，处于网络"桥梁"位置的小城市受"虹吸"效应最明显，对城市创新产生负向影响。

# 第七章
# 基于系统动力学的离散仿真模型构建

从高速铁路对城市创新的实证分析中不难发现，高速铁路对城市创新的影响是随时间变化的动态过程。随着网络的不断优化，高速铁路对城市创新的影响会大幅增强，而依据现有数据得出的实证并不能完全反映这一事实。为了模拟路网形成后高铁对城市创新的影响，在结合第三章、第五章、第六章高速铁路对城市创新的影响机理及相关实证分析的基础上，根据复杂系统理论，建立系统动力学模型，在确定系统变量及函数表达式的基础上，对高速铁路影响城市创新进行仿真，有利于科学评价和预测高速铁路对城市创新的影响效应。

## 第一节　高速铁路影响城市创新过程的复杂性

高速铁路作为一种具有显著网络特征的新型交通基础设施，具有显著的时空压缩特征，大幅降低了城市间组织相互交流的时间成本，有利于创新要素跨城市流动，扩大了知识溢出的地理边界，对城市创新有重要影响。从微观角度而言，高速铁路开通带来的最直接变化就是城市间通勤时间的缩短，进而导致广义出行成本的下降。广义出行成本的下降，使创新主体（企业或者个人）在从事与创新相关的活动时，可以在更大规模内搜索创新要素，寻找更适合的创新合作伙伴，增加创新成功的概率，进而内生性提升核心竞争力。从宏观角度而言，一方面，高速铁路开通使大规模和高频率的面对面交流成为可能，促进知识、信息等创新要素在城市间流动，扩大要素市场和商品市场规模，促进创新要素在更大空间范围内进行配置，而创新要素的流动影响着城市产业集聚与转移，优化自身供应链水平，促进企业创新，推动产业发展，通过促进产业转型升级促进城市发展；另一方面，高速铁路开通加速创新要素在城市间流动，使知识溢出由等级化向网络化转变，而知识集聚与扩散是创新要素在基于高速铁路连接的城市联系网络中创新要素流动的结果，创新要素在更大地理空间的流动拓展了城市发展空间，进而对城市体系的空间格局产生影响，通过影响协同创新，促进城市创新能力提升。

城市创新虽然有显著的空间相关性，但这种空间溢出关系是复杂的。这种复杂性主要体现在：一方面，创新的空间溢出加速了知识、信息等创新要素在更大规模的空间进行传播，接受知识溢出的个人或组织通过消化、吸收继续从事创新活动，降低创新成本，提升创新成功的概率，进而促进城市创新；另一方面，知识溢出虽然对接受者是有益的，但对于创造者而言，知识收益并未全部被其占有，知识外部性也可能导致其创新积极性的下降，进而对城市创新产生不利影响。如前分析，高速铁路对人们广义出行成本降低的影响是非线性的，导致高速铁路影响城市创新的过程是典型的复杂系统演化过程。此外，城市创新的空间溢出是基于个人或组织因广义出行成本下降导致的面对面交流产生的，是不同创新主体根据其自身发展而进行的自发性、内生性现象。人是一切生产活动的主体，个体行为的变化导致城市创新系统内部各因素之间的相互作用发生改变，最终会影响城市创新。

## 一、城市创新过程参与主体

城市创新过程可分为三个阶段：创新成果研发、创新成果开发和创新成果应用，每个阶段都会因广义出行成本降低而产生知识溢出，进而影响城市创新。按照创新主体规模的大小，可将其分为个人和组织两种，前者是依靠个人在某些方面所具有的知识优势，例如掌握核心专利等，进行创新活动；后者则是多人按照一定的规则和制度，相互协作，从事创新活动，例如企业、科研院所等。不同规模的创新主体，其对城市创新影响过程不同，对个体创新而言，这种形式创新受个人知识结构和规模影响较大，只有具备一定知识存量的人才可能产生创新成果（例如专利、专著等）。创新组织则是依靠组织内每个人的知识储备，通过相互协作，共同促进创新成果产生，其优点在于组织内人员越多，越有利于完善知识结构，降低创新成本；弊端在于创新活动也是组织活动，不同个体对创新想法、过程等方面存在差异，管理不当可能会导致创新成本的增加。高速铁路开通产生的广义出行成本下降使城市创新参与主体不再局限于城市内部，创新主体可以相互沟通、学习和协作，有利于城市创新提高。一方面，广义出行成本降低提高了个体面对面交流的可能性，例如学术研讨会、论坛、私人交流等形式，有利于个体之间创新成果分享，促进知识溢出，进而增加双方知识存量，特别是隐性知识的增加，有利于城市创新水平提高；另一方面，广义出行成本的降低也使城市间组织学习相对容易，创新组织可以以更低的成本相互学习，创新组织间的学习不仅是促进成果扩散，影响知识溢出，也可能会是组织创新文化、规章制度、奖励措施等多方面交流，提升组织对创新活动的支持，进一步促进组织创新能力提高。

虽然高速铁路开通引致的广义出行成本降低有利于创新主体在更大地理空间进行交流，促进知识流动，但两者的流动性存在显著差异，特别是长期流动。一方面，创新个体的流动成本较低，主要受个人价值实现、城市发展水平、养老、医疗等方面影响较多，当因高速铁路开通产生"同城效应"时，会进一步加速创新个体向外扩散，进而促进知识空间溢出；另一方面，创新组织流动成本较高，流动性较差，但组织流动对城市创新的影响更明显。以创新型企业为例，广义出行成本下降虽然有助于城市间企业相互交流，有利于知识溢出；但是，影响企业搬迁的因素较多，主要包括迁入城市区位条件、用地成本、产业政策、时间成本、搬迁建设成本、相关产业发展等，单纯依靠出行成本降低很难影响企业搬迁。然而，一旦创新型企业完成搬迁，其对迁入城市的影响远大于创新个体，原因在于，一方面，企业拥有的创新要素远高于个体，特别是对重大原始创新而言，对设备投入要求较高，而这往往是个人无法承担的；另一方面，创新活动是开放的，企业可以以更低的成本接触更多的创新要素，进而内生性促进创新。诚然，高速铁路带来的广义出行成本下降对不同创新主体的流动存在差异，但是不管是个体流动还是组织流动，产生的结果均是促进知识在城市间流动，有利于知识空间溢出，知识的流动通过影响城市内部知识池的变化，进而作用于城市创新。

## 二、城市创新主体间互动关系和过程的复杂性

由上述分析可知，城市创新是由多主体参与的复杂性过程，不同创新主体通过知识分享、吸收和应用推动城市创新发展。在城市创新系统内部，创新主体以竞合关系生存并不断从事知识的研发、开发和应用，不断提升核心竞争力。如同

各种经济社会活动一样，创新活动也有成本，包括知识的搜寻成本、利用成本、知识产权保护成本等，因各种成本的存在和认知的局限性，使创新主体只能利用城市公共知识池内的部分知识，虽然这一知识池是开放的。除从公共知识池获取创新要素外，创新主体通过增加自身投入，提高自身知识存量，内生促进创新能力提升。从某种程度上而言，创新主体从公共知识池获取的知识量越多，其额外的投入相对越少，公共知识池的扩大，有利于降低其创新成本。创新主体的发展离不开城市公共知识池的支持，而公共知识池的扩大也离不开城市创新主体自身知识存量的增加，即城市创新主体与公共知识池之间存在正反馈回路。高速铁路开通引致的广义出行成本下降，加速城市间知识流动，有利于创新主体面对面交流，一方面扩大了城市知识池，降低创新主体的创新成本，进而影响城市创新；另一方面，广义出行成本下降引致的隐性知识传播，有利于创新的产生，进一步扩大城市公共知识池。因此，高速铁路对城市创新影响的动力机制可以抽象表达为一种刺激–反馈机制。

城市创新过程可分为创新成果研发、创新成果开发和创新成果应用三个阶段；而高速铁路引致的空间知识溢出对不同阶段可能存在差异。为进一步理解高速铁路影响城市创新过程，根据城市创新的不同阶段，分别探讨高速铁路对其产生的具体影响。首先，在创新成果研发阶段，高速铁路开通降低人们广义出行成本，城市间流动人口规模随之扩大，使知识交互在更大空间范围内发生成为可能，有利于公共知识池扩大；同时，面对面交流有利于隐性知识传播，有利于城市间创新组织建立信任联系，促进创新网络形成。不管是创新组织还是个体知识储备都会因为显性知识和隐性知识的增加而增加，创新活动本身就是在知识积累的过程中不断组合或产生新知识。随着城市内部创新主体知识积累，有利于知识创造力的增加，进而内生性增加城市创新成果研发。其次，在创新成果开发阶段，高速铁路提高城市间的可达性程度，提升市场潜力，无论是商品市场还是要素市场规模均不同程度扩大；而市场规模扩大，有利于提升整体竞争效率。市场竞争促使企业将原始创新、概念模型进行批量化生产，在不断优化产品和服务的过程中继续挖掘创新成果价值，提高创新成果开发水平，提升自身创新水平，进而对城市创新产生积极影响。最后，在创新成果应用阶段，高速铁路开通降低城市间通勤成本，不管是个人和组织的生产、生活空间均不同程度增加，使产品和服务能在更大范围内进行配置，加速了新知识、新技术、新产品等创新成果在更短时间内接触更广阔的市场空间。一方面，创新成果在更短时间和更多城市得到运用，加速企业收回研发成本，提高其继续从事创新活动的积极性和可能性；另一方面，随着收入水平的提高，消费者对创新性高质量的产品和服务的需求也越来越多，而广义出行成本的下降促进人们跨城市消费，提高了创新型企业继续从事创新的动力。另外，人是有主观能动性的高级动物，消费者在体验创新型产品或服务时，也会根据实际体验对产品的优势和不足进行一定的评价，有利于企业进一步完善产品或服务，有利于企业创新，进而对城市创新产生积极影响。

高速铁路对城市创新的影响存在多种反馈渠道与影响机制，且这些反馈渠道和影响机制是同时发生作用，彼此间还相互受到影响，如城市区位条件在一定程度上决定了城市发展水平，经济活动存在空间集聚特征，而城市经济发展也会反作用于其与邻近城市之间的关系，进而影响城市区位条件。高速铁路开通降低广义出行成本，使创新主体在更大范围内选择合作伙伴成为可能，广义出行成本降低改变了知识流方向与强度，进而影响城市创新，而城市创新的复杂性也在于此。

### 三、高速铁路影响城市创新的外在形式与效应边界

城市创新是指城市内部创新主体依靠各种创新要素内生驱动城市不断发展的能力和过程。因此，城市创新既是一种结果，也是一个过程，具有明显的动态性。高速铁路作为一种外生因素，通过影响城市创新系统中不同因素，使城市间知识流动的强度和方向发生变化，通过知识空间溢出效应作用于城市创新，其外在形式主要包括四个方面：一是高速铁路开通降低城市间广义出行成本，加速知识流动，扩大公共知识池，进而影响城市创新；二是高速铁路开通增加了人们面对面交流的机会，有利于创新要素的流动，进而有利于流入地创新水平的提升；三是高速铁路开通使原有城市区位条件发生变化，创新要素在更大范围内得到配置，拓宽了城市发展空间，通过影响城市产业集聚与扩散而作用城市公共知识池，进而对城市创新产生影响；四是高速铁路开通促进要素向沿线城市集聚，有利于城市经济发展，进而对城市人力资本产生积极作用，内生性提高城市创新。虽然高速铁路开通引致交易成本下降有利于知识溢出，但知识流动过程是自发的、非指令性的自组织行为。知识溢出效应存在是城市创新主体根据自身预期做出判断之后产生的结果，本质上是因个体或组织在城市间的流动产生；而广义出行成本下降并非必然引起城市间创新主体的流动，形成知识扩散，这在一定程度

上也印证了高速铁路对城市创新的影响是复杂的。

高速铁路影响城市创新的边界主要包括空间边界和网络边界，前者是高速铁路开通所覆盖的地理空间，在本章中是 175 个主要城市形成的地理边界，分析在空间边界一定的条件下，因广义出行成本下降所引致的知识溢出对城市创新产生的影响效应；网络边界则是基于高速铁路连接的城市联系网络而形成的城市创新网络边界，与空间边界不同，高速铁路影响下的城市创新网络边界具有动态性和不确定性。

# 第二节　基于系统动力学的高速铁路影响城市创新仿真建模

系统动力学（System Dynamics，SD）是由美国麻省理工学院的 J.W. Forrester 于 1958 年提出，最初目的是从系统角度分析并解决企业库存、生产管理等微观问题。随着研究的深入和应用的广泛，系统动力学不再是研究企业微观系统信息反馈系统的学科，而是一门从系统角度分析并处理问题的综合性交叉学科。系统动力学以定性研究为基础，结合相关数理模型，运用计算机模拟仿真分析系统内部各要素之间的关系及系统的运行规律，通过对不同情境进行模拟，寻找解决系统问题的对策建议。系统动力学强调从动态角度分析系统问题，侧重于系统发展趋势，而不是某时刻的系统发展结果。系统动力学虽然能对系统问题进行分析，但其仿真方案是人为设置的，并不会通过建立系统动力学模型得出最佳方案。

城市创新过程本身也是复杂的系统过程，城市内产业水平、研发要素投入、知识存量等均对其创新能力有重要影响，而高速铁路开通导致的广义出行成本降低是非线性的，其本身也是复杂的。因此，高速铁路影响城市创新的过程是非线性、多因素、多反馈的复杂性系统问题。虽然定量分析了高速铁路对城市创新的影响效应，包括空间效应和网络效应，但是并未从系统角度定性分析高速铁路影响下的城市创新过程的动态变化，而系统动力学的分析建模和模拟仿真为深入分析因高速铁路发展而产生的城市创新系统变化提供了可能，特别是预测高速铁路发展对城市创新的影响。高速铁路影响城市创新过程是相互的，一方面，高速铁路发展促进知识溢出，加速协同创新，提高城市创新能力；另一方面，城市创新能力提升，促进经济发展，促进城市间协作，城市联系增强对基础设施，特别是高速铁路需求增加又会进一步促进高铁营业里程增加。因此，高速铁路对城市创新的作用机理是一个循环过程。然而，这种循环过程并不总是正向的，原因在于，高速铁路发展对城市创新的直接影响有限，主要还是通过空间效应和网络效应影响城市创新，城市创新系统内部各变量间关系呈现非线性、多反馈的复杂特征。系统动力学模型可以反映出高速铁路影响下的城市创新系统内部要素之间的关系，通过模拟仿真对其影响过程进行详细分析。

基于系统动力学的高速铁路影响城市创新过程分析本质上是从系统演化角度分析城市创新过程，方法是将城市创新系统中的不同要素通过一定的方程、因果关系链、回路等建立联系，通过改变高速铁路发展速度模拟系统内与其有直接联系的要素变化，通过不同要素间的模拟来探究整个系统演化规律。因此，基于系统动力学的高速铁路影响城市创新过程是从定性分析开始，通过定性分析梳理创新系统内各要素间的关系，进而又通过方程式将其关系进行定量表达，最后通过调整模型参数模拟不同情境，对影响过程进行模拟仿真。

## 一、系统动力学建模步骤

系统动力学建模一般需要经过系统分析之后明确问题和边界、梳理反馈机制与提出动态假设、绘制系统流图与建立参数方程、模型检验与模拟仿真、政策设计与评估等步骤。实际上，整个建模的过程也是动态学习的过程，需要经过反复试验和调整[1]，不断深化，尽可能使模型符合实际情况，具体如图 7-1 所示。

基于系统动力学的高速铁路影响城市创新过程模拟仿真需要借助计算机和相关软件，模拟仿真的结果有助于更好地理解高速铁路发展对城市创新过程的影响。结合图 7-1 对系统动力学建模过程进行简要描述，为模拟仿真厘清思路。

一是明确系统问题，确定系统边界。在进行建模分析之前，首先要厘清系统内需要解决的核心问题，根据问题明确系统边界和关键变量。系统动力学是根据系统问题进行建模分析的，结合本书研究，在这个阶段应该明确高速铁路对城市

---

① 李子民，仲丛林，刘佳佳等. 我国信托业发展的系统动力学仿真研究[J]. 管理评论，2018，30（4）：3-11.

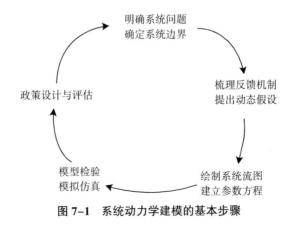

**图 7-1 系统动力学建模的基本步骤**

创新的影响过程，确定系统的边界并梳理系统内核心变量。

二是梳理反馈机制，提出动态假设。在明确系统问题和边界的基础上，对系统内部架构进行分析，梳理变量间相互关系，并对反馈机制进行详细阐述，一方面有助于分析系统内部结构，理清研究思路；另一方面也有助于对反馈机制进行筛选，避免因果关系重叠。

三是绘制系统流图，建立参数方程。以高速铁路影响城市创新过程的事实为基础，确定系统中各变量之间的因果关系，并对变量的性质进行分类。在此基础上，绘制系统动力学流图，确定系统内部主要变量之间的方程关系，估计模型参数。

四是模型检验与模拟仿真。在用所构建的系统动力学模型进行模拟仿真分析之前，需要对模型进行检验，以确定模型能反映所研究的问题，模型检验主要包括系统结构检验、历史检验和灵敏度分析等，其中结构检验是对整体结构是否符合实际情况的检验，历史检验是检验系统对现实情况的拟合程度，灵敏度分析则是对模型参数、系统边界等灵敏度的考察。通过模型检验，对构建模型进行调整，使其进一步符合实际研究情况。

五是政策设计与评估。在模型通过相关检验之后，进一步分析因某些条件的变化而导致的系统运行过程的改变，通过选定控制变量，对不同的情境进行仿真分析，结合研究的目的，选择最优的方案解决系统问题。

## 二、系统动力学建模基础

本书的研究对象是高速铁路对城市创新产生的影响，通过构建系统动力学模型，分析系统内各变量之间的关系，详细分析高速铁路发展对城市创新的影响过程，并通过不同情境的模拟仿真，对高速铁路在影响城市创新过程中所起的作用进行说明，以期城市能根据自身发展情况，充分利用高速铁路带来的时空压缩和城市区位条件改善促进城市创新能力，进而推动城市发展。

### (一) 建模目的

本章基于系统动力学建模的目的主要包括以下四个方面：

一是研究高速铁路对城市创新活动影响过程，从系统角度分析基于高速铁路发展与城市创新的系统内部各变量间的相互关系。在因果关系图的基础上，通过绘制高速铁路影响城市创新的系统流图进一步明确变量的性质与反馈机制。

二是动态模拟高速铁路对城市创新的影响。明确模型中不同的变量以及对应的方程式，并对模型的有效性进行检验，以验证基于系统动力学所构建的模型可以充分反映高速铁路对城市创新的影响。

三是通过调整高速铁路不同的发展速度，分别对不同的变量进行模拟仿真，进一步明确高速铁路对城市创新的影响路径，并结合仿真结果对未来进行预测。

四是基于系统动力学分析高速铁路对城市创新影响的最终目的在于，通过明确系统内部变量间的关系，以系统模型反映现实为根本，通过模拟仿真更好地分析高速铁路在城市创新过程中的作用，为更好地利用高速铁路促进城市创新提供政策性指导。

### (二) 模型边界

系统边界是指在高速铁路影响城市创新的系统中，各个要素以及其属性变化时间与空间上的设定界限。高速铁路发展与城市创新的演化是一个有机整体，两者在系统内部通过不同变量而发生联系。因此，边界设定过大或者过小都会使建模与仿真的结果形成误差，从而无法完成建模的主要目的，一方面，如果系统边界设定过小，则可能导致系统内部无法形成因果回路，进而可能导致高速铁路影响城市创新的反馈机制无法表达；另一方面，如果系统边界设定过大，则会削弱因高速铁路导致的城市创新变化，使其对城市创新的解释能力降低。因此，合理确定系统边界对研究高速铁路影响城市创新的系统反馈机制及动态变化具有重要意义。高铁影响城市创新的系统主要由高铁产业子系统、经济子系统、知识子系统、创新投入子系统和创新产出子系统五个子系统构成。高铁产业子系统主要是研究高铁产业发展及其影响因素，涉及变量包括营业里程、核心技术、相关产业发展、基础设施建设等；经济子系统主要是研究经济发展及其影响因素，包括固定资产投资、经济活动人口数量、市场因素等；知识子系统是指城市知识存量的变化，包括 R&D 资本流动量、R&D 人员流动量、知识阻尼等；创新投入子系统主要影响城市创新的要素投入，包括 R&D 人员数量、外商直接投资、高校和科研机构数量等；创新产出子系统主要研究城市创新产出及其影响因素，包括技术市场成交额、科技成果、科技资源等。时间边界为 2001~2031 年，模拟基期年为 2001 年，主要历史数据时段为 2001~2016 年，为减少预测中时段变化所带来的误差，时间步长定为一年。

## 三、系统动力学模型构建

### （一）系统动力学基本概念

一是因果关系链和反馈回路。在高速铁路影响城市创新的系统中变量间的关系就是最基础的因果关系，这种因果关系通常用因果关系链表示，因果关系链也是构成因果回路图的基本单元。系统中包括正向因果关系和负向因果关系，前者是两个变量同向变化；后者是两个变量反向变化。以本书研究对象为例，如果高速铁路发展引起城市创新能力提升，则两者间的关系为正向因果关系，用正因果链表示；如果高速铁路发展引起城市创新能力下降，则两者间的关系为负向因果关系，用负因果链表示，具体如图 7-2 所示。

高速铁路 ⟶○—⟶ 城市创新    高速铁路 ⟶○—⟶ 城市创新

**图 7-2　两种不同的因果关系链**

因果关系回路则是由两条以上的因果关系链所形成的闭合回路，与因果关系链类似，因果关系回路也有正负之分。以本书研究对象为例，如果高速铁路发展，使整体的回路作用变强，则为正因果回路；如果随着高速铁路发展，总体回路的作用变弱，则为负因果回路。一个常用判断回路的方法是：若回路中因果关系链为偶数，则为正因果关系回路；若为奇数，则为负因果关系回路，具体如图 7-3 所示。

**图 7-3　两种不同的因果回路**

二是变量与流图。在因果关系图的基础上，为进一步分析变量的性质和更好反映高速铁路对城市创新影响的系统内反馈机制与动态规律，绘制高速铁路影响城市创新的系统流图。系统流图与因果关系图的主要区别是：前者描述的是系统内部变量之间的因果关系，而后者则是根据变量的不同性质进一步进行描述。根据系统中变量的性质，可将其分为水平变量、速率变量、辅助变量和常量，其中，水平变量：系统内变量随时间变化的积累量，可用于表示系统的状态，也被称为状态变量；速率变量：系统内决定水平变量变化速度的变量，表示水平变量变化；辅助变量：用于传递系统内信息的变量，能够用来描述复杂表达式中的一部分；常量：可以直接或通过辅助变量传递给速率变量，并且在系统设定的时间内几乎不发生变化的量。

在系统动力学中，一般使用特定的流图符号来表示水平变量和速率变量之间的关系，水平变量用一个矩形符号表示。指向水平变量的实线箭头，表示水平变量的输入流；自水平变量向外的实线箭头，表示水平变量的输出流，具体如图7-4所示。

**图 7-4　流图的一般形式**

三是模型函数关系。在构建系统动力学模型过程中，等式（Equation）是最为重要的环节之一，所有变量之间的精确关系都是通过等式联系起来的，这些等式的集合也是整个模型内在结构的数学表达。等式的设置和调整常常决定了模型能否合理、准确地分析和预测决策者所面对的客观对象和其他复杂情况，从而决定了决策者所作出决策的正确性和有效性。Vensim DSS 提供了强大的函数关系功能，包括函数库和表函数两部分内容。

在函数库中，主要包括数学函数、逻辑函数、随机函数、测试函数和延迟函数五类，根据研究目的的不同，本章重点介绍测试函数和延迟函数。测试函数主要包括阶跃函数（STEP）、斜坡函数（RAMP）、单脉冲函数（PLUSE）和多脉冲函数（PLUSETRAIN）。阶跃函数的基本形式：STEP（{height}，{time}），表示在Start Time 之前，函数赋予变量的数值为 0。当时间到达 Start Time 后，函数赋予变量的值为预先设定的 Height，并持续下去。斜坡函数的基本形式是 RAMP（{slope}，{start}，{finish}），表示从规定的起始时间开始到规定的结束时间终结，在这个过程中，函数的变化完全取决于预先设定的斜率。单脉冲函数的基本形式是 PULSE（{start}，{duration}），表示在起始时间后脉冲高度只能为一，并将持续一段时间。多脉冲函数的基本形式是 PLUSETRAIN（{start}，{duration}，{repeattime}，{end}），表示将持续赋值阶段分成若干小段，duration 是持续时间长度，repeattime 是间隔时间。延迟函数是 Vensim 函数库中非常重要的一类函数，使用规模很广。因为在建立模型的过程中，我们常常需要模拟物质或信息在模型中不同模块间的流动。而现实中，由于物质或信息传播渠道的客观限制，这种流动经常会产生一定的延迟。延迟函数正是为模拟这种延迟效果而设计的。VensimDSS 中的延迟函数包括两类，即模拟物质延迟效果的 DELAY 函数和模拟信息延迟效果 SMOOTH 函数，基本形式分别为 DELAY（In，DelayTime）和 SMOOTH（In，DelayTime），其中 In 为输入变量，DelayTime 为延迟时间。

Vensim 函数库中包含了很多函数，直接调用方便快捷，但是学者的研究是多样的，往往直接调用的函数并不能很好满足研究需要，此时，需要创建表函数，描述某变量对另一变量的影响，特别是变量间的关系是非线性。

**（二）高速铁路影响城市创新因果关系图**

作为现代化交通运输方式之一，高速铁路对城市创新的影响可分为两个方面：一方面，城市内有高铁相关产业的不断发展带动城市创新能力提升；另一方面，高速铁路的开通极大增强了城市间的可达性程度，改变了人们原有的出行方式，这是对城市创新产生影响的重要因素。原因在于，高速铁路开通降低广义出行成本，使人们出行方式发生变化，而人是知识的关键载体。

如前所述，高速铁路开通增加人们面对面交流的可能性，降低知识传播的空间阻尼，有利于创新型知识，特别是隐性知识在城市间的传播。随着人员流动的不断增加，基于人口流动的知识流动量越来越多，有利于增加城市知识存量，知识存量的增加内生地提高城市内部科技资源和科技成果，进而有利于城市创新的提升；城市创新能力的提升又会促进城市经济发展，经济水平的不断提高增强了政府对宏观经济调控的能力，特别是基础设施相关政策，扩大对包括高速铁路在内的基础设施投资，高速铁路线路的不断密集和通车城市数量的不断增加，进一步放大了基于人口流动的知识流动，进而形成其对城市创新的良性循环。

综上所述，高速铁路对城市创新的影响是通过降低广义出行成本进而减小知识空间阻尼实现的。知识空间阻尼的变化影响着知识流动方向和强度，而后者变化对城市知识存量有重要作用，进而影响城市创新。高速铁路开通带来的时空压缩是知识空间阻尼降低的一种简化度量方式，在此基础上可以建立高速铁路对城市创新因果关系。

本章构建系统动力学的因果关系图来说明影响路径和反馈回路，该模型系统因果关系具体如图 7-5 所示。

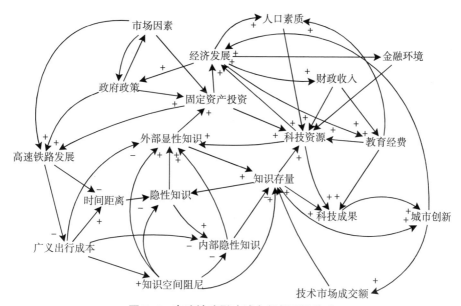

图 7-5 高速铁路影响城市创新因果关系

由图 7-5 可知，该模型中含有多个反馈回路，典型反馈回路如下：

回路 1：高速铁路发展→−时间距离→−隐性知识→+外部显性知识→+知识存量→+科技成果→+城市创新→+经济发展→+政府政策→+高速铁路发展

回路 2：高速铁路发展→−时间距离→−隐性知识→+外部显性知识→+知识存量→+科技成果→+城市创新→+经济发展→+政府政策→+固定资产投资→+高速

铁路发展

回路3：高速铁路发展→–时间距离→–隐性知识→+外部显性知识→+知识存量→+科技资源→+科技成果→+城市创新→+经济发展→+政府政策→+高速铁路发展

回路4：高速铁路发展→–时间距离→–隐性知识→+外部显性知识→+知识存量→+科技资源→+科技成果→+城市创新→+经济发展→+政府政策→+固定资产投资→+高速铁路发展

回路5：高速铁路发展→–时间距离→–隐性知识→+外部显性知识→+固定资产投资→+高速铁路发展

回路6：高速铁路发展→–时间距离→–隐性知识→+外部显性知识→+固定资产投资→+经济发展→+政府政策→+高速铁路发展

回路7：高速铁路发展→–时间距离→+外部显性知识→+固定资产投资→+高速铁路发展

回路8：高速铁路发展→–时间距离→+外部显性知识→+固定资产投资→+经济发展→+政府政策→+高速铁路发展

回路9：高速铁路发展→–时间距离→+外部显性知识→+固定资产投资→+经济发展→+政府政策→+市场因素→+高速铁路发展

回路10：高速铁路发展→–时间距离→–隐性知识→+外部显性知识→+固定资产投资→+经济发展→+政府政策→+市场因素→+高速铁路发展

回路11：高速铁路发展→–时间距离→–隐性知识→+外部显性知识→+知识存量→+科技成果→+城市创新→+经济发展→+政府政策→+市场因素→+高速铁路发展

回路12：高速铁路发展→–时间距离→–隐性知识→+外部显性知识→+知识存量→+科技资源→+科技成果→+城市创新→+经济发展→+政府政策→+市场因素→+高速铁路发展

回路13：高速铁路发展→–广义出行成本→+知识空间阻尼→+知识存量→+科技成果→+城市创新→+经济发展→+政府政策→+高速铁路发展

回路14：高速铁路发展→–广义出行成本→+知识空间阻尼→+知识存量→+科技成果→+城市创新→+经济发展→+政府政策→+固定资产投资→+高速铁路发展

回路 15：高速铁路发展→–广义出行成本→+知识空间阻尼→+知识存量→+科技资源→+科技成果→+城市创新→+经济发展→+政府政策→+高速铁路发展

回路 16：高速铁路发展→–广义出行成本→+知识空间阻尼→+知识存量→+科技资源→+科技成果→+城市创新→+经济发展→+政府政策→+固定资产投资→+高速铁路发展

回路 17：高速铁路发展→–广义出行成本→+内部隐性知识→+知识存量→+科技资源→+科技成果→+城市创新→+经济发展→+政府政策→+固定资产投资→+高速铁路发展

回路 18：高速铁路发展→–广义出行成本→+内部隐性知识→+外部显性知识→+固定资产投资→+高速铁路发展

回路 19：高速铁路发展→–广义出行成本→+内部隐性知识→+外部显性知识→+固定资产投资→+经济发展→+政府政策→+高速铁路发展

回路 20：城市创新→+技术市场成交额→+知识存量→+科技资源→+科技成果→+城市创新

回路 21：城市创新→+技术市场成交额→+知识存量→+科技成果→+城市创新

回路 22：城市创新→+经济发展→+财政收入→+教育经费→+科技资源→+科技成果→+城市创新

回路 23：城市创新→+经济发展→+政府政策→+固定资产投资→+科技资源→+外部显性知识→+知识存量→+城市创新

回路 24：经济发展→+财政收入→+教育经费→+科技资源→+经济发展

回路 25：经济发展→+教育经费→+科技资源→+外部显性知识→+固定资产投资→+经济发展

以回路 1 为例，对回路进行解释：高速铁路发展带来的时空压缩大幅度降低了城市间的时间距离，随着时间距离的缩短，增加了创新要素的流动创新要素，特别是人才面对面交流的机会，增强了隐性知识的传播；随着隐性知识的不断增多，外部显性知识量也将变大，进而增加了整个城市的知识存量；而知识存量的增加意味着知识资本增多，有利于科技成果产生，进而推动城市创新；创新是经济发展的根本动力，城市创新能力增强又会加速经济发展，经济发展会引起政府政策的变动，特别是完善基础设施方面的政策，这又会使高速铁路得到进一步发展。

## （三）高速铁路影响城市创新系统的变量与流图

基于我国高速铁路发展的特点和创新行为复杂性特征，深入分析系统各要素之间的逻辑关系，探讨高速铁路与高速铁路间的反馈形式和变化规律，本章在因果回路的基础上，通过将变量分为水平变量（Level Variable）、辅助变量（Auxiliary Variable）、速率变量（Rate Variable）和常量（Constant）四种。在结合代表性、可获性和精简性的基础上，本章选取 63 个变量构建系统动力学模型，其中包括 12 个水平变量、36 个辅助变量、12 个速率变量和 3 个常量，具体如表7–1 所示。

**表 7–1　系统主要变量**

| 变量名 | 变量类型 | 变量名 | 变量类型 | 变量名 | 变量类型 |
|---|---|---|---|---|---|
| 高速铁路发展 | 水平变量 | 广义出行成本 | 辅助变量 | 科技成果 | 辅助变量 |
| 城市创新 | 水平变量 | 信息搜寻成本 | 辅助变量 | 新产品销售收入 | 辅助变量 |
| 经济发展 | 水平变量 | 隐性知识 | 辅助变量 | R&D 人员数量 | 辅助变量 |
| 人力资本 | 水平变量 | 可用知识池 | 辅助变量 | R&D 资本存量 | 辅助变量 |
| R&D 资本流动量 | 水平变量 | 技术市场成交额 | 辅助变量 | 科技资源 | 辅助变量 |
| R&D 人员流动量 | 水平变量 | 学习效果 | 辅助变量 | 城市网络中心度 | 速率变量 |
| 区位条件 | 水平变量 | 知识空间阻尼 | 辅助变量 | 通车里程增速 | 速率变量 |
| 知识创造 | 水平变量 | 知识存量 | 辅助变量 | 人力资本增量 | 速率变量 |
| 创新要素集聚 | 水平变量 | 市场规模 | 辅助变量 | 经济增速 | 速率变量 |
| 创新成果溢出 | 水平变量 | 内部隐性知识 | 辅助变量 | 创新产出衰减量 | 速率变量 |
| 经济活动人口数量 | 水平变量 | 外部显性知识池 | 辅助变量 | 创新产出增量 | 速率变量 |
| 经济人口受教育程度 | 水平变量 | 城市间创新溢出强度 | 辅助变量 | 资本流速变化率 | 速率变量 |
| 装备制造业 | 辅助变量 | 财政科技支出 | 辅助变量 | 人员流速变化率 | 速率变量 |
| 新材料产业 | 辅助变量 | 财政支出 | 辅助变量 | 积累率 | 速率变量 |
| 时间距离 | 辅助变量 | 知识产权保护 | 辅助变量 | 淘汰率 | 速率变量 |
| 固定资产投资 | 辅助变量 | 教育经费 | 辅助变量 | 认知度 | 速率变量 |
| 高铁核心技术 | 辅助变量 | 金融环境 | 辅助变量 | 接受度 | 速率变量 |

续表

| 变量名 | 变量类型 | 变量名 | 变量类型 | 变量名 | 变量类型 |
|---|---|---|---|---|---|
| 基础设施建设 | 辅助变量 | R&D 经费 | 辅助变量 | 外商直接投资 | 常量 |
| 科技创新投资额 | 辅助变量 | R&D 投入占 GDP 比重 | 辅助变量 | 政府政策 | 常量 |
| 城市间贸易额 | 辅助变量 | 高技术产业产值 | 辅助变量 | 市场因素 | 常量 |
| 城市间高技术产业协同 | 辅助变量 | 科技论文数量 | 辅助变量 | 高校和科研机构数量 | 常量 |

按照拟定的框架进行系统整合，基本全面描绘了系统的构成、行为与变量间相互作用机制的全貌，具体结果如图 7-6 所示。

高铁产业子系统主要包括高铁核心技术、装备制造业、新材料产业、时间距离、广义出行成本、区位条件、营业里程 7 个变量。其中，高铁核心技术主要是牵引电机、制动系统等的技术发展，装备制造业和新材料产业发展以产业产值表示，时间距离以城市间通勤时间表示，广义出行成本以城市间通勤时间、舒适性、准点率等综合评价，营业里程则是我国高速铁路建设基础历程、平均发展速度等进行综合考量，城市区位条件的变化则以基于高速铁路连接的城市联系网络中城市位置表示。

经济子系统主要包括经济发展、固定资产投资、政府政策、科技创新投资额、经济活动人口数量、经济人口受教育程度、财政支出、教育经费、城市间贸易额、高技术产业产值 10 个变量。其中，经济发展、固定资产投资、经济活动人口数量、高技术产业产值、教育经费、财政支出、经济人口受教育程度等宏观指标均结合统计指标构建相互关系，科技创新投资额、城市间贸易额则以回归函数确定其与其他变量的关系，经济增速、人口增速等速率指标主要是参考研究周期内实际平均增速。

知识子系统主要包括隐性知识、可用知识池、城市间知识溢出强度、学习效果、创新成果溢出、R&D 资本流动量、R&D 人员流动量、知识存量、外部显性知识、创新要素集聚、R&D 经费支出 11 个变量。其中，R&D 资本流量和 R&D 人员流动量基于广义出行成本结合引力模型计算所得，创新要素集聚、创新成果溢出、知识创造等变量是结合相关速率变量进行评价。

创新投入子系统主要包括 R&D 人员数量、R&D 资本存量、外商直接投资、

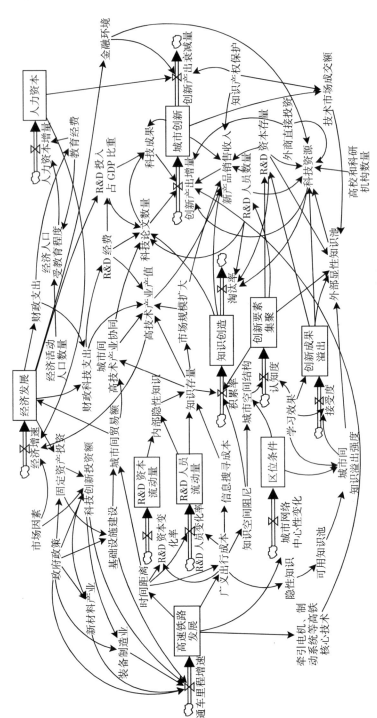

图 7-6 高速铁路影响城市创新系统流图

高校和科研机构数量、知识产权保护 5 个变量，R&D 人员数量和 R&D 资本存量根据《中国城市科技统计年鉴》中对应指标整理和计算所得，高校和科研机构本身也是科技资源的一部分，对城市创新进行投入，外商直接投资也是投入要素的主要来源。

创新产出子系统主要包括金融环境、科技成果、科技论文数量、新产品销售收入、技术市场成交额 5 个变量。其中，城市创新以专利授权量表示科技创新活动，金融环境主要是包括科技金融在内的对科技创新支持，科技成果是综合科技论文数量、专利授权量等综合评价，而科技资源受 R&D 投入占 GDP 比重的影响。

## 四、系统动力学模型检验

### （一）模型主要方程式

在运用系统动力学模型进行仿真前，需要通过分析已有数据判断 SD 模型是否符合实际情况，主要方程如表 7-2 所示。

表 7-2　高速铁路影响城市创新的 SD 模型主要方程

| 变量名 | 方程式 |
|---|---|
| 高速铁路发展 | 671 + 通车里程增量 + 新材料产业发展 × 0.001 + 科技创新投资额 × 0.009 + 装备制造业 × 0.0105 |
| 城市创新 | 创新产出增量 – 创新产出衰减量 |
| R&D 资本流量 | R&D 流量变化率 × (1 + 9600) |
| R&D 人员流量 | R&D 流量变化率 × (1 + 9300) |
| 区位条件 | 网络中心性变化 × 100 |
| 经济发展 | 110863 × (1 + 经济增速) + 高技术产业产值 × 0.128 + 城市间贸易额 × 0.005 |
| 经济活动人口数量 | 127627 × (1 + 0.048) |
| 知识创造 | 积累量 – 淘汰量 |
| 创新成果溢出 | 接受度 + 学习效果 × 0.8 |
| 人力资本 | 人力资本增量 + 1000 |
| 时间距离 | 10000/高速铁路发展 + 10 |
| 广义出行成本 | 时间距离 × 城镇单位在岗职工平均工资 |
| 知识存量 | R&D 人员流动量 × 10 + 内部隐性知识 – 信息搜寻成本 |
| 外部显性知识池 | R&D 资本存量 × 10 + 创新成果溢出 + 要素集聚 + 城市间知识溢出强度 + 技术市场成交额 |

| 变量名 | 方程式 |
| --- | --- |
| 技术市场成交额 | R&D 人员数量 × 0.01 + R&D 资本存量 × 0.01 + 高校和科研机构数量 + 金融环境 × 0.01 |
| 新产品销售收入 | R&D 人员数量 × 0.01 + R&D 资本存量 × 0.01 + 城市创新 × 0.5 + 市场规模扩大 × 0.1 + 知识产权保护 × 0.5 + 知识创造 × 0.8 + 高技术产业产值 × 0.15 + 城市创新 × 0.09 |
| 科技论文数量 | R&D 人员数量 × 0.05 + R&D 经费 × 0.04 + 知识创造 × 0.01 + R&D 投入占 GDP 比重 × 100 + 城市间高技术产业协同 × 0.05 |
| 科技成果 | 科技论文数量 + 城市创新 + R&D 投入占 GDP 比重 × 0.1 |
| 高技术产业产值 | R&D 经费 × 0.05 + 城市间高技术产业协同 × 1 + 市场规模扩大 × 0.001 + 知识存量 × 0.06 + 财政科技支出 × 0.8 + 城市创新 × 0.0018 |
| R&D 投入占 GDP 比重 | R&D 经费/经济发展 |
| 经济活动人口数量 | 1.27628e + 0.06 × 人口增速 + 127627 |
| 经济活动人口受教育程度 | 教育经费/经济活动人口数量 |
| 固定资产投资 | 2413 + 经济发展 × 0.05 + 政府政策/100 |
| 科技创新投资额 | 固定资产投资 × 0.017 + 政府政策/1000 + 市场因素 × 0.1 |
| 基础设施建设 | 固定资产投资 × 0.18 + 政府政策 × 0.1 |
| 装备制造业发展 | 政府政策 × 0.5 + 科技创新投资额 × 0.217 |

### (二) 模型有效性检验

高速铁路影响城市创新是一个复杂的系统问题，本章建立的系统动力学模型是对现实情况的总结概括，目的在于能充分表达所要研究的问题，厘清变量间的影响关系，尽可能地反映真实世界，能有效对未来变化趋势做出判断。如果模型不能准确地模拟高速铁路影响城市创新过程的复杂性，那么建立的模型将会毫无意义。因此，需要对模型进行有效性的检验，本书对已建立的系统动力学模型分别进行系统结构检验、历史检验和灵敏度分析。

一是对系统结构进行检验。系统结构检验是系统动力学模型的常用检验之一，主要检验系统中的核心变量是否为内生变量，是否考虑到外生变量对内生变量的影响，主要是通过检查系统流图中的方程式来完成。本书运用 Vensim DSS 软件中菜单栏中的 Check Model 对高速铁路影响城市创新系统动力学流图进行结构检验，具体结果如图 7-7 所示。

图 7-7 系统结构检验

由图 7-7 可知，本章构建的系统动力学模型通过了结构性检验；进一步地，对模型进行多次试运行，并未出现异常，说明构建的模拟仿真模型是合理的。

二是通过测试，进行历史检验。历史检验是指用历史数据对所构建的仿真模型进行拟合程度检验，比较系统水平变量的仿真值与历史统计数据之间的差异，进而判断已有模型的有效性。2008 年，我国高速铁路正式建成通车，考虑到数据的可获得性，历史性检验的时段是 2008~2016 年，本章选择检验的变量包括高速铁路发展、经济发展、固定资产投资额、城市创新、R&D 资本流动量、R&D 人员流动量、高技术产业产值和新产品销售收入八项指标，将历史数据与模型测出的模拟值进行对比，检验结果如表 7-3 所示。

表 7-3 历史值与真实值相对误差单位

单位：%

| 年份 | 高铁发展 | 经济发展 | 固定资产投资额 | 城市创新 | R&D 资本流动量 | R&D 人员流动量 | 高技术产业产值 | 新产品销售收入 |
|---|---|---|---|---|---|---|---|---|
| 2008 | 9.02 | 2.45 | 2.42 | 3.53 | 5.47 | 3.81 | 5.18 | 3.51 |
| 2009 | 8.76 | 3.91 | 4.04 | 4.21 | 2.96 | 2.29 | 4.95 | 3.22 |
| 2010 | 9.40 | 2.89 | 0.96 | 1.58 | 4.45 | 4.76 | 5.44 | 2.87 |
| 2011 | 8.35 | 3.38 | 1.32 | 4.32 | 1.89 | 3.87 | 3.79 | 2.08 |
| 2012 | 7.42 | 4.00 | 4.21 | 1.69 | 3.87 | 3.36 | 2.12 | 3.01 |
| 2013 | 3.24 | 3.69 | 2.64 | 2.49 | 1.84 | 3.47 | 3.33 | 4.71 |
| 2014 | 4.17 | 1.11 | 2.75 | 3.32 | 3.68 | 3.06 | 3.51 | 2.33 |
| 2015 | 3.50 | 1.80 | 2.62 | 4.86 | 5.26 | 5.09 | 4.39 | 3.44 |
| 2016 | 4.32 | 3.90 | 2.35 | 4.51 | 4.28 | 5.11 | 3.76 | 1.95 |

由表 7-3 可以发现，在研究期内，八个指标的相对误差率大多数都在 6% 以内，对高速铁路发展的误差较大，原因是，在高速铁路建设前期，路网规模发展较快，营业里程从 2008 年的 671 千米到 2016 年的约 2.2 万千米，增长了 31.76 倍，九年间复合增长率为 47.36%；但是到后期随着"四纵四横"的建成通车，高速铁路营运里程增速将会明显放缓，前后增速的巨大差异使模型估计的误差率相对较高，但仍低于 10%。这说明，系统动力学模型的模拟是有效的，符合建模要求，用该模型可以模拟仿真高速铁路变化对城市创新的影响，并对其影响作用进行预测。

三是对所构建的 SD 模型进行灵敏度分析。灵敏度分析包括灵敏度测试和敏感性分析两方面，前者是指更改系统模型中某些常量的值，以检验该常量值的变化是否对模型的输出结果产生了重要影响，若某个常量的微小变化引起系统内产出的巨大波动，说明系统行为不稳定，需要重新进行修改，或者更改了某些变量的值并未引起与之相关变量的变化则应该考虑该变量存在的合理性；敏感性分析则是指在模型中，变量在一定规模内变化对整个系统的影响程度，常用来确定对某一变量变动起决定性作用的是哪些因素。因此，两者有相通之处，但又完全不同。通过灵敏度分析发现，既没有过度灵敏的量，也不存在灵敏度过低的量，说明高速铁路影响城市创新的系统动力学模型可以进行模拟仿真。

# 第三节　基于系统动力学的高铁影响城市创新模拟仿真分析

仿真模拟是指通过改变系统动力学模型里部分变量值来研究该变量的改变对整个系统最终结果的影响，在进行仿真模拟时要在确保其他变量不变的基础上，改变某一研究变量或变量组合，通过模拟深入研究这一变量或变量组合的改变对整体系统影响作用。模拟的目的是研究在高速铁路影响城市创新具体传导路径和实际效果，通过单政策或组合政策的模拟深入揭示影响机制，结合实证研究提出更具针对性的对策建议。因此，本节将高速铁路发展速度分为高速、基准和降速三种模式，分别从单政策和组合政策角度，模拟高速铁路对经济发展与城市创新相关活动的影响。

## 一、基本仿真结果分析

通过设定高速铁路不同的发展速度，分别模拟高速铁路核心技术、R&D 人员流动量、R&D 资本流动量、城市区位条件、要素集聚程度、知识创造、经济发展和城市创新的变化情况，基准速度是按照高速铁路自 2008 年通车开始到 2031 年的平均增速，高速发展与低速发展分别在基准速度进行变化，具体模拟方案如表 7-4 所示。

表 7-4　高速铁路发展速度模拟方案

| 方案 | 条件 |
| --- | --- |
| 高速铁路高速发展 | 在基准速度的基础上调高 5 个百分点 |
| 高速铁路平稳发展 | 模型数据不变，高速铁路按照基准速度发展 |
| 高速铁路低速发展 | 在基准速度的基础上下调 5 个百分点 |

### （一）高速铁路发展与核心技术模拟

高速铁路对城市创新的直接影响最主要的体现就是高铁核心技术的发展，高铁技术水平的不断提升也会促进相关产业的不断升级；相关产业的不断升级也会对高铁产业发展产生促进作用，形成正反馈，进而共同促进城市创新，具体结果如图 7-8 所示。

由图 7-8 可知，高速铁路发展对以牵引电机、制动系统等高铁核心技术具有重要影响，高速铁路发展速度越快，核心技术水平就越高，对相关产业的带动作用也就越显著。若高速铁路处于高速发展模式，则到 2031 年，在牵引电机、制动系统等核心专利数量明显高于基准速度。在高速铁路发展的初期，对专利技术的影响主要体现在本产业，随着高速铁路的不断发展，高铁相关技术也能越来越多地应用到其他领域；同时，其他产业技术水平的提升，也会进一步促进高速铁路产业核心技术的进步，形成良性循环。

### （二）高速铁路发展与 R&D 人员流动量模拟

高速铁路对城市创新的间接效应主要体现在创新空间溢出，特别是 R&D 人员的大规模、快速、频繁的流动，R&D 人员的流动使更多的创新知识和技术的扩散成为可能，进而对城市创新产生重要影响。通过已有的高速铁路影响城市创

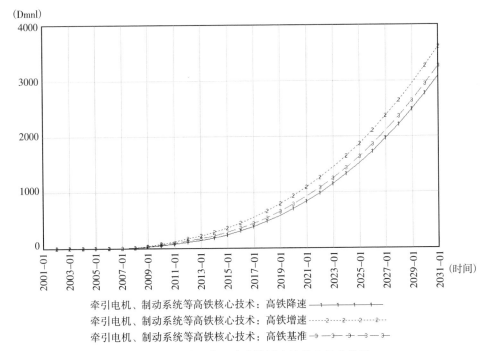

图 7-8　高速铁路发展速度模拟高铁核心技术发展

新系统动力学模型，模拟高速铁路发展不同方案对 R&D 人员流动影响，具体结果如图 7-9 所示。

　　由图 7-9 可知，高速铁路发展对 R&D 人员流动具有重要影响，高速铁路发展速度越快，R&D 人员在城市间的流动量也就越大。若高速铁路处于高速发展模式，则到 2031 年 R&D 人员流动量将是 2008 年的 7.8 倍，比基准速度条件下的流量多 12%，是低速发展的 1.7 倍。在建设运行初期，高速铁路较为稀疏，网络效应尚未显现。随着线路的不断密集，高速铁路的网络化效应开始逐渐显现；2016 年开始，高速铁路发展速度不同而导致的 R&D 人员流动量的不同开始显现，网络完善速度越快，R&D 人员流动的影响也越大。根据《中长期铁路网规划》，到 2030 年，基本连接省会城市和其他 50 万人口以上大中城市，形成以特大城市为中心覆盖全国、以省会城市为支点覆盖周边的高速铁路网，实现相邻大中城市间 1~4 小时交通圈，城市群内 0.5~2 小时交通圈，城市间的人口流动规模会进一步扩大，特别是 R&D 人员流动量的增加。

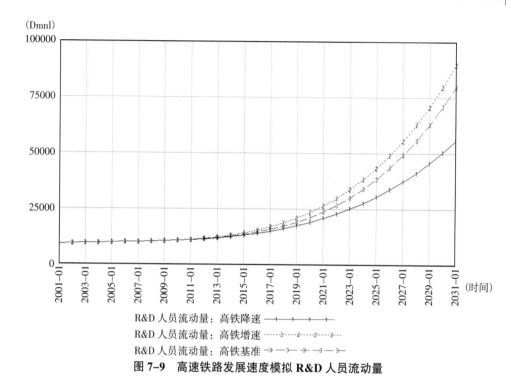

**图7-9 高速铁路发展速度模拟R&D人员流动量**

## （三）高速铁路发展与R&D资本流动量模拟

高速铁路对创新要素流动影响的另一方面，就是对R&D资本流动的影响。如前分析，高速铁路开通带来的时空压缩最主要的是增加了城市间人们面对面交流的机会，进而促进城市创新。通过已有的高速铁路影响城市创新系统动力学模型，模拟高速铁路发展不同方案对R&D资本流动量的影响，具体结果如图7-10所示。

由图7-10可知，与高速铁路对R&D人员流动的影响类似，高速铁路发展对R&D资本流动的影响也是在高速铁路成网之后。通过对比高速铁路三种不同的发展速度发现，到2031年，高速发展所带来的R&D资本流动量的增加比基准速度和低速分别高12.2%和32.1%。结合图7-9分析可知，因高速铁路建设速度不同而导致的对创新要素（R&D人员和R&D资本）跨城市流动影响不同的时间分界点均在2016年前后，即高速铁路网络形成之后。在2016年之前，虽然对创新要素流动也有影响，但此时高速铁路网络效应并未显现，初期对时空的压缩仅体现在城市与城市的点对点的压缩；而到网络形成之后，高速铁路对时空的压缩是

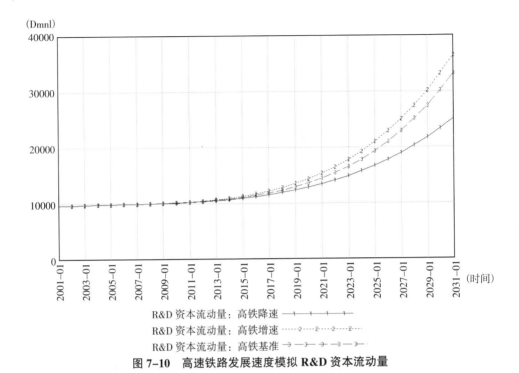

**图 7-10 高速铁路发展速度模拟 R&D 资本流动量**

网络化的，即一个城市被连入高铁网络，则可以显著缩短与网络中的所有城市的广义出行成本，特别是，对正在积极围绕某一核心城市打造"一小时交通圈"城市群而言，高铁网络的不断优化，极大增强了创新要素在时间城市圈内的流动，这是高铁建设初期所无法比拟的。

**（四）高速铁路发展与城市区位条件模拟**

高速铁路的开通使创新要素可以在更大的地理空间进行优化配置，改变了原有的城市区位条件，特别是加速创新要素由中心区向外围区的空间转移，进而对城市创新产生重要影响。通过已有的高速铁路影响城市创新系统动力学模型，模拟高速铁路发展不同方案对城市区位条件的影响，具体结果如图 7-11 所示。

由图 7-11 可知，高速铁路发展对城市区位条件具有显著的正向促进作用，且高速铁路发展速度越快，对区位条件的影响就越大。通过与图 7-9、图 7-10 对比发现，与要素流动不同，不管高速铁路以何种速度发展，城市区位条件在研究期内一直处于向好态势发展。主要原因在于高速铁路虽然极大增强了城市间的可达性程度，改善了城市区位条件，但其并不是唯一因素，高速公路、普通铁路

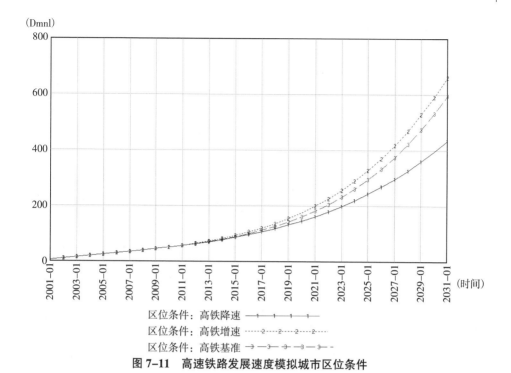

图 7-11　高速铁路发展速度模拟城市区位条件

等交通设施的改善也有利于城市区位条件的提升。

**（五）高速铁路发展与创新要素集聚模拟**

高速铁路提高了城市间的可达性水平，改善了城市原有的区位条件，加速了创新要素在城市间的流动，有利于要素的空间集聚，从而对城市创新产生重要影响。通过已有的高速铁路影响城市创新系统动力学模型，模拟高速铁路发展不同方案对要素集聚的影响，具体结果如图 7-12 所示。

由图 7-12 可知，高速铁路发展对创新要素集聚有显著的促进作用，且与高速铁路发展速度呈正相关，即速度越快，创新要素集聚程度就越高。创新要素集聚有利于城市创新，城市创新能力的提高会进一步吸引创新要素集聚，进而形成良性循环。

通过与图 7-11 进行对比发现，与城市区位条件类似，不管高速铁路以何种速度发展，创新要素在研究期内的集聚程度一直处于上升态势发展。主要原因在于高速铁路虽然极大增强了城市间的可达性程度，有利于创新要素集聚，但其并不是唯一因素，高速公路、普通铁路等交通设施的改善也有利于创新要素的集聚。

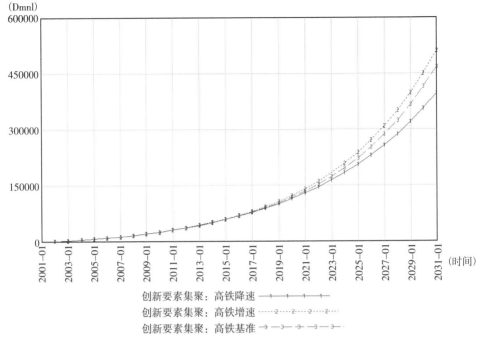

图 7-12　高速铁路发展速度模拟创新要素集聚程度

**（六）高速铁路发展与知识创造模拟**

由高速铁路影响知识创造模拟结果（见图 7-13）可知，高速铁路发展带来的创新要素流动和集聚，极大提高了城市的知识存量，有利于知识创造。然而，通过对比发现，高速铁路发展对城市知识创造有显著影响，但是不如创新要素流动、创新要素集聚、城市区位条件等的影响程度大。高速铁路不同的发展速度对知识创造的影响有差异，但并不明显。这说明，高速铁路开通所带来的时空压缩，虽然能加速创新要素流动，改善城市区位条件，但城市知识创造能力不仅取决于交通条件的改善，是多种因素综合作用的结果。

**（七）高速铁路发展与经济增长模拟**

高速铁路建设与运营对经济发展的影响是毋庸置疑的，通过已有高速铁路影响城市创新系统动力学模型，模拟高速铁路发展不同方案对城市经济发展影响，具体结果如图 7-14 所示。

由图 7-14 可知，高速铁路发展对经济增长具有重要影响，且与高速铁路建设速度密切相关。与其他变量不同，高速铁路对经济增长的影响始于建设开始时。此外，不难发现，同城市区位条件一样，高速铁路只是影响经济增长的一个

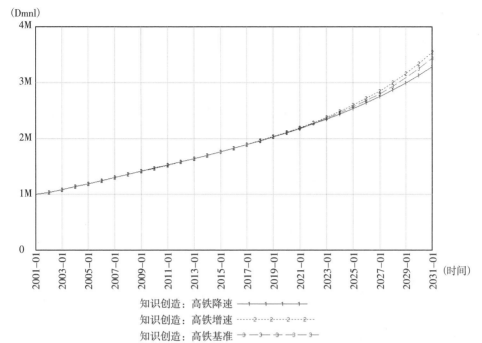

**图7-13　高速铁路发展速度模拟知识创造**

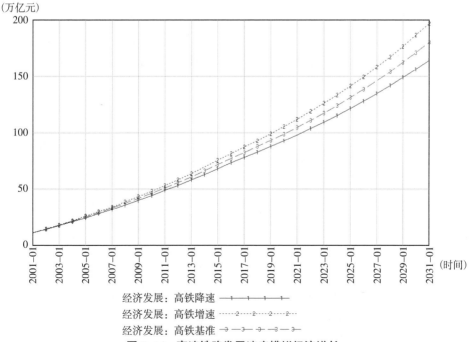

**图7-14　高速铁路发展速度模拟经济增长**

方面，建设速度的变化并未引起经济增长趋势的改变。这在一定程度上也说明，经济发展的决定因素有很多，除了高速铁路之外，还有很多因素影响经济增长。

**（八）高速铁路发展与城市创新模拟**

如前所述，高速铁路对城市创新的影响分为空间效应和网络效应，通过已有的高速铁路影响城市创新系统动力学模型，模拟高速铁路发展不同方案对城市创新的影响，具体结果如图 7-15 所示。

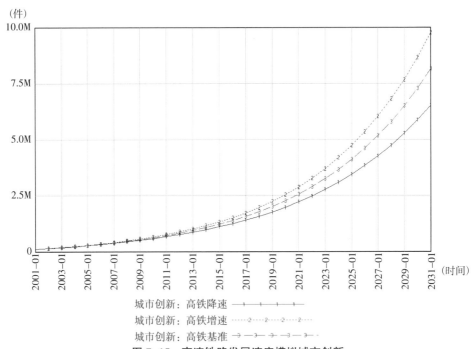

图 7-15　高速铁路发展速度模拟城市创新

由图 7-15 可知，高速铁路发展对城市创新具有重要影响，高速铁路发展速度越快，城市创新水平就越高。若高速铁路处于高速发展模式，则到 2031 年，城市创新水平将比基准速度高 20%，比低速高近 40%。在发展初期，高速铁路对城市创新的影响主要体现在空间效应方面，高速铁路的开通加速了城市间的人员流动，促进了知识在城市间的传播速度和强度，有利于城市创新的提升，此时，高速铁路不完善，高速铁路网络尚未形成，创新要素的流动主要局限于城市间，知识溢出范围有限。随着高速铁路的不断建设，路网的不断优化，高速铁路对城市创新的网络效应开始逐步显现，特别是对中小城市而言，一旦其被高速铁路网络覆盖，意味着城市内部创新主体可以更加便捷地同创新中心城市内部创新组织实现面对面交流，有利于隐性知识传播和城市创新网络形成，进而促进城市创新水平提升。

综上，高速铁路开通对城市创新作用主要是通过影响高铁及其相关产业技术、R&D 人员流动量、R&D 资本流动量、城市区位条件、要素集聚程度、知识创造、经济发展等来实现的，其中，高铁及其相关产业技术水平提升本身也是城市创新能力提高的一部分，是高速铁路对城市创新的直接影响；而其他几方面均是高速铁路通过改善与创新有关的投入对城市创新产生积极作用，是高速铁路对城市创新的间接影响。与直接影响相比，高速铁路对城市创新的间接影响更大，原因在于，一方面，高铁产业发展虽然对城市创新有显著作用，但有高铁产业城市数量偏少，对整体城市创新能力提升有限；另一方面，高铁开通带来的时空压缩增强人们面对面沟通，加速知识传播，这本身比高铁产业发展更为重要。

## 二、组合政策仿真结果分析

为评估高速铁路与其他变量组合对城市创新的影响，设定 R&D 资本投入、R&D 人员投入、财政科学技术支出和外商直接投资（FDI）作为调控因子。假定四种调控因子变化率分别是与其 2008~2016 年年均增长率之差的绝对值，平稳发展情况下变化率为 0。由这四种因子分别与高速铁路发展结合，设计两种方案，具体如表 7-5 所示。分析组合政策对城市创新的影响，以期充分模拟与估计高速铁路影响城市创新的具体过程。

表 7-5　组合政策模拟方案

| 方案 | R&D 人员投入变化率 | R&D 资本投入变化率 | 财政科学技术支出变化率 | FDI 变化率 |
|---|---|---|---|---|
| 高速铁路基准发展 | 0 | 0 | 0 | 0 |
| 高速铁路基准发展 | +5% | +5% | +5% | +5% |
| 高速铁路增速发展 | +5% | +5% | +5% | +5% |
| 高速铁路增速发展 | +10% | +10% | +10% | +10% |

## （一）R&D 人员和 R&D 资本变化仿真分析

如前分析，高速铁路对城市创新的影响主要是通过知识空间溢出实现的，而城市创新能力提升，既需要外部知识溢出，也需要通过不断增强 R&D 人员和 R&D 资本投入，内生提高创新能力，分析不同投入变化和高速铁路发展变化对城市创新的组合影响，具体如图 7-16 所示。

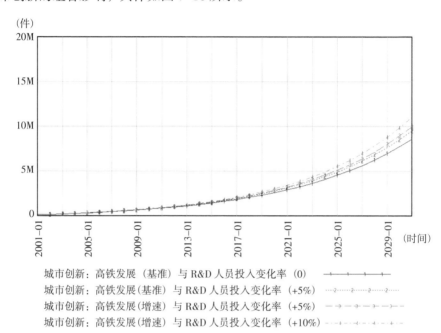

城市创新：高铁发展（基准）与 R&D 人员投入变化率（0）
城市创新：高铁发展（基准）与 R&D 人员投入变化率（+5%）
城市创新：高铁发展（增速）与 R&D 人员投入变化率（+5%）
城市创新：高铁发展（增速）与 R&D 人员投入变化率（+10%）

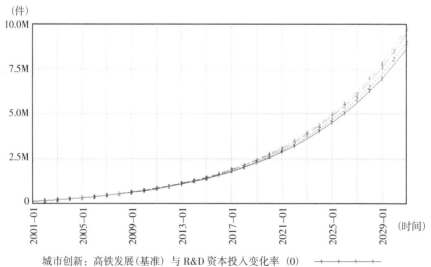

城市创新：高铁发展（基准）与 R&D 资本投入变化率（0）
城市创新：高铁发展（基准）与 R&D 资本投入变化率（+5%）
城市创新：高铁发展（增速）与 R&D资本投入变化率（+5%）
城市创新：高铁发展（增速）与 R&D资本投入变化率（+10%）

**图 7-16  R&D 人员和 R&D 资本变化率的系统仿真结果**

由图 7-16 可知，通过实施组合政策，不管是增加 R&D 人员还是 R&D 资本投入，城市创新均会显著提升。不同的是，R&D 人员投入变化所引起的城市创新能力提升幅度要大于 R&D 资本投入。究其原因，创新活动本身是依靠于人的活动，单纯增加物质资本并不必然引起创新能力提升。此外，通过对比曲线 2 和曲线 3 发现，在 R&D 投入变化率一定的情况下，高速铁路发展速度变化并不会因其城市创新较大而改变；而对比 R&D 人员投入变化率中曲线 3 和曲线 4 可知，在高速铁路发展速度一定的情况下，研发人员的增加会引起城市创新有较大提升，而且这种提升高于高速铁路变化带来的影响。可见，虽然高速铁路会通过知识空间溢出影响城市创新，但城市创新更依赖于自身 R&D 投入，特别是研发人员投入的增加，进而内生促进城市创新。从另一个角度说明，高铁建设有利于知识在城市间流动，但城市需要制定合理政策，通过提升 R&D 人员数量促进创新。

**（二）财政科学技术支出和 FDI 变化仿真分析**

政府财政在科技方面的支出，一方面有助于帮助企业降低创新成本，加速创新成果商业化，进而提高城市创新水平；另一方面也有可能对企业创新行为产生误导，使企业创新活动不是根据市场发展需要，而是为了获得政府补贴采取虚假创新活动。此外，作为提升城市创新能力的重要途径之一，外商直接投资对城市创新影响重大，FDI 的流入有利于将国外先进的技术水平、管理经验、信息平台等被当地所利用，对城市创新产生积极影响；但也可能造成 FDI 对流入地创新要素争夺，形成对本地企业创新要素的挤出效应，反而不利于城市创新。基于此，财政科学技术支出和 FDI 变化与高速铁路带来的时空压缩相结合，分析不同因素变化和高速铁路发展变化对城市创新的组合影响，具体如图 7-17 所示。

由图 7-17 可知，通过实施组合政策，不管是增加财政科学支出还是 FDI，城市创新并未发生明显变化。从财政科学技术支出和高铁发展变化率组合来看，只有当两者均大幅度变化才会引起城市创新的较大提升，一种可能的解释是，随着交通设施的不断改善，财政科学技术支出增加既有利于提升城市创新环境和硬件水平，也有利于创新人才集聚，最终提升城市创新能力。此外，从 FDI 和高铁发展变化率组合来看，外商直接投资对城市创新的影响正在弱化。究其原因，随着经济社会的发展，越来越多的企业强调自主创新，对外资的依赖性正在逐渐降低；而高铁带来的时空压缩降低了知识流动成本，有利于本地企业间的面对面交流，进而提升城市创新。因此，当 FDI 上升时，并不会显著提升城市创新水平。

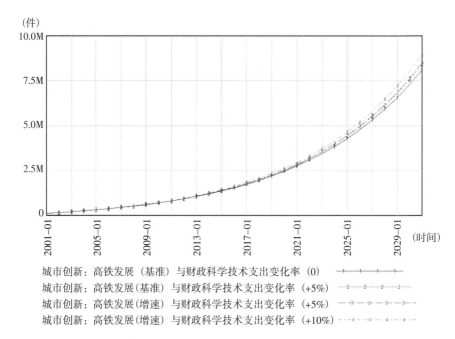

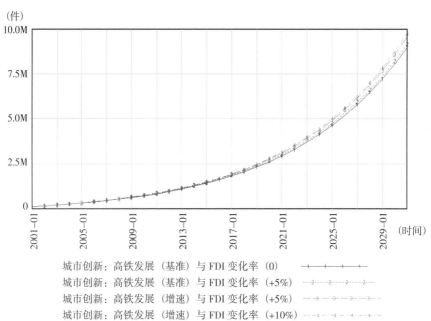

图 7-17　财政科学技术与 FDI 变化出和 FDI 变化率的系统仿真结果

# 本章小结

　　本章首先介绍了高速铁路影响城市创新过程的复杂性与自组织性，主要从创新空间溢出过程的参与主体、主体间互动关系的复杂性和创新溢出效应的表现形式与边界三个方面展开论述。其次，对基于系统动力学的高速铁路影响城市创新仿真建模进行分析，包括系统动力学的基本概念、建模步骤、建模基础，构建了高速铁路影响城市创新的因果关系图和系统流图。再次，确定主要方程和模型，对模型的有效性进行检验，主要包括系统结构检验、历史检验和灵敏度分析，结果表明，所构建的系统动力学模型是有效的，可以对高速铁路影响城市创新的作用进行分析与预测。最后，按照高速铁路发展速度，分别对高速铁路核心技术、R&D 人员流动量、R&D 资本流动量、城市区位条件、要素集聚程度、知识创造、经济发展和城市创新分别在不同情境下进行模拟，结果表明，高速铁路的发展有利于 R&D 人员和 R&D 资本的流动，改善了城市原有区位条件，进一步促进创新要素在城市间的集聚，提高城市间产业分工水平，而分工协作有利于创新要素利用率提高，进而对提升城市创新有显著促进作用，但对知识创造所起的作用有限。可能的原因在于，一方面，高速铁路开通增加了城市间创新主体面对面接触的可能性和便捷性，特别是研发要素的流动，对城市创新有显著的促进作用；另一方面，城市知识创造能力并不能与城市创新画等号，知识创造更多的是一种从无到有的创造能力，这种能力是多方面影响的，面对面交流的增加有助于提升创造能力，但所起的作用不如影响要素流动直观和明显。进一步地，将高速铁路不同发展速度与 R&D 人员投入、R&D 资本投入、财政科学技术支出和 FDI 四种调控因子的变化率形成政策组合，模拟分析其对城市创新的影响。结果表明，高速铁路的发展有利于 R&D 人员和 R&D 资本的流动，有利于创新要素的集聚，对提升城市创新有显著促进作用；但从其对经济增长的影响来看，高速铁路建设速度的变化并未引起经济增长趋势的较大改变，这在一定程度上也说明，影响经济发展因素众多，高铁只是其中之一。在 R&D 投入变化率一定的情况下，高速铁路发展速度变化并不会因其城市创新有较大改变；而在高速铁路发展速度一定的情况下，研发人员的增加会引起城市创新有较大提升，而且这种提升高于高速铁路变化带来的影响。不管是增加财政科学支出还是 FDI，城市创新并未发生明显变化，在一定程度上也印证了这两种调控政策对城市创新的促进作用有限。

# 第八章
# 高速铁路对典型城市群创新的影响
## ——以京津冀城市群为例

## 第一节　京津冀城市群创新影响因素空间异质性

总体而言，以空间视角研究区域创新活动已经产生大量成果，但多数学者的研究集中于创新产出的空间依赖性，基于时间序列数据建立全域空间计量模型进行实证研究。然而，空间异质性是事物在空间的一种常态①，区域内部创新要素的禀赋、经济发展水平、基础设施建设、制度、文化等方面差异都可能导致地区之间创新活动的非均衡。而且现有文献多将全国作为研究对象②，以京津冀城市群为分析对象，研究创新活动空间异质性的文献较为鲜见。有鉴于此，在充分考虑创新空间聚集非均衡性及其对区域创新能力影响因素的空间异质性特征的基础上，以京津冀城市群为研究对象，建立 GWR 模型，深入分析创新要素空间集聚非均衡性对创新能力的影响及其空间差异，以期为京津冀城市群提升创新水平提供参考。

---

① 白景锋，张海军. 基于 EOF 和 GWR 模型的中原经济区经济增长的时空分析 [J]. 地理研究，2014，33（7）：1230–1238.

② 方远平，谢蔓. 创新要素的空间分布及其对区域创新产出的影响——基于中国省域的 ESDA–GWR 分析 [J]. 经济地理，2012，32（9）：8–14.

## 一、变量选取与研究方法

### （一）变量选取与数据来源

学术界对创新产出的度量一直存在争议，没有统一的标准。学术界主要从新产品产值①、专利申请授权量②、技术市场成交额③等角度衡量创新产出。京津冀城市群技术市场成交额统计口径和核算方法不同，新产品认证标准也有差别。专利数据是研究创新活动的重要指标，虽然不同地区在专利倾向、专利质量等方面存在差异，但专利数据与创新活动之间的关系比较密切。④因此，以专利申请授权量作为衡量京津冀创新产出指标。同时，学者在研究影响创新产出的因素时发现，R&D 经费支出⑤⑥、经济密度⑦、第三产业占比⑧⑨、对外开放程度⑩等都对区域创新产出产生重要影响。基于此，本章将专利申请授权量作为被解释变量，R&D 经费支出、经济密度、第三产业占比和对外开放程度作为解释变量，构建GWR 模型，对京津冀城市群创新产出影响因素的空间异质性进行研究。研究时段为 2005~2016 年，基础数据来源于京津冀 13 个城市的统计年鉴、统计公报、科技年鉴等资料，空间分析由 Arc Map 10.2 软件完成。

### （二）空间相关性检验

一是全局空间自相关，Moran's I 指数是常用的判断空间相关性指标。因此，通过计算 Moran's I 指数对京津冀创新空间相关性进行判断，计算公式如下：

---

① 何键芳，张虹鸥，叶玉瑶，等.广东省区域创新产出的空间相关性研究 [J].经济地理，2013, 33 (2)：117–121, 140.

② 苏方林.中国省域 R&D 活动的探索性空间数据分析 [J].广西师范大学学报（哲学社会科学版），2008, 44 (6)：52–56.

③ 李婧.基于动态空间面板模型的中国区域创新集聚研究 [J].中国经济问题，2013 (6)：56–66.

④ 潘雄锋，杨越.中国区域创新的俱乐部收敛及其影响因素研究 [J].科学学研究，2014, 32 (2)：314–319.

⑤ 邵同尧，潘彦.风险投资、研发投入与区域创新——基于商标的省级面板研究 [J].科学学研究，2011, 29 (5)：793–800.

⑥ 王杏芬.R&D、技术创新与区域创新能力评估体系 [J].科研管理，2010, 31 (S1)：58–67.

⑦ 牛方曲，刘卫东，刘志高，等.中国区域公立科技创新资源与经济发展水平相关性分析 [J].经济地理，2011, 31 (4)：541–547.

⑧ 谢兰云.创新、产业结构与经济增长的门槛效应分析 [J].经济理论与经济管理，2015 (2)：51–59.

⑨ 吴丰华，刘瑞明.产业升级与自主创新能力构建——基于中国省际面板数据的实证研究 [J].中国工业经济，2013 (5)：57–69.

⑩ 潘雄锋，张维维.基于空间效应视角的中国区域创新收敛性分析 [J].管理工程学报，2013, 27 (1)：62–67.

$$I = \frac{\sum\limits_{i=1}^{n} \sum\limits_{j=1}^{n} w_{ij} (x_i - \bar{x})(x_j - \bar{x})}{S^2 \sum\limits_{i=1}^{n} \sum\limits_{j=1}^{n} w_{ij}} \tag{8-1}$$

式中，n 是研究对象数量，$x_i$ 和 $x_j$ 分别代表城市 i 和城市 j 的创新能力，$S^2$ 表示 $x_i$ 和 $x_j$ 的协方差，$w_{ij}$ 表示空间权重矩阵 W 中第 i 行第 j 列的元素。Moran's I 的取值范围是 [-1, 1]，正值表示空间正相关，即创新能力相似的城市在空间上呈现集聚状态；负值表示空间负相关；零值表示不存在空间相关性，即呈现随机分布状态。

二是局部空间自相关。局部空间自相关分析描述属性值在局部区域的空间聚集模式和差异程度。局部空间自相关统计量 Local Moran's I 是 Moran's I 的分解，对于地区 i 而言，其表达式为：$I_i = Z_i \sum\limits_{j} \omega_{ij} Z_j$，其中 $Z_i$ 和 $Z_j$ 是观测值的标准化后的值，$\omega_{ij}$ 为空间权重矩阵。局部自相关 Moran's I 指数通过检验达到显著性水平并存在显著正相关时，表明某地区与它周围相邻区域的属性值相似，即存在空间集聚效应。

### （三）地理加权回归模型

地理加权回归（Geographical Weighted Regression，GWR）由 Brunsdon 等于 1996 年提出。[1] GWR 模型通过将地理位置信息纳入模型中[2]，利用邻近观测值的子样本数据信息进行局域回归估计，参数随着空间上局域地理位置变化而变化，是扩展了利用全域信息估计的常数的 OLS 模型，能够较好地反映出属性值在不同地理位置的空间非平稳性即空间变异性[3]。因此，采用 GWR 分析法研究京津冀城市群创新空间异质性，其模型表达式为：

$$y_i = \beta_0(u_i, v_i) + \sum_{j=1}^{k} \beta_j(u_i, v_i) x_{i,j} + \varepsilon_i \tag{8-2}$$

---

[1] Brunsdon C., Fotheringham S., Charlton M.. Geographically Weighted Regression: A Method for Exploring Spatial Nonstationarity [J]. Geographical Analysis, 1996, 28 (4): 281-298.

[2] Brown S. C., Versace V., Laurenson L., et al.. Assessment of Spatiotemporal Varying Relationships Between Rainfall, Land Cover and Surface Water Area Using Geographically Weighted Regression [J]. Environment Mod-eling & Assessment, 2012, 17 (3): 241-254.

[3] 孙克，徐中民. 基于地理加权回归的中国灰水足迹人文驱动因素分析 [J]. 地理研究，2016，35 (1): 37-48.

式中，$y_i$ 是 $n \times 1$ 维因变量，$x_{i,j}$ 是 $n \times 1$ 维自变量，$\beta_j (u_i, v_i)$ 表示变量 $j$ 在回归点的回归系数，$(u_i, v_i)$ 表示观察点 $i$ 的空间位置，$\varepsilon_i$ 是 $n \times 1$ 维随机误差向量，且满足零均值、同方差和相互独立的假设。GWR 模型通过在每个观测点使用加权最小二乘法对参数向量进行估计，权重是观测点 $i$ 到其他观测位置的距离函数，常用的权重距离函数有高斯距离权重、指数距离权重和三次方距离权重，本章使用高斯距离权重函数。

## 二、空间相关性分析

### （一）全局空间自相关

本章以京津冀城市群 13 个地级市为研究对象，以专利授权量衡量城市科技创新，计算 2003~2016 年其 Moran's I 值，结果如表 8-1 所示。

表 8-1　2003~2016 年京津冀城市群科技创新的 Moran's I 值

| 年份 | Moran's I | 年份 | Moran's I |
|---|---|---|---|
| 2003 | 0.159*** | 2010 | 0.157*** |
| 2004 | 0.160*** | 2011 | 0.156*** |
| 2005 | 0.158*** | 2012 | 0.150*** |
| 2006 | 0.162** | 2013 | 0.152*** |
| 2007 | 0.155*** | 2014 | 0.153*** |
| 2008 | 0.154*** | 2015 | 0.153*** |
| 2009 | 0.154*** | 2016 | 0.151*** |

注：*、** 和 *** 分别表示统计量通过了在 10%、5% 和 1% 显著性水平下检验，下表同。

由表 8-1 可知，研究期内 Moran's I 值全部通过了显著性检验，表明京津冀科技创新活动存在显著的空间相关性，地理集聚特征明显。从变化趋势来看，虽然科技创新活动的集聚程度每年有波动，但整体呈下降趋势，由 2003 年的 0.160 波动下降到 2016 年的 0.151，这在一定程度上说明，京津冀城市群科技创新活动集聚程度有所减弱，有利于缩小城市创新差距。

### （二）局部空间自相关

运用 GeoDa 软件，得到京津冀城市群 13 个空间单元创新差异的局部空间自相关 LISA 聚集图（图略），在此基础上得到 LISA 聚类结果（见表 8-2）。

表 8-2　京津冀城市群 2005 年、2010 年和 2016 年专利的 LISA 聚类结果

| 象限 | 2005 年 | 2010 年 | 2016 年 |
|---|---|---|---|
| 象限 Ⅰ（HH） | 北京、天津 | 北京、天津 | 北京、天津 |
| 象限 Ⅱ（LH） | 秦皇岛、张家口、承德、唐山 | 秦皇岛、张家口、承德、唐山 | 秦皇岛、张家口、承德、唐山 |
| 象限 Ⅲ（LL） | 廊坊、衡水、邢台、邯郸、石家庄、沧州 | 衡水、邢台、邯郸、石家庄、沧州 | 邢台、邯郸、石家庄、沧州 |
| 象限 Ⅳ（HL） | — | — | — |
| 跨象限 | 保定跨 LH、LL | 廊坊、保定跨 LH、LL | 廊坊、保定、衡水跨 LH、LL |

　　创新产出的空间分布模式可以分为 HH、LH、LL 和 HL 四种类型，本章引用蔡芳芳等对这四种空间分布情况的描述，将其分别命名：高值集簇区、低高空心区、低值萧索区和高低孤立区。[①] 由表 8-2 可得，在 2005 年、2010 年和 2016 年三个研究节点上，京津冀城市群创新产出空间分布模式基本未发生显著变化。北京和天津同属高值集簇区，虽然天津创新产出与北京有一定差距，但与其相邻接的其他城市（唐山、沧州等）联系不紧密，天津与北京联系密切，与北京共同形成创新产出的高值区域。环京津的唐山、张家口、承德等城市，自身创新产出水平与京津差距明显，形成低高空心区；未与京津地理邻接的其他城市（石家庄、邢台、邯郸等）创新产出水平低，与其邻近城市的产出水平相近，形成低值萧索区；此外，其他城市（保定等）由于其与京津（创新产出高值集簇区）邻接，但周围其他城市产出水平较低，导致这些城市创新产出呈现跨象限的特征。

　　京津冀城市群 LISA 聚类结果说明：创新活动的路径依赖特征很难发生改变。京津冀城市群创新产出的"中心~外围"格局在研究期内基本没有发生变化，即京津是创新产出中心区域，其他城市则是外围区域，区域内创新产出现阶段不存在收敛特征，反向的"回流机制"尚未建立。同时，从 LISA 聚类也能发现，地理距离是影响创新产出的因素，但不是决定性因素，唐山、沧州、保定等城市虽然都是环京津城市，但其空间分布特征并不相同。

---

　　① 蔡芳芳，濮励杰，张健，等. 基于 ESDA 的江苏省县域经济发展空间模式解析 [J]. 经济地理，2012，32（3）：22-27.

### 三、空间异质性分析

运用 GWR 的加权最小二乘法对 2005~2016 年京津冀城市群 13 个空间单元的数据建立 GWR 模型，模型形式如下：

$$LnPAT_i = \alpha_0(u_i, v_i) + \alpha_1(u_i, v_i)LnRD_i + \alpha_2(u_i, v_i)SCBZ_i + \alpha_3(u_i, v_i)GDPD_i + \alpha_4EXPD_i + \varepsilon_i \tag{8-3}$$

式中，i 为 1，2，…，13 个空间单元；PAT 表示创新产出；RD 为 R&D 经费支出；SCBZ 为第三产业增加值占 GDP 的比重，表示产业结构；GDPD 为经济密度，以 GDP 与城市面积的比值表示；EXPD 为对外开放程度，以出口值与 GDP 的比值表示；$\varepsilon_i$ 为随机误差项；$\alpha_j$（j = 1，2，3，4）为各变量的参数估计值，GWR 模型结果如表 8-3 所示（篇幅所限，仅展示 2016 年回归结果）。

**表 8-3　2016 年京津冀城市群创新产出的 GWR 回归结果**

| 城市 | 常数项 | LnR&D | GDPD | SCBZ | EXPD | $R^2$ |
|---|---|---|---|---|---|---|
| 北京 | 4.414 | 0.637 | 0.071 | 3.100 | 4.862 | 0.969 |
| 保定 | 4.415 | 0.637 | 0.071 | 3.098 | 4.858 | 0.969 |
| 沧州 | 4.415 | 0.637 | 0.072 | 3.099 | 4.856 | 0.969 |
| 承德 | 4.413 | 0.637 | 0.070 | 3.101 | 4.866 | 0.969 |
| 邯郸 | 4.417 | 0.636 | 0.072 | 3.096 | 4.850 | 0.969 |
| 衡水 | 4.416 | 0.637 | 0.072 | 3.098 | 4.854 | 0.969 |
| 廊坊 | 4.414 | 0.637 | 0.071 | 3.100 | 4.859 | 0.969 |
| 秦皇岛 | 4.413 | 0.637 | 0.071 | 3.103 | 4.863 | 0.969 |
| 石家庄 | 4.416 | 0.637 | 0.072 | 3.097 | 4.855 | 0.969 |
| 唐山 | 4.413 | 0.637 | 0.071 | 3.102 | 4.862 | 0.969 |
| 邢台 | 4.416 | 0.636 | 0.072 | 3.097 | 4.852 | 0.969 |
| 张家口 | 4.414 | 0.637 | 0.071 | 3.098 | 4.863 | 0.969 |
| 天津 | 4.414 | 0.637 | 0.071 | 3.101 | 4.860 | 0.969 |

从表 8-3 中可以看出，影响创新产出的四个因素（R&D 经费支出、产业结构、经济密度和对外开放程度）的回归系数在京津冀城市群 13 个空间单元并不相等，说明影响创新产出的要素具有空间异质性特征。同时，各影响因素在城市群中的回归系数均为正值，说明均对创新产出具有正向作用。

## 第二节　高速铁路对京津冀城市群科技创新的影响

### 一、研究切入点

如前分析，将创新空间相关性纳入分析的研究较为丰富，但多数集中于要素的邻近性（包括地理邻近、技术邻近、经济邻近等）对创新产生的影响，构建了相应的动态模型，但本质上仍反映的是创新活动的静态特征。实际上，高速铁路开通引致的研发要素动态流动携带大量的知识、技术、信息等创新资源，其对城市创新的影响不容忽视。虽然有学者以我国省级行政区为研究对象，从动态角度考察研发要素流动对区域创新影响[1][2]，但缺乏从城市层面研究研发要素流动对京津冀科技创新的影响。基于此，本章以京津冀13个地级市为研究对象，分析高铁开通引致的研发要素流动对城市科技创新的影响，以期为推动京津冀协同发展提供决策参考。

### 二、研发要素流动促进科技创新的理论机理

正如本书之前分析的那样，高速铁路开通对城市创新的影响主要是通过空间效应和网络效应，而这两种效应的实现基础是研发要素在城市间频繁和快速的流动。因此，需要重点论述研发要素流动对城市创新的影响。作为影响创新的重要因素，研发要素流动主要通过知识溢出效应、创新网络效应和资源优化配置效应对城市创新产生重要影响（见图8-1），具体分析如下：

首先，研发要素流动加速知识在城市间流动，产生知识溢出效应。城市科技创新能力的高低在很大程度上是由其知识池容量决定的，而知识是一种公共物

① 王钺，白俊红. 资本流动与区域创新的动态空间收敛 [J]. 管理学报，2016，13（9）：1374–1382.
② 李婧，产海兰. 空间相关视角下 R&D 人员流动对区域创新绩效的影响 [J]. 管理学报，2018，15（3）：399–409.

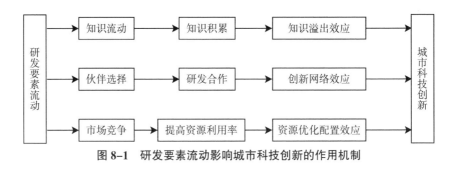

**图8-1 研发要素流动影响城市科技创新的作用机制**

品，可以较低成本被共享使用。[①]作为知识传播的重要载体，研发要素流动在城市间的流动使创新组织接触更多的创新知识成为可能，一方面，专业化知识积累有利于同产业内企业相互沟通与协作，共同促进产业创新能力，进而影响城市创新水平；另一方面，多样化知识积累使不同产业的创新组织相互学习，有利于整合异质性创新要素，激发不同创新主体活力。此外，随着研发要素流动规模和持续时间的增加，知识流动量会进一步转化为知识存量，进而内生地促进城市创新能力提升。

其次，研发要素流动有利于城市创新网络形成，产生创新网络效应。研发要素在城市间流动表象上看是促进知识流动，深层次反映的则是城市间创新主体间的相互协作。研发要素流动加速城市间创新组织开展研发合作，有利于形成跨城市的创新网络。一方面，组织可以通过创新网络获取知识和信息，也可以将其在网络中分享，优化自身知识结构，知识溢出强度增加，特别是加速隐性知识在组织间传播，提高创新成功，促进城市创新；另一方面，创新网络形成降低市场交易成本，使创新组织能在更大空间范围内选择合作伙伴，降低城市间创新主体相互合作的监督成本和履约成本，增强彼此的信任程度，进一步完善城市创新网络，通过不断获取城市外部知识、信息、技术等创新要素，提升城市创新。

最后，研发要素流动提高创新要素利用率，产生资源优化配置效应。研发要素流动在城市间流动本质上也是创新资源在更大范围内重新组合的过程，有利于提高创新要素使用效率，促进资源优化配置。一方面，研发要素流动不仅带动先进知识、技术等资源的流动，更重要的是管理方式、组织形式等软环境改善，内

---

① 白俊红，王钺. 研发要素的区际流动是否促进了创新效率的提升 [J]. 中国科技论坛，2015 (12)：27-32.

生性提高闲置资源参与创新过程可能性，使更多资源参与科技创新，提高了资源利用效率；另一方面，研发要素在城市间流动也使流入地市场竞争程度增加，不同创新要素价值体现变得更容易，市场竞争机制有利于资源能最大程度被利用，进而提升城市创新效率。

基于上述理论分析，提出本章研究假设：

**假设 8-1：从动态角度而言，研发要素流动促进城市科技创新。**

此外，随着交通基础设施的不断完善，特别是高速铁路的开通，极大增强了城市间的可达性程度，有利于创新要素在城市间流动，进而对城市科技创新产生重要影响。因此，进一步提出研究假设：

**假设 8-2：相较于地理距离，基于时间距离产生的研发要素流动对城市科技创新影响更大。**

### 三、模型构建、变量选择与数据来源

#### （一）模型构建

本章基于知识生产函数研究研发要素流动对城市科技创新的影响，基本的模型形式如下：

$$Y = F (X, K, u) \tag{8-4}$$

式中，Y 表示城市科技创新水平；X 表示创新要素投入（如资本、劳动力等）；K 表示技术知识水平，主要由技术储备和资本存量决定；u 是随机误差项，表示其他影响城市科技创新的因素。

目前，学术界用于研究空间相关问题的相关计量模型主要有三种：空间滞后模型（SLM）、空间误差模型（SEM）和空间杜宾模型（SDM）。SLM 主要解释被解释变量空间滞后项对被解释变量的影响；SEM 主要解释空间误差项对解释变量的影响；而 SDM 是同时考虑了解释变量和被解释变量的空间自相关性，其具体形式如下：

$$Y_t = \alpha + \rho W Y_t + X_t \beta + W X_t \theta + \mu + \xi_t + u_t \tag{8-5}$$

式中，$Y_t$ 表示被解释变量，$W Y_t$ 表示被解释变量在空间上的滞后值，$X_t$ 表示解释变量，$W X_t$ 表示解释变量在空间上的滞后值，$u_t$ 表示随机误差项，$\xi_t$ 表示固定时间效应，$\mu$ 表示固定空间效应，$\rho$、$\beta$ 和 $\theta$ 均表示待估参数。当 $\theta = 0$ 时，SDM 可简化为 SLM；当 $\theta + \rho\beta = 0$ 时，SDM 可简化为 SEM。

考虑到城市创新本身及其影响因素存在的空间相关性和动态时间性，建立动态空间杜宾模型（DSDM），以更好地研究城市创新跨时期的交互效应，具体模型形式如下：

$$Y_t = \alpha + \tau Y_{t-1} + \eta WY_{t-1} + \rho WY_t + X_t\beta + WX_t\theta + \mu + \xi_t + u_t \tag{8-6}$$

式中，$Y_{t-1}$ 表示被解释变量在时间上的滞后值，$WY_{t-1}$ 表示被解释变量在时间和空间上的滞后值，$WX_t$ 表示解释变量在空间上的滞后值，$\xi_t$ 表示固定时间效应，$\mu$ 表示固定空间效应，$\tau$ 和 $\eta$ 均表示待估参数，其他变量含义同上。

### （二）变量选择与数据来源

一是被解释变量。学界对创新产出的度量一直存在争议，虽然专利并不能完全反映创新活动，但专利对创新的重要性毋庸置疑，正是由于专利的存在使创新活动价值可衡量。[①] 因此，本章使用专利授权量（PAT）作为被解释变量，表示城市创新产出。

二是解释变量。研发要素流动构建及测度方法如本书第五章第四节计算方法一样，此处省略。

三是控制变量。结合现有研究可知，研发要素投入、政府支持和外商直接投资对科技创新亦会产生不同程度的影响。因此，将上述变量予以控制，具体定义如下：

（1）研发要素投入：包括 R&D 人员投入（RDP）和 R&D 资本投入（RDE）。虽然城市创新水平很大程度上源于自身知识存量，但存量依赖于流量的增加，R&D 人员和 R&D 资本投入均表示了一定程度的知识量，因而对科技创新产生重要影响。在前人研究的基础上[②]，本章使用 R&D 资本存量代替内 R&D 资本投入，具体计算公式已较为常见，此处省略公式表达。

（2）政府支持：以政府财政在科技方面支出测度，用 GOV 表示。

（3）外商直接投资：以外商直接投资额测度，用 FDI 表示。

研究使用京津冀地区 13 个地级以上城市面板数据，研究周期为 2002~2017 年，数据来源于历年《中国科技统计年鉴》《中国城市统计年鉴》和各城市统计公

---

[①] 苏屹，安晓丽，王心焕，等. 人力资本投入对区域创新绩效的影响研究——基于知识产权保护制度门限回归 [J]. 科学学研究，2017，35（5）：771-781.

[②] 邵汉华，周磊，刘耀彬. 中国创新发展的空间关联网络结构及驱动因素 [J]. 科学学研究，2018，36（11）：2055-2069.

报。另外，考虑到创新活动具有一定的滞后性，以被解释变量延后一年的数据进行实证研究。

## 四、实证结果分析

### （一）普通面板估计结果

首先采用普通面板模型对京津冀城市群科技创新与其影响因素之间的相关关系进行估计，检验解释变量和控制变量对被解释变量的影响，对变量选择的科学性进行评价。

由表 8-4 可知，普通面板模型估计结果总体上拟合良好，不管是解释变量还是控制变量均通过了显著性检验，从解释变量系数来看，R&D 人员流动和 R&D 资本流动均对城市科技创新产生显著影响，且前者的影响更大；从控制变量估计系数来看，除 FDI 之外，其余控制变量系数均显著为正，特别是 R&D 人员投入对城市科技创新影响最大，说明变量选择是科学的，可对京津冀城市科技创新活动进行充分解释。

**表 8-4　非空间面板模型估计结果**

| 变量 | 系数 | t 值 |
|---|---|---|
| C | 0.587*** | 7.998 |
| RPF | 0.089** | 2.299 |
| RCF | 0.081* | 2.077 |
| RDP | 0.371*** | 3.682 |
| RDE | 0.157*** | 2.726 |
| GOV | 0.154* | 1.869 |
| FDI | −0.146*** | −3.190 |
| $R^2$ | 0.991 | |
| Durbin−Watson | 2.875 | |

进一步地，通过不同检验，对空间面板模型具体形式进行确定，如表 8-5 所示。

表 8-5 统计量检验结果

| 变量 | 统计值 | 变量 | 统计值 |
|---|---|---|---|
| LM test no spatial lag | 14.229*** | LM test no spatial error | 13.292*** |
| robust LM test no spatial lag | 9.890*** | robust LM test no spatial error | 7.733*** |
| Wald_spatial_lag | 23.746*** | LR_spatial_lag | 20.016*** |
| Wald_spatial_error | 18.542*** | LR_spatial_error | 17.909*** |
| Hausman test | | 113.884*** | |

由表 8-5 可知,通过拉格朗日乘子检验(LM)发现,不管是 SE-LM 还是 SL-LM 均通过了 1%水平下的显著性检验,说明因变量滞后项和残差序列均存在空间自相关;进一步对其进行稳健性拉格朗日乘子检验(Robust LM),结果显示,SL-RLM 和 SE-RLM 也均通过了 1%水平下的显著性检验,说明需同时考虑因变量滞后项的空间自相关和残差项的空间自相关,故采用空间杜宾模型进行分析是有效的。同时,无论是 LR 检验还是 Wald 检验,均拒绝原假设,即 SDM 不能转化为 SLM 或 SEM。同时,Hausman 统计值为 113.884,通过了 1%显著性水平检验,拒绝了真实模型为个体随机效应模型的原假设。综上所述,本章将采用时空固定效应的空间杜宾面板模型进行实证分析。

**(二)空间面板估计结果**

本章研究研发要素流动对京津冀城市群科技创新的影响,为考察因空间权重矩阵不同导致其对创新活动影响的差异性,共设置了三种空间权重矩阵:一是基于地理距离的空间权重矩阵,以京津冀城市间地理中心距离表示;二是时间距离权重,以城市间最短交通运输方式的通勤时间表示;三是技术距离权重,以城市间高技术产业占 GDP 比重之差的绝对值表示,估计结果如表 8-6 所示。

表 8-6 模型估计结果

| 空间权重 | 地理距离 | 时间距离 | 技术距离 |
|---|---|---|---|
| PAT (−1) | 0.486*** (5.955) | 0.291*** (9.783) | 0.386* (1.943) |
| RPF | 0.152*** (5.244) | 0.306*** (4.199) | 0.237** (2.053) |
| RCF | 0.117** (2.446) | 0.294*** (3.563) | 0.124* (1.665) |

| 空间权重 | 地理距离 | 时间距离 | 技术距离 |
|---|---|---|---|
| RDP | 0.193*** (2.759) | 0.244*** (3.664) | 0.205* (1.834) |
| RDE | 0.157*** (2.944) | 0.183*** (2.901) | 0.846*** (4.369) |
| GOV | 0.151** (2.489) | 0.241*** (5.141) | 0.237** (2.126) |
| FDI | −0.084** (−2.425) | −0.082*** (5.832) | −0.248*** (−3.661) |
| W × RPF | −0.157** (−2.521) | −0.069*** (4.678) | −0.053* (1.967) |
| W × RCF | −0.350*** (−2.50) | −0.119*** (3.393) | −0.029*** (1.874) |
| W × RDP | 0.160** (2.022) | −0.052*** (2.856) | 0.112 (1.417) |
| W × RDE | 0.138* (1.653) | 0.115*** (2.760) | −0.335* (−1.660) |
| W × GOV | −0.105 (−1.263) | 0.101*** (3.493) | 0.452*** (4.287) |
| W × FDI | 0.059* (1.679) | −1.177*** (5.131) | −0.372*** (−2.838) |
| R² | 0.996 | 0.989 | 0.988 |
| sigma^2 | 0.005 | 0.008 | 0.012 |
| loglikols | 55.897 | 58.161 | 62.484 |

由表 8-6 可知，整体来看 $R^2$、sigma^2 和 loglikols 统计值结果比较理想，说明基于三种不同标准空间权重矩阵得到的动态空间杜宾模型估计结果具有较强的解释力。从被解释变量时间滞后项、解释变量和控制变量的空间滞后项估计系数来看，多数变量在不同距离权重下均通过了显著性水平检验，这在一定程度上说明，科技创新活动空间相关性显著，表达了相对"位置"的重要性。不管是基于何种标准构建的空间权重矩阵，研发要素流动对科技创新的影响均为正，且通过显著性检验，研发要素在城市间流动，加速知识空间溢出，进而提升城市科技创新能力，假设 8-1 得到验证。

从基于地理距离的空间权重估计结果来看，京津冀城市群科技创新主要是依赖于自身前期知识积累，被解释变量时间滞后项系数每提高 1% 会促进城市科技创新提高近 0.5 个百分点。研发要素流动及其空间滞后项对科技创新具有显著影响，RPF 和 RCF 对城市科技创新具有促进作用，研发要素流动每增加 1%，分别会使科技创新增加 0.152% 和 0.117%；而其空间滞后项则对科技创新产生负向影响，且 RCF 空间负向影响更大。研发要素在城市间流动，一方面，促进知识溢出，有利于城市知识存量增加，进而对科技创新具有正向促进作用；另一方面，邻近城市研发要素流动量增加也意味着其吸引力的增强，有可能会加速本地研发要素向邻近城市流出，进而导致本地区研发要素流失，对城市科技创新产生不利影响。由 RDP 和 RDE 及其空间滞后项系数可知，研发要素投入对科技创新具有重要影响，不管是否考虑空间效应，RDP 的估计系数均大于 RDE，即 R&D 人员投入对科技创新的影响高于 R&D 资本投入，进一步强调了 R&D 人员对创新活动的重要性。一种可能的解释是，城市科技创新依赖于知识，而人是创新型知识的主要载体，因而其对创新活动影响更大。此外，邻近城市研发要素投入增加有利于本地区科技创新能力提升，原因在于，邻近城市研发要素投入的增加扩大城市知识池，进而有利于知识空间溢出，产生正向空间效应。

然而，由 GOV 及其空间滞后项系数来看，政府财政对科技创新具有正向作用，但其影响小于研发要素投入；同时，由于政府财政对科技创新的支持具有显著地域性，因而其空间效应并未通过显著性检验。此外，从 FDI 及其空间滞后项系数来看，外商直接投资增加并不会促进科技创新，一方面，随着城市整体科技创新能力提升，其对外资的依赖逐渐降低，特别是劳动和资源密集型产业，这些产业的增加并不会增强获取知识溢出能力[①]，并未产生积极作用；另一方面，FDI 的增加可能会对原有城市科技创新产生挤出效应，抑制城市内企业创新，对科技创新产生负向影响。

从基于时间距离的空间权重估计结果来看，解释变量时间滞后项系数显著为正，说明前期的知识积累对现阶段科技创新同样具有较强解释力。与基于地理距离回归结果相类似，研发要素流动及其空间滞后项对科技创新同样具有重要影响，RPF 和 RCF 每增加 1%，分别会提升 0.306% 和 0.294% 的城市科技创新；研

---

① 原毅军，孙大明. FDI 技术溢出、自主研发与合作研发的比较——基于制造业技术升级的视角 [J]. 科学学研究，2017，35（9）：1334-1347.

发要素流动的空间滞后项流动同样具有负向效应，但与地理距离权重相比，负向溢出效应被弱化了。随着京津冀城市群交通设施改善，一方面，增强了城市间联系，加速知识空间溢出，进一步增强研发要素流动对科技创新的影响；另一方面，基础设施的不断完善，特别是高速铁路的开通，城市间时空距离被压缩，使城市间研发要素大规模、快速和频繁的流动成为可能，进而弱化了因地理阻隔而产生的负向效应。从控制变量估计系数来看，研发要素投入对科技创新具有重要影响，R&D人员投入显著性和估计系数均强于资本投入，其对科技创新均有促进作用；但其空间滞后项影响存在差异；邻近城市R&D人员投入对本地区科技创新活动产生负向空间溢出；邻近城市R&D资本对本地区科技创新有正向促进作用，原因在于，交通设施改善，一方面可能会导致R&D人员向邻近城市集中，特别是邻近大城市，进而不利于城市创新；另一方面，城市间时空压缩面对面交流成为可能，降低信息不对称，进而有利于扩大风险投资边界。

由GOV及其空间滞后项系数来看，政府财政对科技创新具有正向作用，且其空间滞后项对城市科技创新亦有重要影响，一种可能的解释是，交通设施改善降低城市间通勤时间，使政府层面学习交流的机会增加，有利于落后城市向发达城市政府学习，调整自身科技支持政策，进而提高本城市创新能力。从FDI及其空间滞后项系数来看，外商直接投资对科技创新具有负向影响，其增加1%，分别会对本地区和邻近城市产生0.082%和1.177%的负向效应，这在一定程度上也验证了，外商直接投资通过挤出效应抑制本地区城市创新。

同基于地理距离和时间距离权重的估计结果类似，基于技术距离的估计结果同样证实了京津冀城市群前期知识积累对当期科技创新的重要性。从RPF和RCF及其空间滞后项估计结果来看，研发要素流动对城市创新具有正向促进作用，其每增加1%分别会提升0.237%和0.124%的科技创新；而两者空间滞后项负向效应显著，但其显著性与地理距离和时间距离相比更低，原因在于，城市间技术距离越相近，越有利交流互动，使其负向空间溢出效应有所降低。从研发要素投入估计系数来看，R&D人员和资本投入每增加1%，分别会产生0.205%和0.846%的直接效应；而其空间效应存在差异，R&D人员投入并未通过显著性检验，R&D资本投入每增加1%会产生0.335%的负向空间溢出效应。从GOV及其空间滞后项系数来看，政府财政支出对科技创新具有显著影响，政府财政在科学技术方面支出每增加1%，分别会产生0.237%的直接效应和0.452%的间接效应，城市间技术距离越短，政府间采取协同创新政策可能性越高，越有利于发挥政策的空间溢出效应，通过协同创新促进城市群整体科技创新能力提升。此外，从FDI及其空间滞后项系数来看，FDI每增加1%分别会使本地区科技创新降低0.248%和邻近城市降低0.372%，这与前面的研究是一致的，即FDI可能对城市科技创新产生挤出效应，进而对城市创新产生不利影响。

进一步地，通过对比不同距离权重的估计结果可知，不管是时间距离还是技术距离，虽然都强调了前期知识积累对科技创新的重要性，但相比于地理距离，其影响程度有所下降，时间距离和技术距离的缩短，有利于城市间交流互动，弱化了地理距离的影响，通过协同创新促进城市群科技创新提升。对比基于三种距离权重下的研发要素流动估计结果发现，交通设施连通性越强和技术水平越接近的城市，越有利于城市间研发要素流动，扩大知识溢出强度，进而提升城市科技创新；由其空间滞后项可知，城市间时间距离和技术距离越短，越有利于城市内创新组织交流、互动，进一步降低因研发要素净流出而产生的负向效应。此外，时间距离和技术距离的降低，进一步增强了研发要素投入、政府财政在科技方面支出等解释变量对城市科技创新的影响。

## 本章小结

本章主要做了两方面研究工作，一方面，以专利申请授权量为京津冀城市群创新产出指标，计算2005~2016年Moran's I指数，通过建立GWR模型，分析京津冀城市群创新活动空间相关性及影响因素异质性；另一方面，利用面板空间杜宾模型对高速铁路开通研发要素流动对城市创新的影响进行研究。结果发现，京津冀城市群创新产出具有显著的空间依赖性，空间集聚趋势明显。创新产出在城市群内部发展不均衡，基本上形成了"以京津为中心，其他城市为外围"的空间结构。在京津冀城市群中，北京创新产出高于环北京所有城市，因而属于高低孤立区；天津得益于同北京的紧密联系，属于高值集簇区；环北京的廊坊、张家口、保定等城市由于自身与京津存在较大差距，属于低高空心区；与京津地理位置没有直接邻接的石家庄、秦皇岛、邢台等城市，由于其自身创新产出水平较低，周围又没有高值区域，属于低值萧索区。京津冀城市群创新活动受相邻地区影响，存在竞争现象和极化效应，创新产出低值区域有被高值区域"极化"的趋势；R&D经费支出、经济密度、产业结构和对外开放程度均对京津冀城市群创新产出具有正向影响，且存在空间异质性。面板空间杜宾模型发现，不同空间权重矩阵均不同程度强调了研发要素流动对京津冀城市群科技创新的正向促进作用，而城市间时间距离和技术距离越短，越有利于城市内创新组织交流、互动，进一步降低因研发要素净流出而产生的负向效应。此外，时间距离和技术距离的降低，进一步增强了研发要素投入、政府财政在科技方面支出等解释变量对城市科技创新的影响。

# 第九章
# 研究结论与对策建议

## 第一节  主要研究结论

本书研究高速铁路对城市创新的影响机制与效应，第一，通过分析高速铁路开通引致的广义出行成本降低对可达性的影响，探讨了高速铁路对城市创新的影响机理；第二，在详细梳理高速铁路影响城市创新机理的基础上，分析我国城市创新与高速铁路的空间分布格局及其特征；第三，将时间距离权重纳入分析框架，构建空间杜宾模型，对高速铁路影响城市创新的空间效应进行估计；第四，分析我国高速铁路网络特征，分析基于高速铁路连接的城市联系网络与城市创新之间的相关性，并进行回归分析，估计高速铁路对城市创新影响的网络效应；第五，根据复杂系统理论，建立系统动力学模型，在确定系统变量及函数表达式的基础上，对高速铁路影响城市创新进行仿真，有利于科学评价和预测高速铁路对城市创新的影响效应；第六，以京津冀城市群为例，分析高速铁路开通带来的研发要素流动对城市创新的影响。本书主要研究结论如下：

### 一、我国高速铁路和城市创新空间分布格局空间分异明显

我国高速铁路空间分布区域差异明显，呈现"东密西疏"特征。具体而言，"四纵四横"中的四纵：京哈、京沪、京港和东南沿海客运专线所连接省份均处于我国东中部地区，特别是京沪和东南沿海客运专线连接的都是我国创新产出水

平较高的省份，"四横"中仅沪汉蓉高速铁路和沪昆高速铁路正式通车，连接东部与西北的徐兰高铁尚未全线开通，西北地区兰新高铁线未接入东中部地区的高铁网。整体来看，我国创新产出逐年升高，但区域间和城市间的差距依然很大。从区域角度看，创新产出高值区域主要集中在东部沿海地区，区域创新产出的高低可能也受邻近区域的影响，东部地区的上海、江苏、浙江和山东处于创新产出高值区域，而其临近的安徽、福建等省份的创新产出水平也较高；中部地区的湖北、河南、湖南等省份地理连接、成片，均属于创新产出较高区域；西部地区整体创新能力较弱，除陕西和四川外，其余省份在空间上是"弱弱"相互邻近的状态。从城市层面看，我国创新产出主要集中在直辖市、省会城市、副省级城市等大城市，中小城市占比较低。

## 二、高速铁路对城市创新的影响由空间效应和网络效应共同构成

在提出可达性概念和梳理相关计算方法之后，从通勤时间、广义出行成本、择业就业和市场潜力四个方面对城市可达性进行讨论。根据知识溢出理论，分析从高速铁路与知识可达性、高速铁路影响下知识溢出、知识溢出对城市创新产生的影响，进而从空间和网络两个角度对具体影响路径进行了解析。具体而言，从空间效应来看，高速铁路的开通促进了城市间的人口流动，加速了知识在城市间的流动；城市间的时间距离缩短扩大了市场规模，无论是消费者还是生产者均能从市场规模中获得收益，进而促进城市创新；高速铁路的开通加速了要素向交通枢纽集聚，进而促进产业集聚，有利于知识流动；城市间时空距离的压缩也有利于城市间创新组织的相互学习，知识异质性更高，更有利于创新活动展开。从网络效应来看，高速铁路对城市创新的影响，主要是基于高速铁路网络属性，高速铁路网络规模的提高有利于知识在更大范围内进行传播，进而促进创新组织网络化学习；处于网络中心位置的城市，与其他城市的通达性更好，城市流动人口量较高，城市内创新组织获取和利用创新要素的可能性越高；联系强度较高，说明城市主体间联系紧密、接触密切、交往形式多样化，主体之间彼此熟悉，有利于建立信任关系，有利于创新活动展开。

## 三、高速铁路对城市创新空间效应产生显著影响，且存在异质性

为了估计高速铁路建成前后各城市创新产出变化，本书首先明确了城市创新

的空间相关性及其动因,不同的原因对应不同的空间计量模型;其次,对空间权重矩阵的构建进行了详细说明,将高速铁路开通带来的广义成本降低以时间距离形式纳入分析框架。研究表明,空间杜宾模型可以很好地解释城市创新空间相关性,说明城市创新不仅与本地创新投入和知识积累有关,邻近城市相关活动对本地区亦有影响。进一步进行分析,发现将时间距离纳入分析框架后,R&D人员投入对城市创新的影响显著增强,且东部地区显著强于中西部,这在一定程度上说明高速铁路开通引致的知识溢出主要是通过R&D人员流动实现的,东部地区高速铁路线路角度,时空压缩较明显,显著性更强。从分城市规模估计结果来看,高铁开通增强了城市间联系程度,特别是大城市与中等城市,导致创新要素向大城市集中,特别是邻近的中等城市,产生极化效应;从长期来看,高铁开通带来的时空压缩降低负向空间溢出效应,且因知识溢出增加提升了本地投入对城市创新的贡献,促进中小城市创新能力的提高。这在一定程度上也说明,长期而言,高速铁路建设为缩小城市创新差距,促进区域协同创新提供可能。

## 四、高速铁路对城市创新网络效应存在异质性

本书运用社会网络分析法,对基于高速铁路连接的城市联系网络属性进行分析,并对其与城市创新的相关性进行了检验,结果表明,城市联系网络资本均与城市创新能力呈显著相关性,且均通过了1%水平下的显著性检验,说明网络资本是影响城市创新的重要因素,相关性排序依次为度数中心度、接近中心度、中介中心度、有效规模和限制度。由城市联系网络资本排列顺序可知,网络中心性指标的相关系数要高于网络结构洞指标,意味着城市创新组织利用城市联系网络获取知识和信息从事创新活动时,城市所处的网络位置优势要高于对网络控制能力的优势。对城市联系网络资本与城市创新进行回归,模型拟合结果良好,说明城市在网络中拥有较好的位置,有利于城市内组织的跨城市联系、沟通,进而获取异质性创新知识,促进城市创新。从分地区回归结果来看,与全国及其他城市所不同的是,东部接近中心度对城市创新有显著正向影响,说明知识和信息的频繁交互有利于城市间开展创新分工,进而促进城市创新;中西部高铁线路相对稀疏,这一效应暂时还不明显;对西部地区而言,联系网络资本对城市创新的影响有限,除度数中心度之外,其余变量均未通过显著性检验,说明限于高速铁路网络的不完善,城市联系并未对城市创新产生显著影响。从分城市规模回归结果来

看，城市网络特征对创新产生的影响存在显著的城市规模差异：城市网络对大城市创新的促进作用明显大于中小城市。对大城市而言，一方面，大城市创新要素集聚程度较高，有利于从知识流动中获益，提高城市创新水平；另一方面，集聚效应产生在一定程度上有利于市场竞争，相比较于政府财政在科技方面的支出，R&D 资本投入更能促进大城市创新的提升。对中小城市而言，高铁开通提高了城市对外联系程度，使城市内创新主体接触异质性创新要素的可能性增加，但也有利于创新要素向大城市集中，处于网络"桥梁"位置的小城市受"虹吸效应"最明显，对城市创新产生负向影响。

## 五、R&D 投入对城市创新的影响更大

根据复杂系统理论，建立系统动力学模型，在确定系统变量及函数表达式的基础上，对高速铁路影响城市创新进行仿真。结果表明，构建的系统动力学模型是有效的，可以对高速铁路影响城市创新的作用进行分析与预测。按照高速铁路发展速度，分别对高速铁路核心技术、R&D 人员流动量、R&D 资本流动量、城市区位条件、要素集聚程度、知识创造、经济发展和城市创新在不同情境下进行模拟，高速铁路的发展有利于 R&D 人员和 R&D 资本的流动，改善了城市区位条件，有利于创新要素的集聚，对提升城市创新有显著促进作用，但对知识创造所起的作用有限。可能的原因在于，一方面，高速铁路开通增加了城市间创新主体面对面接触的可能性和便捷性，特别是研发要素的流动，对城市创新有显著的促进作用；另一方面，城市知识创造能力并不能与城市创新画等号，知识创造更多的是一种从无到有的创造能力，这种能力是多方面影响的，面对面交流的增加有助于提升创造能力，但所起的作用不如影响要素流动直观和明显。高速铁路开通对城市创新作用主要是通过影响高铁及其相关产业技术、R&D 人员流动量、R&D 资本流动量、城市区位条件、要素集聚程度、知识创造、经济发展等来实现的，其中，高铁及其相关产业技术水平提升本身也是城市创新能力提高的一部分，是高速铁路对城市创新的直接影响；而其他几方面均是高速铁路通过改善与创新有关的投入对城市创新产生积极作用，是高速铁路对城市创新的间接影响。与直接影响相比，高速铁路对城市创新的间接影响更大，原因在于，一方面，高铁产业发展虽然对城市创新有显著作用，但有高铁产业的城市数量偏少，对整体城市创新能力提升有限；另一方面，高铁开通带来的时空压缩增强人们面对面沟

通，加速知识传播，这本身比高铁产业发展更为重要。此外，通过组合分析发现，在 R&D 投入变化率一定的情况下，高速铁路发展速度变化并不会因其城市创新的加大而改变；而在高速铁路发展速度一定的情况下，研发人员的增加会引起城市创新有较大提升，且这种提升高于高速铁路变化带来的影响；然而，不管是增加财政科学支出还是 FDI，城市创新并未发生明显变化，在一定程度上也印证了城市科技创新能力提升还是主要依靠 R&D 相关投入，特别是 R&D 人员的增加。

### 六、研发要素流动对京津冀城市群创新影响显著

本书第八章主要做了两方面研究工作，一方面以专利申请授权量为京津冀城市群创新产出指标，计算 2005~2016 年 Moran's I 指数，通过建立 GWR 模型，分析京津冀城市群创新活动空间相关性及影响因素异质性；另一方面利用面板空间杜宾模型对高速铁路开通研发要素流动对城市创新的影响进行研究。结果发现，京津冀城市群创新产出具有显著的空间依赖性，空间集聚趋势明显。创新产出在城市群内部发展不均衡，基本上形成了"以京津为中心，其他城市为外围"空间结构。在京津冀城市群中，北京创新产出高于环北京所有城市，因而属于高低孤立区；天津得益于同北京的紧密联系，属于高值集簇区；环北京的廊坊、张家口、保定等城市由于自身与京津存在较大差距，属于低高空心区；与京津地理位置没有直接邻接的石家庄、秦皇岛、邢台等城市，由于其自身创新产出水平较低，周围又没有高值区域，属于低值萧索区。京津冀城市群创新活动受相邻地区影响，存在竞争现象和极化效应，创新产出低值区域有被高值区域"极化"的趋势；R&D 经费支出、经济密度、产业结构和对外开放程度均对京津冀城市群创新产出具有正向影响，且存在空间异质性。面板空间杜宾模型发现，不同空间权重矩阵均不同程度地强调了研发要素流动对京津冀城市群科技创新的正向促进作用，而城市间时间距离和技术距离越短，越有利于城市内创新组织交流、互动，进一步降低因研发要素净流出而产生的负向效应。此外，时间距离和技术距离的降低，增强了研发要素投入、政府财政在科技方面支出等解释变量对城市科技创新的影响。

# 第二节　对策建议

　　本书从空间和网络两个视角研究高速铁路对城市创新的影响，分析我国城市创新空间格局演变，并以京津冀城市群为研究对象，深入分析高速铁路开通引致的研发要素流动对城市创新产生的影响，对加速京津冀协同创新，以京津冀城市群协同创新推进我国创新型城市建设具有一定指导意义。

## 一、将创新型城市建设与高速铁路规划相结合

　　随着高铁线路的不断密集，在城市网络不断优化环境下，创新越来越依靠城市间的相互交流；而高铁建设也是为了更好地促进区域协调发展。然而，实证研究表明，高速铁路开通对城市创新的影响存在异质性，特别是在短期，中西部和中小城市受到"虹吸效应"明显，加速了创新要素向东部和大城市集中。因此，应从更长远视角审视城市创新发展，一方面，合理控制高铁建设速度和方向，减少因高铁修建而导致中小城市创新要素过度向大城市集中，进而扩大城市间创新差距；另一方面，创新存在空间依赖性，各城市应充分发挥地理位置、产业基础等优势，吸引外部创新要素，提升城市创新能力。此外，政府在考虑是否修建高铁时和进行高铁站区开发建设时，应结合实际发展和债务规模，防止出现因高铁兴建而导致的资本拉动的造城运动，对城市发展产生不利影响。

## 二、依托高速铁路扩大创新中心城市溢出

　　高速铁路开通带来的广义出行成本降低加速了创新要素在城市间的流动，有利于知识溢出。因此，应充分发挥高速铁路为知识、技术、信息等创新要素流动带来的便利，扩大创新中心城市向非中心城市的溢出。北京、上海、深圳等创新中心城市往往也是基于高速铁路连接的城市联系网络枢纽城市，应进一步打破行政区划边界，搭建跨城市、跨区域的创新共享平台，充分发挥枢纽城市对邻近城市的创新空间溢出，一方面有选择、有规划和有目的地完善区域交通网络，特别是城际高铁网络，促进人才、资金、技术等创新要素在城市间流动，提升对邻近

城市创新空间溢出效应；另一方面以城市高铁联系网为载体，通过高速铁路城市联系网络建立区域创新网络，使知识溢出通道更加多元化，构筑区域创新网络优势，形成区域协同创新共同体。

### 三、提升高铁沿线一般城市创新能力

一方面，高速铁路沿线非创新中心城市受负向空间溢出效应的重要原因是其自身产业发展问题，特别是创新性产业发展的滞后。因此，在结合自身创新资源和邻近大城市产业发展的基础上，网络中小城市应重点发展和培育具有城市特色且同邻近大城市形成互补优势的高技术产业，形成产业分工。城市间产业分工有利于创新要素利用率的提升和加速知识在城市间的流动，促进创新能力提升。另一方面，高速铁路的开通改变了原有的城市体系，有利于创新溢出由等级化向网络化转变，节点城市可能会在城市体系转变过程中优先受益。因此，在不断优化自身产业发展和创新环境的基础上，充分利用高铁网络增强与大城市的联系，充分利用城市联系网络中的节点位置属性，积极吸引外部创新人才和企业向本地区转移，进而加速知识、信息等创新要素扩散，提高中小城市利用网络中心性和结构洞的能力，促进城市创新发展。

### 四、加强非高铁沿线城市基础设施建设

对于非高速铁路沿线城市而言，一方面，积极增强与邻近的高速铁路网络节点城市接驳，通过提升城市间基础设施互联互通水平，最大程度利用高速铁路开通带来的广义出行成本下降而产生的知识流动，提升城市创新水平；另一方面，充分利用知识溢出网络化的发展趋势，完善知识产权保护相关政策，激励创新主体从事相关活动，巩固优势产业地位，降低因基础设施完善带来的虹吸效应对城市创新产生的不利影响。

### 五、利用高铁引致的时空压缩促进京津冀城市群协同创新

一是降低研发要素流动的制度性障碍。充分发挥市场在研发要素空间配置的决定性作用，破除京津冀城市间制度性壁垒，特别是阻碍研发要素流动的体制机制障碍，进一步扩大研发要素流动对城市科技创新的促进作用。一方面，积极推进京津冀城市间户籍、养老、医疗等方面改革，通过提高其待遇吸引 R&D 人员

流入；另一方面，加快京津冀区域金融体制改革，促进 R&D 资本在更大地理范围内得到配置，通过提高科技金融效率促进城市创新。二是完善京津冀基础设施互联互通水平。基础设施建设提高了城市间的可达性程度，为创新要素跨城市流动提供坚实保障，进而扩大知识溢出地理边界。随着高速铁路建设不断加快，应以京津冀城市群科技创新能力较强城市为核心，打造"一小时交通圈"，增强科技创新中心城市的辐射能力，加速研发要素在城市间流动。对于受地理条件、经济发展等因素限制区域，通过加快其他交通方式建设，完善城市间互联互通水平，进一步发挥研发要素对城市科技创新影响。三是构建城市协同创新平台。从政府层面搭建京津冀区域内部城市间的协同创新平台，特别是创新中心城市与非中心城市间的合作和交流，通过形式多样的创新合作，城市间交流合作的增加，一方面，引起 R&D 人员和 R&D 资本在城市间流动，增强其对城市科技创新影响；另一方面，通过协同创新平台，使城市间知识、信息等创新要素能在更广泛的范围进行传播，加速知识空间溢出，进而促进京津冀科技创新能力提升。

# 参考文献

［1］Abramnovitz M.. Catching Up, Forging Ahead, and Falling Behind ［J］. The Journal of Economic History, 1986, 46（2）: 385-406.

［2］Acs Z. J., Fitzroy F. R., Smith I.. High Technology Employment, Wages and University R&D Spillovers: Evidence from Us Cities ［J］. Economics of Innovation and New Technology, 1999, 8（8）: 57-78.

［3］Adner R.. Match Your Innovation Strategy to Your Innovation Ecosystem ［J］. Harvard Business Review, 2006, 84（4）: 98-107.

［4］Albert R., Jeong H., Barabasi A. L.. Diameter of the World Wide Web ［J］. Nature, 1999, 401（6749）: 130-131.

［5］Allen W. B., Liu D., Singer S.. Accessibility Measures of US Metropolitan Areas ［J］. Transportation Research Part B: Methodological, 1993, 27（6）: 439-449.

［6］Álvarez-SanJaime Ó., Cantos-Sanchez P., Moner-Colonques R., et al.. Rail Access Charges and Internal Competition in High Speed Trains ［J］. Transport Policy, 2016（49）: 184-195.

［7］Anchorena J., Anjos F.. Social Ties and Economic Development ［J］. Journal of Macroeconomics, 2015（45）: 63-84.

［8］Andersson D. E., Shyr O. F., Fu J.. Does High-speed Rail Accessibility Influence Residential Property Prices? Hedonic Estimates from Southern Chinese Taiwan ［J］. Journal of Transport Geography, 2010, 18（1）: 166-174.

［9］Arrow K. J.. Economic Welfare and the Allocation of Resources for Invention ［A］ //Arrow K. J. （ed）. The Rate and Direction of Inventive Activity ［C］. Princeton: Princeton University Press, 1962: 609–626.

[10] Arrow K. J.. The Economic Implications of Learning by Doing [J]. The Review of Economic Studies, 1962, 29 (3): 155–173.

[11] Audretsch D. B., Feldman M. P.. R&D Spillovers and the Geography of Innovation and Production [J]. American Economic Review, 1996, 86 (3): 630–640.

[12] Baldwin R. E., Martin P., Ottaviano G.. Global Income Divergence, Trade, and Industrialization: The Geography of Growth Take–offs [J]. Journal of Economic Growth, 2001, 6 (1): 5–37.

[13] Balland P. A., Belso–Martínez J. A., Morrison A.. The Dynamics of Technical and Business Knowledge Networks in Industrial Clusters: Embeddedness, Status, or Proximity? [J]. Economic Geography, 2016, 92 (1): 35–60.

[14] Barbero J., Behrens K., Zofío J. L.. Industry Location and Wages: The Role of Market Size and Accessibility in Trading Networks [J]. Regional Science and Urban Economics, 2018 (71): 1–24.

[15] Behrens C., Pels E.. Intermodal Competition in the London–Paris Passenger Market: High–speed Rail and Air Transport [J]. Journal of Urban Economics, 2012, 71 (3): 278–288.

[16] Behrens K., Duranton G., Robert–Nicoud F.. Productive Cities: Sorting, Selection and Agglomeration [J]. Journal of Political. Economy, 2014, 122 (3): 507–553.

[17] Bergman E. M.. Embedding Network Analysis in Spatial Studies of Innovation [J]. The Annals of Regional Science, 2009, 43 (3): 559–565.

[18] Berry B. J. L.. Cities as Systems Within Systems of Cities [J]. Papers of the Regional Science Association, 1964, 13 (1): 146–163.

[19] Black D., Henderson V.. A Theory of Urban Growth [J]. Journal of Political Economy, 1999, 107 (2): 252–284.

[20] Boarnet M. G.. Spillovers and the Locational Effects of Public Infrastructure [J]. Journal of Regional Science, 1998, 38 (3): 381–400.

[21] Bonnafous A.. The Regional Impact of the TGV [J]. Transportation, 1987,

14（2）：127-137.

[22] Borzacchiello M. T., Nijkamp P., Koomen E.. Accessibility and Urban Development: A Grid-based Comparative Statistical Analysis of Dutch Cities [J]. Environment and Planning B: Planning and Design, 2010, 37（1）: 148-169.

[23] Bougheas S., Demetriades P. O., Mamuneas T. P.. Infrastructure, Specialization, and Economic Growth [J]. Canadian Journal of Economics, 2000, 33（2）: 506-522.

[24] Bourreau M., Jullien B., Lefouili Y.. Mergers and Demand? Enhancing Innovation [Z]. Toulouse School of Economics Working Papers, 2018: 907-918.

[25] Bunnell T. G., Coe N. M.. Spaces and Scales of Innovation [J]. Progress in Human Geography, 2001, 25（4）: 569-589.

[26] Burt R. S.. Structural Holes: The Social Structure of Competition [M]. Boston: Harvard University Press, 1992.

[27] Castells M.. The Rise of the Network Society [M]. Oxford: Blackwell, 1996.

[28] Chen C. L., Vickerman R..Can Transport Infrastructure Change Regions' Economic Fortunes? Some Evidence from Europe and China [J]. Regional Studies, 2017, 51（1）: 144-160.

[29] Chen Z. H.. Impacts of High-speed Rail on Domestic Air Transportation in China [J]. Journal of Transport Geography, 2017（62）: 184-196.

[30] Chevtchenko S. F., Vale R. F., Macario V., et al.. A Convolutional Neural Network with Feature Fusion for Real-time Hand Posture Recognition [J]. Applied Soft Computing Journal, 2018（73）: 748-766.

[31] Coe N. M., Dicken P., Hess M.. Global Production Networks: Realizing the Potential [J]. Journal of Economic Geography, 2008, 8（3）: 271-295.

[32] Cooke P., Asheim B., Boschma R., et al.. Handbook of Regional Innovation and Growth [M]. Cheltenham: Edward Elgar, 2011.

[33] Cooke P.. The New Wave of Regional Innovation Networks: Analysis, Characteristics and Strategy [J]. Small Business Economics, 1996, 8（2）: 159-171.

[34] Crescenzi R., Rodríguez-Pose A.. Infrastructure and Regional Growth in

the European Union [J]. Papers in Regional Science, 2012, 91 (3): 487–513.

[35] Crescenzi R.. Innovation and Regional Growth in the Enlarged Europe: The Role of Local Innovative Capabilities, Peripherality, and Education [J]. Growth and Change, 2005, 36 (4): 471–507.

[36] Danapour M., Nickkar A., Jeihani M., et al.. Competition Between High-speed Rail and Air Transport in Iran: The Case of Tehran Isfahan [J]. Case-Studies on Transport Policy, 2018, 6 (4): 456–461.

[37] Denicolò V., Polo M.. Duplicative Research, Mergers and Innovation [J]. Economics Letters, 2018 (166): 56–59.

[38] Depizzol D. B., Montalvão J., de Oliveira Lima F., et al.. Feature Selection for Optical Network Design via a New Mutual Information Estimator [J]. Expert Systems with Applications, 2018 (107): 72–88.

[39] Dixit A. K., Stiglitz J. E. Monopolistic Competition and Opti-mum Product Diversity [J]. American Economic Review, 1977, 67 (3): 297–308.

[40] Dobruszkes F., Dehon C., Givoni M.. Does European High-speed Rail Affect the Current Level of Air Services? An EU-wide Analysis [J]. Transportation Research Part A: Policy and Practice, 2014 (69): 461–475.

[41] Doh S., Kim B.. Government Support for SME Innovations in the Regional Industries: The Case of Government Financial Support Program in South Korea [J]. Research Policy, 2014, 43 (9): 1557–1569.

[42] Erdös P., Rényi A.. On the Evolution of Random Graphs [J]. Publications of the Mathematical Institute of the Hungarian Academy of Sciences, 1960 (5): 17–61.

[43] Freeman C.. Japan: A New National System of Innovation? [A] // Dosi G., et al. (eds.). Technical Change and Economic Theory [C]. London: Pinter Publishers Ltd., 1988.

[44] Freeman C.. Networks of Innovators: A Synthesis of Research Issues [J]. Research Policy, 1991, 20 (5): 499–514.

[45] Gilbert R.. Looking for Mr. Schumpeter: Where Are We in the Competition Innovation Debate? [A] // Adam B. J., Lerner J. and Stern S. (eds.). Innovation

Policy and the Economy [C]. Massachusetts: The MIT Press, 2006: 159-215.

[46] Granovetter M. S.. The Strength of Weak Ties [J]. American Journal of Sociology, 1973, 78 (6): 1360-1380.

[47] Grossman G. M., Rossi-Hansberg E.. Trading Tasks: A Simple Theory of Offshoring [J]. American Economic Review, 2008, 98 (5): 1978-1997.

[48] Guirao B., Campa J. L.. The Effects of Tourism on HSR: Spanish Empirical Evidence Derived from a Multi-criteria Corridor Selection Methodology [J]. Journal of Transport Geography, 2015 (47): 37-46.

[49] Gundelfinger-Casar J., Coto-Millán P.. Intermodal Competition Between High-speed Rail and Air Transport in Spain [J]. Utilities Policy, 2017 (47): 12-17.

[50] Gunduz H., Yaslan Y., Cataltepe Z.. Intraday Prediction of Borsa Istanbul Using Convolutional Neural Networks and Feature Correlations [J]. Knowledge-Based Systems, 2017 (137): 138-148.

[51] Hagerstrand T.. The Propagation of Innovation Waves [M]. Stockholm: Lund Studies in Geography, 1978.

[52] Hansen W. G.. How Accessibility Shapes Land Use [J]. Journal of the American Institute of Planners, 1959, 25 (2): 73-76.

[53] Haucap J., Rasch A., Stiebale J.. How Mergers Affect Innovation: Theory and Evidence[J]. International Journal of Industrial Organization, 2019 (63): 283-325.

[54] Henderson J. V., Wang H. G.. Urbanization and City Growth: The Role of Institutions [J]. Regional Science and Urban Economics, 2007, 37 (3): 283-313.

[55] Hensher D. A., Ellison R. B., Mulley C.. Assessing the Employment Agglomeration and Social Accessibility Impacts of High Speed Rail in Eastern Australia [J]. Transportation, 2014, 41 (3): 463-493.

[56] Hienerth C., Lettl C., Keinz P.. Synergies Among Producer Firms, Lead Users, and User Communities: The Case of the LEGO Producer-user Ecosystem [J]. Journal of Product Innovation Management, 2014, 31 (4): 848-866.

[57] Hiramatsu T.. Job and Population Location Choices and Economic Scale as Effects of High Speed Rail: Simulation Analysis of Shinkansen in Kyushu, Japan

[J]. Research in Transportation Economics, 2018 (72): 15–26.

［58］ Huggins R., Prokop D.. Network Structure and Regional Innovation: A Study of University Industry Ties ［J］. Urban Studies, 2017, 54 (4): 931–952.

［59］ Huggins R., Thompson P.. A Network–based View of Regional Growth ［J］. Journal of Economic Geography, 2014, 14 (3): 511–545.

［60］ Huggins R.. Forms of Network Resource: Knowledge Access and the Role of Inter–firm Networks ［J］. International Journal of Management Reviews, 2010, 12 (3): 335–352.

［61］ Ikeda K., Murota K., Akamatsu T., et al.. Self–organization of Hexagonal Agglomeration Patterns in New Economic Geography Models ［J］. Journal of Economic Behavior & Organization, 2014 (99): 32–52.

［62］ İlhan N., Öğüdücü Ş. G.. Feature Identification for Predicting Community Evolution in Dynamic Social Networks ［J］. Engineering Applications of Artificial Intelligence, 2016 (55): 202–218.

［63］ Jaffe A. B., Trajtenberg M., Henderson R.. Geographic Localization of Knowledge Spillovers as Evidenced by Patent Citations ［J］. The Quarterly Journal of Economics, 1993, 108 (3): 577–598.

［64］ Jang S., Kim J., von Zedtwitz M.. The Importance of Spatial Agglomeration in Product Innovation: A Microgeography Perspective ［J］. Journal of Business Research, 2017 (78): 143–154.

［65］ Kaldor N.. The Irrelevance of Equilibrium Economics ［J］. Economic Journal, 1972, 82 (328): 1237–1255.

［66］ Keeble D., Tyler P.. Enterprising Behaviour and the Urban–rural Shift ［J］. Urban Studies, 1995, 32 (6): 975–997.

［67］ Kim H., Sultana S.. The Impacts of High–speed Rail Extensions on Accessibility and Spatial Equity Changes in South Korea from 2004 to 2018 ［J］. Journal of Transport Geography, 2015 (45): 48–61.

［68］ Kim K. S.. High–speed Rail Developments and Spatial Restructuring: A Case Study of the Capital Region in South Korea ［J］. Cities, 2000, 17 (4): 251–262.

［69］ Kline S. J., Rosenberg N.. An Overview of Innovation ［A］ // Landau R. and Rosenberg N. (eds.). The Positive Sum Strategy: Harnessing Technology for Economic Growth ［C］. Washington, D.C.: National Academy Press, 1986: 275–305.

［70］ Krackhardt D.. The Strength of Strong Ties: The Importance of Philo in Organizations ［A］ // Nohria N., Eccles R. G. (eds.). Networks and Organizations ［C］. Boston: Harvard Business School Press, 1992: 216–239.

［71］ Krugman P.. Increasing Returns and Economic Geography ［J］. Journal of Political Economy, 1991, 99 (3): 483–499.

［72］ Le Sage J., Pace R.. Introduction to Spatial Econometrics ［M］. New York: CRC Press, 2009: 73–76.

［73］ Levinson D. M.. Accessibility Impacts of High–speed Rail ［J］. Journal of Transport Geography, 2012, 22 (2): 288–291.

［74］ Li D. D., Wei Y. D., Wang T.. Spatial and Temporal Evolution of Urban Innovation Network in China ［J］. Habitat International, 2015 (49): 484–496.

［75］ Liu L. W., Zhang M.. High–speed Rail Impacts on Travel Times, Accessibility, and Economic Productivity: A Benchmarking Analysis in City–cluster Regions of China ［J］. Journal of Transport Geography, 2018 (73): 25–40.

［76］ Lorenz D.. Economic Geography and the Political Economy of Regionalization: The Example of Western Europe ［J］. American Economic Review, 1992, 82 (2): 84–87.

［77］ Lychagin S.. Spillovers, Absorptive Capacity and Agglomeration ［J］. Journal of Urban Economics, 2016 (96): 17–35.

［78］ MacKinnon D.. Labour Branching, Redundancy and Livelihoods: Towards a More Socialized Conception of Adaptation in Evolutionary Economic Geography ［J］. Geoforum, 2017 (79): 70–80.

［79］ Malecki E. J.. Global Knowledge and Creativity: New Challenges for Firms and Regions ［J］. Regional Studies, 2010, 44 (8): 1033–1052.

［80］ Markatou M., Alexandrou E.. Urban System of Innovation: Main Agents and Main Factors of Success ［J］. Procedia Social and Behavioral Sciences, 2015

(195): 240-250.

[81] Maroto A., Zofío J. L.. Accessibility Gains and Road Transport Infrastruc-ture in Spain: Aproductivity Approach Based on the Malmquist Index [J]. Journal of Transport Geography, 2016 (52): 143-152.

[82] Martin J. C., Gutierrez J., Roman C.. Data Envelopment Analysis (DEA) Index to Measure the Accessibility Impacts of New Infrastructure Investment: The Case of High-speedtrain Corridor Madrid-Barcelona-French Border [J]. Regional Studies, 2004, 38 (6): 697-712.

[83] Martínez Sánchez-Mateos H. S., Givoni M.. The Accessibility Impact of a New High-Speed Rail Line in the UK-A Preliminary Analysis of Winners and Losers [J]. Journal of Transport Geography, 2012 (25): 105-114.

[84] Martínez Sánchez-Mateos H. S., Sanz I. M., Francés J. M. U., et al.. Road Accessibility and Articulation of Metropolitan Spatial Structures: The Case of Madrid (Spain) [J]. Journal of Transport Geography, 2014 (37): 61-73.

[85] Moniruzzaman M., Chudyk A., Páez A., et al.. Travel Behavior of Low-income Older Adults and Implementation of an Accessibility Calculator [J]. Journal of Transport & Health, 2015 (2): 257-268.

[86] Moyano A., Martínez H. S., Coronado J. M.. From Network to Services: A Comparative Accessibility Analysis of the Spanish High-speed Rail System [J]. Transport Policy, 2018 (63): 51-60.

[87] Mukherji N., Silberman J.. Absorptive Capacity, Knowledge Flows and In-novation in U.S. Metro politan Areas [J]. Journal of Regional Science, 2013, 53 (3): 392-417.

[88] Munari F., Rasmussen E., Toschi L., et al.. Determinants of the Univer-sity Technology Transfer Policy-mix: A Cross-national Analysis of Gap-funding Instruments [J]. The Journal of Technology Transfer, 2016, 41 (6): 1377-1405.

[89] Murphy D.. Home Production, Expenditure, and Economic Geography [J]. Regional Science and Urban Economics, 2018 (70): 112-126.

[90] Olitsky M., Lerman Y., Avineri E.. Analysis of Stated Preferences for Ac-cessible Services and Commerce in a Walkable Distance from Home [J]. Transporta-

tion Research Procedia, 2017 (27): 1001–1008.

[91] Oosterhaven J., Elhorst J. P.. Indirect Economic Benefits of Transport Infrastructure Investments [A] // Polak J. B., Dullaert W. and Jourquin B. A. M. (eds.). Across the Border. Building Upon a Quarter Century of Transport Research in the Benelux [C]. Bruxelles: De Boeck & Larcier, 2003 (1): 143–162.

[92] Oosterhaven J., Romp W. E.. Indirect Economic Effects of New Infras‐tructure: A Comparison of Dutch High–Speed Rail Variants [J]. Tijdschrift Voor Economische En Sociale Geografie, 2003, 94 (4): 439–452.

[93] Pirie H.. Measuring Accessibility: A Review and Proposal [J]. Environment and Planning A: Economy and Space, 1979, 11 (3): 299–312.

[94] Sasaki K., Ohashi T., Ando A.. High–speed Rail Transit Impact on Re‐gional Systems: Does the Shinkansen Contribute to Dispersion? [J]. The Annals of Regional Science, 1997, 31 (1): 77–98.

[95] Saxenian A.. Regional Advantage: Culture and Competition in Silicon Val‐ley and Route 128 [M]. Cambridge: Harvard University Press, 1994.

[96] Schmidt S.. Balancing the Spatial Localisation "Tilt": Knowledge Spi‐llovers in Processes of Knowledge–intensive Services [J]. Geoforum, 2015 (65): 374–386.

[97] Schmutzler A.. Competition and Investment—A Unified Approach [J]. In‐ternational Journal of Industrial Organization, 2013, 31 (5): 477–487.

[98] Shearmur R.. Innovation, Regions and Proximity: From Neo–regionalism to Spatial Analysis [J]. Regional Studies, 2011, 45 (9): 1225–1243.

[99] Shertzer A., Twinam T., Walsh R. P.. Zoning and the Economic Geogra‐phy of Cities [J]. Journal of Urban Economics, 2018 (105): 20–39.

[100] Solow R. M.. Technical Progress, Capital Formation, and Growth [J]. The American Economic Association, 1962, 52 (2): 76–86.

[101] Song H. S., Zhang M.. Spatial Spillovers of Regional Innovation: Evi‐dence from Chinese Provinces [J]. Emerging Markets Finance and Trade, 2017, 53 (9): 2104–2122.

[102] Stiglitz J. E.. Behavior Towards Risk with Many Commodities [J]. Econo‐

metrica，1969，37（4）：660-667.

［103］Storper M.，Venables A. J.. Buzz：Face-to-face Contact and the Urban Economy［J］. Journal of Economic Geography，2004，4（4）：351-370.

［104］Szczygielski K.，Grabowski W.，Pamukcu M. T.，et al.. Does Government Support for Private Innovation Matter? Firm-level Evidence from Two Catching-up Countries［J］. Research Policy，2017，46（1）：219-237.

［105］Takatsu T.. The History and Future of High-speed Railways in Japan［J］. Urban Planning International，2011，17（3）：1184-1193.

［106］Ter Wal A. L. J.. The Dynamics of the Inventor Network in German Biotechnology：Geographic Proximity Versus Triadic Closure［J］. Journal of Economic Geography，2014，14（3）：589-620.

［107］Tümen S.. Career Choice and the Strength of Weak Ties［J］. Central Bank Review，2017，17（3）：91-97.

［108］Venturini R.，Ceccagnoli M.，van Zeebroeck N.. Knowledge Integration in the Shadow of Tacit Spillovers：Empirical Evidence from U.S. R&D Labs［J］. Research Policy，2019，48（1）：180-205.

［109］Vickerman R.. Can High-speed Rail Have a Transformative Effect on the Economy?［J］. Transport Policy，2018（62）：31-37.

［110］Vickerman R.. High-speed Rail in Europe：Experience and Issues for Future Development［J］. Annals of Regional Science，1997，31（1）：21-38.

［111］Vickerman W.. Accessibility，Attraction，and Potential：A Review of Some Concepts and Their Use in Determining Mobility［J］. Environment and Planning A：Economy and Space，1974，6（6）：675-691.

［112］Zając A. P.. City Accessible for Everyone：Improving Accessibility of Public Transport Using the Universal Design Concept［J］. Transportation Research Procedia，2016（14）：1270-1276.

［113］白俊红，王钺. 研发要素的区际流动是否促进了创新效率的提升［J］. 中国科技论坛，2015（12）：27-32.

［114］边燕杰. 社会网络与求职过程［A］//林益民，涂肇庆. 改革开放与中国社会：西方社会学文献评述［C］. 香港：牛津大学出版社，2004：110-138.

[115] 蔡姝莎，欧光军，赵林龙，等.高新技术开发区创新体系生态质量评价研究——以湖北省高新区为实证 [J].科研管理，2018，39 (S1)：87-94.

[116] 曹慧，石宝峰，赵凯.我国省级绿色创新能力评价及实证 [J].管理学报，2016，13 (8)：1215-1222.

[117] 曹兴，宋长江.认知邻近性、地理邻近性对双元创新影响的实证研究 [J].中国软科学，2017 (4)：120-131.

[118] 常晓然，周全，吴晓波.我国 54 个城市的创新效率比较研究：基于包含非期望产出的 SBM-NDEA 模型 [J].管理工程学报，2016，30 (1)：9-18.

[119] 陈博文，陆玉麒，柯文前，等.江苏交通可达性与区域经济发展水平关系测度——基于空间计量视角 [J].地理研究，2015，34 (12)：2283-2294.

[120] 陈长石，姜廷廷，刘晨晖.产业集聚方向对城市技术创新影响的实证研究 [J].科学学研究，2019，37 (1)：77-85.

[121] 陈恒，侯建.R&D 投入、FDI 流入与国内创新能力的门槛效应研究——基于地区知识产权保护异质性视角 [J].管理评论，2017，29 (6)：85-95.

[122] 陈志宗.基于超效率—背景依赖 DEA 的区域创新系统评价 [J].科研管理，2016，37 (S1)：362-370.

[123] 程开明，王亚丽.城市网络激发技术创新的机理及证据 [J].科学学研究，2013，31 (9)：1399-1411，1440.

[124] 崔蓓，王玉霞.供应网络联系强度与风险分担：依赖不对称的调节作用 [J].管理世界，2017 (4)：106-118.

[125] 党兴华，弓志刚.多维邻近性对跨区域技术创新合作的影响——基于中国共同专利数据的实证分析 [J].科学学研究，2013，31 (10)：1590-1600.

[126] 邓涛涛，王丹丹，程少勇.高速铁路对城市服务业集聚的影响 [J].财经研究，2017，43 (7)：119-132.

[127] 刁丽琳，朱桂龙.区域产学研合作活跃度的空间特征与影响因素 [J].科学学研究，2014，32 (11)：1679-1688，1731.

[128] 丁玲，吴金希.核心企业与商业生态系统的案例研究：互利共生与捕食共生战略 [J].管理评论，2017，29 (7)：244-257.

[129] 董豪，曾剑秋，沈孟如.产业创新复合系统构建与协同度分析——以信息通信产业为例 [J].科学学研究，2016，34 (8)：1152-1160.

[130] 董艳梅，朱英明. 高铁建设能否重塑中国的经济空间布局——基于就业、工资和经济增长的区域异质性视角 [J]. 中国工业经济，2016 (10)：92-108.

[131] 段庆锋，潘小换. 组织间技术扩散网络对双元创新的影响研究 [J]. 研究与发展管理，2018，30 (5)：27-37.

[132] 樊步青，王莉静. 我国制造业低碳创新系统及其危机诱因与形成机理分析 [J]. 中国软科学，2016 (12)：51-60.

[133] 范德成，李昊，刘贇. 基于系统动力学的我国产业结构演化动力系统仿真研究 [J]. 运筹与管理，2017，26 (4)：177-184.

[134] 方丽婷. 空间滞后模型的贝叶斯估计 [J]. 统计研究，2014，31 (5)：102-106.

[135] 冯灵，余翔. 中国高铁破坏性创新路径探析 [J]. 科研管理，2015，36 (10)：77-84.

[136] 傅建华，张莉，程仲鸣. 产品替代程度、知识共享与企业合作 R&D [J]. 管理工程报，2016，30 (1)：1-8.

[137] 傅为忠，李宁馨. 基于 ANP 和 GRAP 组合的区域创新能力评价指标权重的最小偏差计算方法研究 [J]. 软科学，2015，29 (11)：130-134.

[138] 高鹏，许可双，何丹，等. 公路交通可达性视角下山东省区域空间重构 [J]. 世界地理研究，2016，25 (4)：83-92.

[139] 郭嘉仪，张庆霖. 省际知识溢出与区域创新活动的空间集聚——基于空间面板计量方法的分析 [J]. 研究与发展管理，2012，24 (6)：1-11，126.

[140] 郭炬，叶阿忠，郭昆. 影响技术创新活动的要素相关性研究 [J]. 科研管理，2011，32 (11)：25-36.

[141] 韩峰，柯善咨. 追踪我国制造业集聚的空间来源：基于马歇尔外部性与新经济地理的综合视角 [J]. 管理世界，2012 (10)：55-70.

[142] 郝琳娜，侯文华，刘猛. 众包竞赛模式下企业 R&D 创新水平策略博弈分析 [J]. 科研管理，2014，35 (4)：111-120.

[143] 何建佳，刘举胜，徐福缘. 基于知识溢出视角的供需网企业 R&D 合作策略演化 [J]. 系统工程，2017，35 (10)：131-139.

[144] 胡金海，马庆国. 高新技术企业与创新系统的互动模式 [J]. 科研管理，1998，19 (6)：6-11.

[145] 胡京波，欧阳桃花，曾德麟，等. 创新生态系统的核心企业创新悖论管理案例研究：双元能力视角 [J]. 管理评论，2018，30（8）：291-305.

[146] 黄鲁成. 区域技术创新系统研究：生态学的思考 [J]. 科学学研究，2003，21（2）：215-219.

[147] 姜博，初楠臣. 哈大高铁对区域可达性影响及空间格局演变 [J]. 城市规划，2015，39（11）：92-98.

[148] 焦敬娟，王姣娥，程珂. 中国区域创新能力空间演化及其空间溢出效应 [J]. 经济地理，2017，37（9）：11-18.

[149] 金怀玉，菅利荣. 考虑滞后效应的我国区域科技创新效率及影响因素分析 [J]. 系统工程，2013，31（9）：98-106.

[150] 李丹丹，汪涛，魏也华，等. 中国城市尺度科学知识网络与技术知识网络结构的时空复杂性 [J]. 地理研究，2015，34（3）：525-540.

[151] 李冬梅，宋志红. 网络模式、标准联盟与主导设计的产生 [J]. 科学学研究，2017，35（3）：428-437.

[152] 李海超，李志春. 高技术产业原始创新系统分析及创新能力评价研究 [J]. 中国管理科学，2015，23（S1）：672-678.

[153] 李红昌，Linda Tjia，胡顺香. 中国高速铁路对沿线城市经济集聚与均等化的影响 [J]. 数量经济技术经济研究，2016，33（11）：127-143.

[154] 李建成，王庆喜，唐根年. 长三角城市群科学知识网络动态演化分析 [J]. 科学学研究，2017，35（2）：189-197.

[155] 李婧，产海兰. 空间相关视角下 R&D 人员流动对区域创新绩效的影响 [J]. 管理学报，2018，15（3）：399-409.

[156] 李婧，谭清美，白俊红. 中国区域创新生产的空间计量分析——基于静态与动态空间面板模型的实证研究 [J]. 管理世界，2010（7）：43-55，65.

[157] 李美娟，魏寅坤，徐林明. 基于灰靶理论的区域协同创新能力动态评价与分析 [J]. 科学学与科学技术管理，2017，38（8）：122-132.

[158] 李苗苗，肖洪钧，傅吉新. 财政政策、企业 R&D 投入与技术创新能力——基于战略性新兴产业上市公司的实证研究 [J]. 管理评论，2014，26（8）：135-144.

[159] 李瑞龙，周永根，陈锐，等. 基于复杂网络的城市间创新关联与空间

格局［J］. 系统工程，2017，35（10）：105–113.

［160］李欣泽，纪小乐，周灵灵. 高铁能改善企业资源配置吗？——来自中国工业企业数据库和高铁地理数据的微观证据［J］. 经济评论，2017（6）：3–21.

［161］李雪松，孙博文. 高铁开通促进了地区制造业集聚吗？——基于京广高铁的准自然试验研究［J］. 中国软科学，2017（7）：81–90.

［162］李子民，仲丛林，刘佳佳，等. 我国信托业发展的系统动力学仿真研究［J］. 管理评论，2018，30（4）：3–11.

［163］梁雪松. 基于双重区位空间的湖南旅游业发展机遇探讨——"武广高铁"开通视阈［J］. 经济地理，2010，30（5）：859–864.

［164］刘大均. 长江中游城市群旅游流空间格局及发展模式［J］. 经济地理，2018，38（5）：217–223.

［165］刘凤朝，邬德林，马荣康. 专利技术许可对企业创新产出的影响研究——三种邻近性的调节作用［J］. 科研管理，2015，36（4）：91–100.

［166］刘军林，尹影. 高铁交通体验对中小城市旅游空间结构的影响——以涪陵为例［J］. 经济地理，2016，36（5）：190–194.

［167］刘莉文，张明. 高速铁路对中国城市可达性和区域经济的影响［J］. 国际城市规划，2017，32（4）：76–81，89.

［168］刘晓云，赵伟峰. 我国制造业协同创新系统的运行机制研究［J］. 中国软科学，2015（12）：144–153.

［169］刘旭红，揭筱纹. 基于因子分析和 Malmquist 指数的中国区域包容性创新效率评价研究［J］. 宏观经济研究，2018（2）：140–148，167.

［170］刘璇，李嘉，陈智高，等. 科研创新网络中知识扩散演化机制研究［J］. 科研管理，2015，36（7）：19–27.

［171］刘勇政，李岩. 中国的高速铁路建设与城市经济增长［J］. 金融研究，2017（11）：18–33.

［172］刘志春，陈向东. 科技园区创新生态系统与创新效率关系研究［J］. 科研管理，2015，36（2）：26–31，144.

［173］柳卸林. 国家创新体系的引入及对中国的意义［J］. 中国科技论坛，1998（2）：26–28.

［174］龙玉，赵海龙，张新德，等. 时空压缩下的风险投资——高铁通车与

风险投资区域变化 [J]. 经济研究, 2017, 52 (4): 195-208.

[175] 卢福财, 詹先志. 高速铁路对沿线城市工业集聚的影响研究——基于中部城市面板数据的实证分析 [J]. 当代财经, 2017 (11): 88-99.

[176] 陆小成. 区域低碳创新系统综合评价实证研究——以中部六省为例 [J]. 科学学与科学技术管理, 2011, 32 (7): 52-57.

[177] 马静, 邓宏兵, 蔡爱新. 中国城市创新产出空间格局及影响因素——来自 285 个城市面板数据的检验 [J]. 科学学与科学技术管理, 2017, 38 (10): 12-25.

[178] 毛琦梁, 王菲. 比较优势、可达性与产业升级路径——基于中国地区产品空间的实证分析 [J]. 经济科学, 2017 (1): 48-62.

[179] 孟德友, 冯兴华, 文玉钊. 铁路客运视角下东北地区城市网络结构演变及组织模式探讨 [J]. 地理研究, 2017, 36 (7): 1339-1352.

[180] 穆成林, 陆林, 黄剑锋, 等. 高铁网络下的长三角旅游交通格局及联系研究 [J]. 经济地理, 2015, 35 (12): 193-202.

[181] 牛欣, 陈向东. 城市间创新联系及创新网络空间结构研究 [J]. 管理学报, 2013, 10 (4): 575-582.

[182] 潘雄锋, 杨越. 中国区域创新的俱乐部收敛及其影响因素研究 [J]. 科学学研究, 2014, 32 (2): 314-319.

[183] 潘雄锋, 张静, 米谷等. 中国区际技术转移的空间格局演变及内部差异研究 [J]. 科学学研究, 2017, 35 (2): 240-246.

[184] 齐亚伟, 陶长琪. 环境约束下要素集聚对区域创新能力的影响——基于 GWR 模型的实证分析 [J]. 科研管理, 2014, 35 (9): 17-24.

[185] 任胜钢, 彭宇柯, 赵天宇. 关系社会资本的交互效应对新创企业发展绩效影响的纵向案例研究 [J]. 管理学报, 2015, 12 (10): 1429-1435.

[186] 邵汉华, 周磊, 刘耀彬. 中国创新发展的空间关联网络结构及驱动因素 [J]. 科学学研究, 2018, 36 (11): 2055-2069.

[187] 史烽, 高阳, 陈石斌, 等. 技术距离、地理距离对大学—企业协同创新的影响研究 [J]. 管理学报, 2016, 13 (11): 1665-1673.

[188] 苏屹, 安晓丽, 王心焕, 等. 人力资本投入对区域创新绩效的影响研究——基于知识产权保护制度门限回归 [J]. 科学学研究, 2017, 35 (5): 771-

781.

[189] 苏屹，韩敏睿，雷家骕. 基于社会网络分析的区域创新关联网络研究 [J]. 科研管理，2018，39（12）：78-85.

[190] 孙枫，汪德根，牛玉. 高速铁路与汽车和航空的竞争格局分析 [J]. 地理研究，2017，36（1）：171-187.

[191] 覃成林，杨晴晴. 高速铁路对生产性服务业空间格局变迁的影响 [J]. 经济地理，2017，37（2）：90-97.

[192] 汤超颖，李美智，张桂阳. 中国创新型企业内外部研发合作网络对组织二元学习平衡的影响 [J]. 科学学与科学技术管理，2018，39（5）：76-88.

[193] 唐书林，肖振红，苑婧婷. 网络模仿、集群结构和产学研区域协同创新研究：来自中国三大海洋装备制造业集群的经验证据 [J]. 管理工程学报，2016，30（4）：34-44.

[194] 陶卓霖，杨晓梦，梁进社. 高速铁路对长三角地区陆路可达性的影响 [J]. 经济地理，2016，36（8）：40-46.

[195] 田超. 交通导向发展模式下城际铁路促进城镇化研究——以武汉城市圈为例 [J]. 城市发展研究，2014，21（5）：20-25.

[196] 汪德根，钱佳，牛玉. 高铁网络化下中国城市旅游场强空间格局及演化 [J]. 地理学报，2016，71（10）：1784-1800.

[197] 汪德根，章鋆. 高速铁路对长三角地区都市圈可达性影响 [J]. 经济地理，2015，35（2）：54-61，53.

[198] 汪德根. 武广高铁对沿线都市圈可达性影响及旅游空间优化 [J]. 城市发展研究，2014，21（9）：110-117.

[199] 王丽，曹有挥，仇方道. 高铁开通前后站区产业空间格局变动及驱动机制——以沪宁城际南京站为例 [J]. 地理科学，2017，37（1）：19-27.

[200] 王列辉，夏伟，宁越敏. 中国高铁城市分布格局非均衡性分析——基于与普通铁路对比的视角 [J]. 城市发展研究，2017，24（7）：68-78.

[201] 王亚伟，韩珂. 基于改进模糊综合评价模型的区域科技创新能力评估——以河南省为例 [J]. 科技进步与对策，2012，29（13）：119-124.

[202] 王雨飞，倪鹏飞. 高速铁路影响下的经济增长溢出与区域空间优化 [J]. 中国工业经济，2016（2）：21-36.

[203] 王钺，白俊红. 资本流动与区域创新的动态空间收敛［J］. 管理学报，2016，13（9）：1374-1382.

[204] 王钺，刘秉镰. 创新要素的流动为何如此重要？——基于全要素生产率的视角［J］. 中国软科学，2017（8）：91-101.

[205] 魏守华，吴贵生，吕新雷. 区域创新能力的影响因素——兼评我国创新能力的地区差距［J］. 中国软科学，2010（9）：76-85.

[206] 吴江洁，孙斌栋. 居民就业可达性的空间分布及对收入的影响——基于上海都市区的实证研究［J］. 地理研究，2015，34（9）：1744-1754.

[207] 吴玉鸣. 官产学 R&D 合作、知识溢出与区域专利创新产出［J］. 科学学研究，2009，27（10）：1486-1494.

[208] 夏丽娟，谢富纪，付丙海. 邻近性视角下的跨区域产学协同创新网络及影响因素分析［J］. 管理学报，2017，14（12）：1795-1803.

[209] 夏丽娟，谢富纪，王海花. 制度邻近、技术邻近与产学协同创新绩效——基于产学联合专利数据的研究［J］. 科学学研究，2017，35（5）：782-791.

[210] 肖雁飞，张琼，曹休宁，等. 武广高铁对湖南生产性服务业发展的影响［J］. 经济地理，2013，33（10）：103-107.

[211] 徐德英，韩伯棠. 电商模式下区域创新绩效及空间溢出效应研究［J］. 科研管理，2016，37（11）：107-118.

[212] 徐建中，谢晶，李迪. 科学发展观视域下我国区域技术创新水平测度与评价——基于循环修正思想的实证研究［J］. 系统工程，2014，32（7）：12-19.

[213] 徐维祥，陈斌，李一曼. 基于陆路交通的浙江省城市可达性及经济联系研究［J］. 经济地理，2013，33（12）：49-53.

[214] 徐小靓，田相辉. 知识溢出的空间外部性测度——基于空间和产业双重维度［J］. 系统工程理论与实践，2016，36（5）：1280-1287.

[215] 许治，陈丽玉. 国家级创新型城市创新能力的动态演进——基于技术成就指数的研究［J］. 管理评论，2016，28（10）：58-66.

[216] 杨勃，王茂军. 城市专业化分工中的高铁效应［J］. 城市发展研究，2017，24（6）：39-46，165.

[217] 杨贵彬，李婉红. 知识溢出，地理邻近与区域异质性的空间关系［J］. 系统工程学报，2018，33（2）：182-196.

［218］杨明海，张红霞，孙亚男.七大城市群创新能力的区域差距及其分布动态演进［J］.数量经济技术经济研究，2017，34（3）：21-39.

［219］杨顺顺.基于系统动力学的区域绿色发展多情景仿真及实证研究［J］.系统工程，2017，35（7）：76-84.

［220］叶磊，段学军，欧向军.基于交通信息流的江苏省流空间网络结构研究［J］.地理科学，2015，35（10）：1230-1237.

［221］易靖韬，蒙双，蔡菲莹.外部R&D、技术距离、市场距离与企业创新绩效［J］.中国软科学，2017（4）：141-151.

［222］尹隽，郑青青，葛世伦，等.信息系统"功能任务网络"中位置及关系特征对企业信息系统使用的影响研究［J］.系统工程理论与实践，2018，38（2）：444-457.

［223］宇文晶，马丽华，李海霞.基于两阶段串联DEA的区域高技术产业创新效率及影响因素研究［J］.研究与发展管理，2015，27（3）：137-146.

［224］原毅军，孙大明.FDI技术溢出、自主研发与合作研发的比较——基于制造业技术升级的视角［J］.科学学研究，2017，35（9）：1334-1347.

［225］曾德明，任浩，戴海闻，等.组织邻近和组织背景对组织合作创新地理距离的影响［J］.管理科学，2014，27（4）：12-22.

［226］张彩江，覃婧，周宇亮.技术扩散效应下产业集聚对区域创新的影响研究——基于两阶段价值链视角［J］.科学学与科学技术管理，2017，38（12）：124-132.

［227］张贵，李涛，原慧华.京津冀协同发展视阈下创新创业生态系统构建研究［J］.经济与管理，2017，31（6）：5-11.

［228］张贵，李涛.京津冀城市群创新产出空间差异的影响因素分析［J］.华东经济管理，2018，32（1）：69-76.

［229］赵庆.产业结构优化升级能否促进技术创新效率？［J］.科学学研究，2018，36（2）：239-248.

［230］赵永亮，杨子晖，苏启林.出口集聚企业"双重成长环境"下的学习能力与生产率之谜——新-新贸易理论与新-新经济地理的共同视角［J］.管理世界，2014（1）：40-57.

［231］赵云.高速铁路对区域知识溢出的影响机理与效应估计［D］.北京：

北京交通大学博士学位论文，2017：46-57.

[232] 钟少颖，杨鑫，陈锐.层级性公共服务设施空间可达性研究——以北京市综合性医疗设施为例 [J].地理研究，2016，35（4）：731-744.

[233] 周灿，曾刚，宓泽锋，等.区域创新网络模式研究——以长三角城市群为例 [J].地理科学进展，2017，36（7）：795-805.

[234] 周浩，余壮雄，杨铮.可达性、集聚和新建企业选址——来自中国制造业的微观证据 [J].经济学（季刊），2015，14（4）：1393-1416.

[235] 周洪文，宋丽萍.区域创新系统能力动态变迁的测度与评价 [J].管理学报，2015，12（9）：1343-1350.

[236] 周恺，刘冲.可视化交通可达性时空压缩格局的新方法——以京津冀城市群为例 [J].经济地理，2016，36（7）：62-69.

[237] 周雄勇，许志端，郗永勤.中国节能减排系统动力学模型及政策优化仿真 [J].系统工程理论与实践，2018，38（6）：1422-1444.

[238] 庄汝龙，宓科娜，赵彪，等.基于可达性的中心城市场能与经济关联格局——以浙江省为例 [J].经济地理，2016，36（9）：58-65.

[239] 卓乘风，邓峰.创新要素流动与区域创新绩效——空间视角下政府调节作用的非线性检验 [J].科学学与科学技术管理，2017，38（7）：15-26.

# 后　记

本书是国家社科基金重大项目"雄安新区创新生态系统构建机制与路径研究"（18ZDA044）的阶段研究成果。

本书由李涛博士负责框架设计、撰写和定稿，张贵教授做理论指导；李佳钰博士、宋昌耀博士、孙瑀博士、张天骄博士、梁莹硕士、张东旭硕士等研究生积极参与了本书的研究讨论。北京大学首都发展研究院院长李国平教授和北京大学政府管理学院城市与区域管理系系主任薛领教授也对本书的相关章节提出了许多有益建议，对本书的完善给予了很大帮助。此外，刘雪芹、吕晓静、赵玉帛、王宏、宋新平、温科等博士研究生，齐晓梦、孔月辉、孙凯辉、刘霄、李海鹏、李彩月等硕士研究生也参与部分讨论和调研活动。

同时，本书收入河北省人文社会科学重点研究基地、河北省新型智库"河北工业大学京津冀发展研究中心"的"智库丛书专辑"，并得到出版资助。

在本书付梓之际，首先感谢的是在研究过程中，为研究提供有益建议的各位老师和同学，正是由于你们的建议，使本书的研究有了更大的进展。其次要感谢北京大学政府管理学院、北京大学首都发展研究院、河北工业大学京津冀发展研究中心，提供了课题必需的场地和平台，保障了课题组顺利开展相关研究。最后要感谢相关研究的专家学者，是各位同行的深入分析使本书进一步完善，当然本书中也包含他们的智慧和贡献。

本书旨在分析高速铁路对城市创新的影响，为充分利用高铁带来的时空压缩促进城市科技创新提供更具针对性的对策建议。宏大的目标与跬步之间的鸿沟，让我们怀着一个惴惴不安的心理，不过编写组是倾尽全力，几易其稿，多次讨论，最终将本书呈现给读者。还要感谢经济管理出版社的编辑及校对人员，他们的无私付出和出色工作为本书增色不少。最后要感谢的是在调研过程中各地区提供给我们的第一手资料数据，以及调研个人、单位和企业的帮助和配合，正是在这些热心人的帮助下，我们的研究成果才得以很快面世。当然，文责自负！